DEUXIÈME CONGRÈS NATIONAL DU LIVRE

SOUS LE HAUT PATRONAGE DE M. LE PRÉSIDENT DE LA RÉPUBLIQUE
DE M. LE PRÉSIDENT DU CONSEIL, MINISTRE DES AFFAIRES ÉTRANGÈRES
DE M. LE MINISTRE DE L'INSTRUCTION PUBLIQUE ET DES BEAUX-ARTS
DE M. LE MINISTRE DU COMMERCE

Paris, 13-18 Juin 1921

COMITÉ D'ORGANISATION :

SOCIÉTÉ DES GENS DE LETTRES — CERCLE DE LA LIBRAIRIE
COMITÉ DU LIVRE — SYNDICAT DES ÉDITEURS
CONFÉDÉRATION DES TRAVAILLEURS INTELLECTUELS
CONFÉDÉRATION DE L'INTELLIGENCE ET DE LA PRODUCTION FRANÇAISE

RAPPORTS ET RÉSOLUTIONS

PARIS
CERCLE DE LA LIBRAIRIE
SYNDICAT DES INDUSTRIES DU LIVRE
117, BOULEVARD SAINT-GERMAIN, 117
1922

DEUXIÈME

CONGRÈS NATIONAL DU LIVRE

Paris, 13-18 Juin 1921

RAPPORTS ET RÉSOLUTIONS

DEUXIÈME
CONGRÈS NATIONAL
DU LIVRE

SOUS LE HAUT PATRONAGE DE M. LE PRÉSIDENT DE LA RÉPUBLIQUE
DE M. LE PRÉSIDENT DU CONSEIL, MINISTRE DES AFFAIRES ÉTRANGÈRES
DE M. LE MINISTRE DE L'INSTRUCTION PUBLIQUE ET DES BEAUX-ARTS
DE M. LE MINISTRE DU COMMERCE

Paris, 13-18 Juin 1921

COMITÉ D'ORGANISATION :

SOCIÉTÉ DES GENS DE LETTRES — CERCLE DE LA LIBRAIRIE
COMITÉ DU LIVRE — SYNDICAT DES ÉDITEURS
CONFÉDÉRATION DES TRAVAILLEURS INTELLECTUELS
CONFÉDÉRATION DE L'INTELLIGENCE ET DE LA PRODUCTION FRANÇAISE

RAPPORTS ET RÉSOLUTIONS

PARIS
CERCLE DE LA LIBRAIRIE
SYNDICAT DES INDUSTRIES DU LIVRE
117, BOULEVARD SAINT-GERMAIN, 117
1922

ÉTAT DE RÉALISATION
DES
VOEUX DU Ier CONGRÈS NATIONAL DU LIVRE

EXPOSÉ PRÉSENTÉ PAR MM. DE DAMPIERRE ET G. VALOIS
Membres du Comité exécutif

C'est l'honneur de la Société des Gens de Lettres, du Comité du Livre et du Cercle de la Librairie d'avoir été, par l'organisation du premier Congrès National du Livre, les initiateurs d'un mouvement qui a pris, depuis 1918, une importance considérable. Evidemment, ce premier Congrès n'était qu'une ébauche et l'on a pu hésiter, à ce moment-là, en pleine guerre, dans une période qui était nécessairement une période d'incertitude, sur les moyens à employer, sur les méthodes à suivre et sur le but que l'on se proposait. Mais il n'en reste pas moins que la manifestation de 1917 a été la première tentative qui ait été faite pour coordonner les efforts de différentes professions concourant à la création et à la vente d'un même produit.

Le Congrès de 1917 s'était surtout donné pour mission d'examiner la situation et de faire un travail de reconnaissance ; dès ses premières séances, la nécessité d'une action immédiate lui paraissait s'imposer, et il en donnait les directions principales.

Il résuma ses travaux en une longue suite de *vœux*, dont son Comité exécutif eut mission de poursuivre la réalisation. Mais l'expérience a démontré l'infériorité de cette méthode par rapport à celle des *résolutions*, et cette infériorité, le président du Congrès, M. Pierre Decourcelle, la caractérisait dès 1917, dans une parole qu'il prononçait à l'une des dernières séances : « Pourquoi, disait-il, pourquoi adresser des vœux à l'État, alors que nous-mêmes, nous pouvons prendre les décisions qui nous paraissent nécessaires ? » Et M. Decourcelle fournissait des exemples.

Pourtant, grâce à ces « vœux », on était déjà entré dans l'ordre des résolutions applicables par les groupements professionnels eux-mêmes. C'est pour fournir à cet égard des indications précises, que le Comité exécutif du deuxième Congrès du Livre donne ici un aperçu du travail qui a été fait par le Comité exécutif du premier Congrès, où l'on voit comment, et dans quelle mesure, ce Comité a pu faire aboutir les vœux qui avaient été émis en 1917 :

Dès la clôture du premier Congrès National du Livre, le Comité exécutif, constitué conformément à la résolution de ce Congrès en date du 17 mars 1917, avait abordé le dépouillement méthodique des vœux qui ressortaient des discussions, souvent un peu confuses et parfois même contradictoires, de cette importante session. Ce dépouillement une fois fait et toutes les résolutions ayant été classées, paragraphe par paragraphe, en un ordre logique constituant dix-huit dossiers, le Comité exécutif s'est ensuite préoccupé de trouver à ces vœux des moyens de réalisation pratique. L'ensemble de ces travaux a été publié en son temps par la *Bibliographie de la France*, puis réuni en un fascicule, que tous les congressistes de 1917 ont dû recevoir dans l'hiver 1919-1920. Le résultat définitif de ces délibérations et démarches, à l'heure actuelle, peut se résumer comme suit :

I. Apprentissage et enseignement professionnel. — Le rapport de M. Jacob et la discussion à laquelle il a donné lieu ont clairement exposé l'état de cette importante question, dont il faut espérer que la solution définitive, patiemment élaborée en quatre ans d'études intercorporatives, doit pouvoir entrer prochainement dans le domaine des réalisations.

II. Bibliographie. — En dehors des améliorations souhaitées, et en grande partie réalisées, dans la rédaction de la *Bibliographie de la France*, les conditions défavorables créées par la crise de la librairie n'ont guère permis jusqu'ici la création des diverses bibliographies, générales, officielles, savantes, périodiques ou techniques, souhaitées par le précédent Congrès. Au point de vue pratique toutefois, un très grand progrès doit être signalé, comme répondant à un besoin diversement exprimé, tant par les libraires que par les simples clients de la librairie française : c'est la création, à la *Maison du Livre français*, d'un service de recherches bibliographiques qui rend déjà de précieux services, mais doit, en se développant, devenir un instrument de travail plus utile encore. D'autre part, le retour de la paix a permis à l'*Office pour la propagation du Livre français* de reprendre et de mener à bien l'élaboration de ce « Catalogue du Livre français » dont il avait, dès 1914, projeté de doter notre librairie.

III. Publications a provoquer. — Ici encore, la crise de la librairie française semblait rendre pratiquement irréalisables avant longtemps bien des créations souhaitées par le Congrès de 1917. Il n'en est que plus important de signaler ici au moins trois créations répondant aux désirs exprimés alors par le public cultivé : c'est d'abord, dans l'ordre des publications savantes, la collection de textes anciens avec traductions et commentaires due à l'*Association Guillaume Budé*, puis l'*Index Generalis* ou Annuaire du monde savant, créé par la librairie Gauthier-Villars, enfin l'*Annuaire général de la France et de l'Étranger* publié sur l'initiative du Comité du Livre, toutes créations qui répondent à l'esprit des vœux du Congrès de 1917 quant aux moyens de défendre et de faire connaître la culture française à l'étranger.

IV. Éditions musicales. — Il est regrettable de constater, par contre, que, dans le domaine des éditions musicales classiques, les vœux du Congrès de 1917 n'ont pu encore aboutir à une réalisation effective. Il faut espérer, toutefois, que l'amélioration générale des conditions de l'édition pourra permettre à de nouvelles initiatives de défendre comme il convient, dans ce domaine, le bon renom de la culture musicale française.

V. Entente de divers groupements. — Une série de vœux du Congrès de 1917 visait à la création, entre toutes les corporations intéressées à la production du livre en France, d'ententes générales ou spéciales, permettant de coordonner leurs efforts. D'incontestables progrès ont été réalisés dans ce sens : entre auteurs et éditeurs, une commission mixte a réalisé des accords bien connus de tous ; entre imprimeurs, une fédération s'est constituée, groupant des organisations jusqu'alors indépendantes ; entre patrons et ouvriers, ont fonctionné une commission d'économie sociale et une commission d'apprentissage, dont les travaux vont être repris. On peut ranger encore, dans cet ordre d'idées, des créations telles que la Conférence du papier, qui a groupé, en vue d'une action commune des professionnels d'ordre très divers, et l'on est en droit d'attribuer au même esprit nouveau des efforts comme ceux de la Semaine du Livre, du deuxième Congrès du Livre, de la Semaine du Commerce extérieur et de diverses autres manifestations, qui tendent précisément à régénérer nos activités professionnelles par une coopération cordiale d'énergies coordonnées.

VI. Papier. — La plupart des vœux émis en cette matière en 1917 ont donné lieu à des travaux de la Conférence du papier ; dont le deuxième Congrès a précisément demandé le maintien en activité. La baisse actuelle des prix de cette importante matière première ne doit, en effet, pas faire oublier les progrès considérables qui restent à réaliser, ne fût-ce que pour remettre l'édition française dans le *statu quo ante bellum*.

VII. Améliorations dans l'édition. — De ces améliorations souhaitées en 1917, celles qui étaient d'ordre technique n'ont guère pu être réalisées en ce temps de crise, mais elles feront précisément l'objet des travaux de la Commission demandée par le rapport de M. Mainguet. Quant aux autres améliorations, elles sont en voie d'exécution et, notamment en ce qui concerne la date obligatoire des livres édités en France, un grand pas a été fait par l'inscription de cette réforme dans le projet de loi sur le dépôt légal, dont il sera parlé plus loin.

VIII. Illustrations. — Les vœux concernant l'illustration des livres et périodiques ont été transmis aux éditeurs, qui leur ont donné toute la suite compatible avec la situation exceptionnelle en ce moment de la librairie française.

IX. Laboratoires de recherches. — On sait que l'étude scientifique des papiers a été réalisée déjà par le laboratoire spécial annexé à l'École de papeterie de Grenoble.

X. Industries a stimuler. — La Commission de la fabrication du livre, fondée par le deuxième Congrès, devra reprendre, en la développant, l'étude des perfectionnements industriels souhaités en 1917, et dont l'état de guerre ne permettait pas la réalisation.

XI. Importations. — La question des douanes sur les toiles à relier, ajournée jusqu'à ce jour, a été écartée par le Congrès. Les droits de douane sur les papiers ont été diversement modifiés au cours et au lendemain de la guerre, sans que le Comité exécutif ait été consulté. La question des droits éventuels sur les imprimés eux-mêmes a fait l'objet d'un échange de vues avec la Commission des douanes de la Chambre, sans, toutefois, qu'aucune décision législative n'ait encore été prise à ce sujet. Aucune décision nouvelle n'a malheureusement non plus encore été prise quant au contrôle des importations d'imprimés étrangers, contrôle si important notamment en ce qui concerne les publications obscènes, ou diversement néfastes au point de vue social. Le Comité exécutif devra poursuivre à nouveau la réalisation des mesures qui doivent permettre, en exigeant effectivement la signature de l'imprimeur sur toutes publications circulant en France, de saisir en même temps, à la frontière, celles qui constituent, pour notre vie nationale, un danger manifeste et depuis longtemps signalé.

XII. Transport et vente des livres. — Les améliorations

réclamées à ce point de vue du service de la poste ont préoccupé le deuxième Congrès National du Livre, saisi par le rapport de M. Jacob des nouvelles difficultés créées par le relèvement des tarifs postaux. Quant aux progrès d'ordre commercial, ils sont aujourd'hui en bonne voie, par la création récente de cette *Maison du Livre français*, dont l'action ne manquera pas de se faire sentir fort heureusement sur le commerce du livre en général, notamment en ce qui concerne les démarches à faire aboutir auprès des grandes entreprises de transports et auprès des Pouvoirs publics.

XIII. ACTION DIPLOMATIQUE. — La liaison, si instamment réclamée, entre les représentants officiels de la France à l'étranger et le monde des auteurs et éditeurs français, a déjà été en partie réalisée. Mais il importe plus que jamais de la resserrer. Ceci pourra se faire, comme précédemment, par l'intermédiaire du Comité exécutif du Congrès, mais aussi, et fort utilement, par l'action du grand organisme intercorporatif dont la nécessité ressort des conclusions du rapport de M. Valois. Il est, en effet, de toute évidence qu'il ne s'agit pas ici de réformes immédiates et précises, mais d'une action continue qui exige des organismes permanents.

XIV. PORNOGRAPHIE — Il est malheureusement pénible de constater que, peut-être par suite précisément de l'inexistence ou de l'insuffisance des organismes permanents s'intéressant à cette question, la répression de la démoralisation publique par le livre et l'image, telle qu'elle était réclamée par le Congrès de 1917, n'a donné aucun résultat pratique. Les démarches faites en ce sens par la Commission exécutive du Congrès se sont heurtées à la force d'inertie des Pouvoirs publics, et même une intervention de M. de Lamarzelle au Sénat, en 1920, n'a pu réagir contre leur indifférence. Le Comité exécutif du Congrès du Livre ne peut donc que poursuivre ses démarches en vue d'obtenir les principales réformes demandées il y a quatre ans, quant à la répression de la pornographie et à l'interdiction d'étalage de certaines publications.

XV. EXPOSITIONS ET MUSÉES. — Les difficultés de tout ordre de la période que nous traversons n'ont pas permis encore de réaliser, à Paris, le Musée du Livre, réclamé par le premier Congrès. Il faut espérer, toutefois, que le succès de la Maison du Livre, attirant l'attention des Pouvoirs publics et de l'opinion publique elle-même, permettra quelque jour de rendre l'antique marché Saint-Germain tout entier à sa destination séculaire, en consacrant l'une de ses ailes à la constitution de ce Musée de la pensée française. Par contre, de nombreuses expositions du livre ont eu lieu depuis lors, tant à Paris qu'à l'étranger, soit isolément, soit annexées à quelque autre manifestation artistique ou technique et, notamment l'exposition d'art français en Rhénanie, comportait, à Wiesbaden, une section du livre.

XVI. Instruction publique et propagande. — La réforme des programmes d'enseignement en France était une question trop complexe pour pouvoir être tranchée en une période transitoire comme la nôtre, mais elle demeure au premier rang des préoccupations publiques. L'enseignement du français à l'étranger a subi du fait de la guerre des fortunes diverses, notre victoire ayant, d'une part, accru la popularité des choses de France, mais la crise économique ayant, d'autre part, rendu presque impossible dans certains pays, de se procurer de bons livres et même de bons maîtres français. Signalons, à ce dernier point de vue, l'institution en Sorbonne de cours spéciaux pour la formation des professeurs français désireux de se rendre à l'étranger. Le développement des échanges de professeurs et d'étudiants, des instituts français et des conférences à l'étranger demeure à l'ordre du jour, dans la limite, toutefois, des crédits compatibles avec nos difficultés publiques et privées de trésorerie.

XVII. Vœux divers. — En dehors des précédents groupes de vœux, une mention toute spéciale doit être faite de la réforme du *Dépôt légal*, en voie de réalisation : une proposition de loi soigneusement élaborée dans l'esprit des résolutions du précédent Congrès, par le Comité exécutif du Congrès, et conforme aux principes posés par le Syndicat de la Propriété Intellectuelle, a été tout récemment soumise à M. le Ministre de l'Instruction publique, qui s'est déclaré disposé en principe à la transformer en projet de loi, avec l'assentiment de MM. les Ministres de la Justice et de l'Intérieur.

La question délicate de la *signature de l'imprimeur*, exigible sur toutes les publications circulant en France, doit faire également l'objet de nouvelles mesures, dont la réalisation sera poursuivie par le Comité exécutif du Congrès.

En ce qui concerne *l'Imprimerie Nationale*, l'état de choses défectueux, signalé en 1917, est heureusement en voie d'amélioration, une nouvelle direction de cette grande institution manifestant, depuis peu, un esprit nouveau, qui fait espérer de sa part au monde de l'édition française, non plus une concurrence, mais une féconde collaboration.

Il nous est agréable de constater également que le rétablissement dans la grande presse d'une rubrique de *critique littéraire*, instamment réclamée par le Congrès de 1917, a déjà été réalisée par nombre de grands journaux.

Quant aux préoccupations d'ordre général, et d'un caractère plutôt social que spécialement relatif au livre proprement dit, elles sont demeurées pour le deuxième Congrès du Livre ce qu'elles étaient quatre ans auparavant pour le premier : les *aveugles* méritent toujours la même sollicitude qu'alors, et l'on ne peut que renouveler le vœu national, de voir le Parlement « appliquer sans retard tous les remèdes destinés à relever la natalité française » et à faire disparaître « le fléau de l'alcoolisme, qui diminue la race en force, en nombre et en intelligence ».

XVIII. — Enfin le dernier vœu, formulé par le premier Congrès National du Livre en 1917, avait été que son Comité exécutif élaborât, pour une date dont il serait juge, la préparation d'un nouveau Congrès analogue, en vue de rendre périodiques ces assises du Livre français, où se réunissent, non plus en rivaux, mais en collaborateurs, les penseurs et les techniciens. Le Congrès de 1921 atteste la réalisation de ce vœu et clôt la première série des travaux du Comité exécutif.

La première session du Congrès National du Livre avait abordé des questions d'ordre si divers, et s'était parfois aventurée généreusement sur des domaines d'ordre si général, qu'il n'a pas toujours été possible de donner une immédiate et totale satisfaction à certains de ces vœux. Le Comité exécutif s'est donc préoccupé de limiter ses travaux à des possibilités de réalisation précise et prochaine. Telle est la raison qui a fait ajourner provisoirement certaines questions, telles que la création *d'encyclopédies populaires*, la réorganisation des *bibliothèques populaires françaises*, etc., dont les conditions de la librairie ne paraissaient pas devoir permettre utilement la discussion.

Il apparaît donc que l'œuvre du premier Congrès National du Livre de 1917 a été éminemment utile. Ce premier Congrès a déblayé le terrain ; il a marqué le début de ces accords entre corporations et de cette coordination professionnelle qui vont être la grande caractéristique de la période économique présente.

Il a jeté, dans l'opinion publique et dans les groupements professionnels, des idées nouvelles, et ses vœux ont signalé les objectifs vers lesquels nos corporations marchent désormais. Certaines de ses indications ont donné lieu à des réalisations pratiques. Telle est cette *Maison du Livre* que nous avons déjà citée et qui est, comme l'*Agence générale de Librairie et de Publications*, une des institutions qui assureront, dans un avenir que l'on veut croire prochain, une collaboration effective de tous les éditeurs pour l'expansion du Livre.

Dans l'ordre général, autour du Comité exécutif dont la permanence s'est imposée pour assurer l'unité d'action, les commissions fondées en 1917, comme la Commission de l'apprentissage et le Comité mixte des auteurs et des éditeurs, ont été le modèle des commissions ou conférences spéciales fondées aujourd'hui, comme la Commission interfédérale de l'apprentissage, la Conférence des matières premières, le nouveau Comité des auteurs et éditeurs, le Comité mixte des éditeurs et des libraires, la Commission des tarifs postaux et transports, etc., dont le deuxième Congrès du Livre a décidé la création ou le renouvellement.

En résumé, on peut dire que le premier Congrès du Livre a vraiment établi les fondations de l'édifice que nos corporations travaillent aujourd'hui à construire. Il en a fourni le premier plan, et il faut répéter que c'est lui qui a inauguré l'action par laquelle les producteurs du livre, qu'ils soient ouvriers de la pensée ou de la matière, sont entrés dans la voie heureuse des ententes intersyndicales. C'est à l'intérieur des organismes supersyndicaux aujourd'hui créés que s'élabore la méthode de travail inspirée par cet esprit nouveau qui justifie de nouvelles espérances.

A la séance inaugurale du premier Congrès du Livre à la Sorbonne, M. Pierre Decourcelle marquait l'aube de cette renaissance lorsqu'il déclarait : « Le temps de l'individualisme est fini ! » Le Congrès, ouvert sur cette parole, a montré par ses travaux que la pensée engendre l'acte.

COMITÉ DE PATRONAGE

M. le Président de la République Française.

M. le Président du Conseil,
Ministre des Affaires étrangères

M. le Ministre de l'Instruction publique
et des Beaux-Arts

M. le Ministre du Commerce et de l'Industrie

COMITÉ D'ORGANISATION

SOCIÉTÉ DES GENS DE LETTRES DE FRANCE. — *Président* : M. Edmond HARAUCOURT.

CERCLE DE LA LIBRAIRIE. — *Président* : M. Jules TALLANDIER.

SYNDICAT DES ÉDITEURS. — *Président* : M. Jules TALLANDIER.

COMITÉ DU LIVRE. — *Président* : M. Maurice CROISET.

CONFÉDÉRATION DES TRAVAILLEURS INTELLECTUELS. — *Délégué général* : M. Romain COOLUS.

CONFÉDÉRATION DE L'INTELLIGENCE ET DE LA PRODUCTION FRANÇAISE. — *Président* : M. Georges VALOIS.

Avec le concours de la SOCIÉTÉ DES AUTEURS ET COMPOSITEURS DRAMATIQUES et de la SOCIÉTÉ DES AUTEURS, COMPOSITEURS ET ÉDITEURS DE MUSIQUE.

COMMISSION D'ORGANISATION

Président : M. Pierre DECOURCELLE, président du Comité exécutif du Congrès du Livre.

Membres :

- MM. HARAUCOURT, Eug. MOREL, Jules PERRIN, représentants de la Société des Gens de Lettres.
- MM. Maurice CROISET, Jacques de DAMPIERRE, Gargam de MONTCETZ, représentants du Comité du Livre.
- M. Jules TALLANDIER, représentant du Cercle de la Librairie.
- M. Paul BELIN, représentant du 18e groupement de la Confédération générale de la Production française.
- M. Max LECLERC, représentant du Syndicat des Éditeurs.
- MM. Romain COOLUS, José GERMAIN, représentants de la Confédération des Travailleurs intellectuels.
- M. Georges VALOIS, représentant de la Confédération de l'Intelligence et de la Production française.

Secrétaires : MM. Jean LOBEL et Jean-Paul BELIN.

RÈGLEMENT DU CONGRÈS

Première partie : Règlement organique

I. — Le deuxième Congrès National du Livre se tiendra du 13 au 18 juin 1921, à Paris, 117, boulevard Saint-Germain, dans l'hôtel du Cercle de la Librairie, dont les salles sont mises gracieusement à sa disposition.

II. — Les membres du Congrès doivent être de nationalité française.

III. — Pourront prendre part de droit au Congrès les délégués de la Société des Gens de Lettres, du Cercle de la Librairie et des associations affiliées, du Comité du Livre et des corps savants ou grandes associations littéraires et artistiques, les délégués de la Confédération des Travailleurs intellectuels faisant partie des sections : Art dramatique et musical, Lettres, Sciences, Presse, Enseignement; les délégués du XVIIIe groupement de la Confédération générale de la Production française (Industries du Livre, du Papier et des Arts graphiques); les délégués du XXIe groupement de la Confédération de l'Intelligence et de la Production française (Livre, Fédération des Lettres, Fédération de l'Enseignement).

Les délégués parleront au nom de leur groupement. Ils auront mission de soumettre ultérieurement aux assemblées générales de leurs associations les résolutions adoptées par le Congrès.

Le Comité exécutif pourra inviter à participer au Congrès toute personne susceptible de lui apporter un concours utile.

Seront également admises les personnes qui, sur leur demande, auront été agréées par le Comité exécutif et auront versé une cotisation de 20 francs.

IV. — Une carte sera remise à chaque congressiste, lui permettant le libre accès des salles de réunion.

V. — Le Congrès, à la première séance, nommera son bureau.

Le bureau sera composé d'un président, de trois vice-présidents, six secrétaires et six secrétaires-adjoints.

Toutes les séances du Congrès seront présidées par le président du Congrès, ou, à son défaut, par un des trois vice-présidents.

VI. — Ne seront soumises à la délibération du Congrès que les questions portées à l'ordre du jour de chaque séance.

VII. — Il est institué une Commission de rédaction dont les membres sont désignés par le Comité exécutif. Cette Commission sera saisie des questions que le Congrès décidera de lui renvoyer.

*
* *

Deuxième partie : **Règlement des séances**

I. — Chacune des journées de travail est exclusivement consacrée à l'étude et à la discussion des questions indiquées pour cette journée au programme général.

II. — Chaque question sera d'abord exposée par un rapporteur.

III. — Les membres du Congrès, désireux de prendre part à une discussion, devront faire passer leurs nom et qualité au bureau. Il ne sera accordé à chacun des orateurs que dix minutes au maximum.

IV. — Le président, assisté du bureau, aura tous pouvoirs pour diriger les travaux du Congrès et régler l'ordre et la durée des discussions.

BUREAU DU CONGRÈS

Président. . . .	M. Pierre DECOURCELLE, président du Comité exécutif ;
Vice-présidents.	M. Edmond HARAUCOURT, président de la Société des Gens de Lettres de France ; M. Jules TALLANDIER, président du Cercle de la Librairie ; M. Maurice CROISET, président du Comité du Livre.
Secrétaires . . .	1re *journée* : M. Georges VALOIS ; Suppléant, M. Jacques COLAS ; 2e *journée* : M. Henri RAMIN ; Suppléant, M. MEUNIER du HOUSSOY ; 3e *journée* : M. Henri LARDANCHET ; Suppléant, M. JARROT-MAILLET; 4e *journée* : M. José GERMAIN ; Suppléant, M. Maurice BOURDEL ; 5e *journée* : M. GARGAM de MONCETZ ; Suppléant, M. Jean-Henri LEMOINE ; 6e *journée* : M. Jean-Paul BELIN ; Suppléant, M. Jacques MOREAU.

PROGRAMME DES TRAVAUX

PREMIÈRE JOURNÉE

LES MATIÈRES PREMIÈRES

I. LE PAPIER.
Rapporteur : M. **André Navarre.**

II. PATES D'ALFA.
Conférence de M. **Louis Colas.**

III. PATES A PAPIER (cellulose de bois et pâte mécanique de bois).
Rapporteur : M. **Auguste Biclet.**

IV. FABRICATION DES CARTONS.
Rapporteur : M. **Auguste Biclet.**

V. TOILES POUR LA RELIURE.
Rapporteur : M. **Gaston Popelin.**

DEUXIÈME JOURNÉE

LA FABRICATION DU LIVRE

I. L'IMPRIMERIE DE LABEURS EN FRANCE.
Rapporteur : M. **René Deslis.**

II. LA STANDARDISATION DANS L'INDUSTRIE DU LIVRE.
Rapporteur : M. **Henri Mainguet.**

III. L'APPRENTISSAGE DANS LES INDUSTRIES DU LIVRE.
Rapporteur : M. **E.-J. Jacob.**

IV. L'HYGIÈNE DANS LES ATELIERS INDUSTRIELS ET LOCAUX COMMERCIAUX.
Rapporteur : M. **E.-J. Jacob.**

V. IMPRESSION DES LIVRES POUR LES AVEUGLES.
Communication de Mlle **Colette Anthoine.**

TROISIÈME JOURNÉE

PRODUCTION, VENTE ET DIFFUSION DU LIVRE

Rapporteur général : M. **Max Leclerc,** éditeur.

I. LE LIVRE DE LITTÉRATURE GÉNÉRALE.

Rapporteur : M. **Joseph Bourdel.**

II. LES OUVRAGES DE SCIENCE ET DE MÉDECINE A L'ÉTRANGER.

Rapporteur : M. **Pierre-V. Masson.**

III. LES OUVRAGES DE TECHNOLOGIE.

Rapporteur : M. **Henri Dunod.**

IV. LA LIBRAIRIE DE DÉTAIL DANS SES RAPPORTS AVEC LE PUBLIC ET LES ÉDITEURS.

Rapporteur : M. **Léon Michaud.**

V. DE LA MODIFICATION DES TAXES POSTALES SUR LES IMPRIMÉS.

Rapporteur : M. **E.-J. Jacob.**

VI. DES RÉFORMES NÉCESSAIRES DANS L'ENVOI DES IMPRIMÉS.

Complément au rapport de M. **E.-J. Jacob,** par M. **José Germain.**

QUATRIEME JOURNÉE

LES ÉCRIVAINS

I. RAPPORTS ENTRE AUTEURS ET ÉDITEURS.

Rapporteurs : M. **Eugène Morel,** M. **Pierre Mainguet.**

II. INTÉRÊTS DE LA SCIENCE ET DE LA CULTURE FRANÇAISE : MOYENS D'ASSURER LE DÉVELOPPEMENT ET LA CONTINUATION DES PUBLICATIONS FRANÇAISES D'ORDRE SCIENTIFIQUE.

A. *Publications scientifiques.*

Rapporteur : M. **Henneguy.**

B. *Le livre à l'étranger.*

Rapporteur : M. **Vendryès.**

C. *Nos publications savantes à l'étranger.*

Rapporteur : M. **Jean Malye.**

III. L'ÉDITION DES POÈTES ET ŒUVRES LITTÉRAIRES A PUBLIC RESTREINT.

Rapporteur : M. **Eugène Morel.**

CINQUIÈME JOURNÉE

EXPANSION INTELLECTUELLE A L'ÉTRANGER
ŒUVRES MUSICALES

I. ORGANISATION DES ÉCHANGES INTELLECTUELS ET ÉCONOMIQUES.

Rapporteur : M. **Georges Valois.**

II. LES RAPPORTS ENTRE COMPOSITEURS ET ÉDITEURS DE MUSIQUE.

Rapporteurs : M. **C. Joubert**; MM. **Carol-Bérard** et **G. Grovlez.**

SIXIÈME JOURNÉE

ÉTUDE DES MOYENS DE COORDONNER LES EFFORTS DE TOUS CEUX QUI CONCOURENT A LA PRODUCTION DU LIVRE

Rapporteur général : M. **Jules Perrin.**

SÉANCE D'INAUGURATION

Le deuxième Congrès National du Livre a été inauguré le 13 juin 1921 par M. Alexandre MILLERAND, président de la République, assisté de M. DANIEL-VINCENT, ministre du Travail.

M. le ministre du Commerce s'était fait représenter par M. ELBEL, sous-directeur à la direction des accords commerciaux et de l'information économique, M. le sous-secrétaire d'État des Postes et Télégraphes, par M. COULET, sous-chef de bureau à la direction de l'exploitation postale.

M. le ministre de l'Instruction publique et M. Raymond POINCARÉ éloignés par d'impérieux devoirs, avaient envoyé aux congressistes l'expression de leurs vifs regrets et celle de leur sympathie à la cause du Livre.

M. le président de la République ayant déclaré la séance ouverte, M. Pierre DECOURCELLE a prononcé le discours suivant :

DISCOURS DE M. PIERRE DECOURCELLE

Président du deuxième Congrès National du Livre

MONSIEUR LE PRÉSIDENT DE LA RÉPUBLIQUE,
MONSIEUR LE MINISTRE,
MESSIEURS,

Le 11 mars 1917, au milieu de la plus effroyable guerre qui se soit déchaînée sur le monde, alors que le canon tonnait de l'Escaut à l'Euphrate, le Congrès du Livre commençait paisiblement ses travaux. Et cette même semaine, comme pour répondre à la belle confiance témoignée par tous ceux qui participaient à cette manifestation de vitalité nationale, Bapaume, Roye, Lassigny retombaient aux mains de nos soldats, et la retraite allemande commençait sur un front de 100 kilomètres. C'était la première étape de la victoire.

On sait les résultats produits par ces cinq longues journées de labeur. Les vingt-six rapports présentés par les associations, groupements, chambres syndicales ressortissant au Livre, donnaient lieu à une série de discussions, qui exposèrent la situation de la librairie française, et précisèrent ses aspirations et ses besoins. A la dernière séance, un Comité exécutif fut nommé pour poursuivre l'exécution des vœux qui les résumaient. Le compte rendu de ces travaux, qui n'ont, pour ainsi dire, pas cessé, a été publié en un volume que vous connaissez tous. La dernière œuvre, et non la moindre, a été l'élaboration d'une proposition de loi sur le dépôt légal, dont le Congrès du Livre avait démontré l'importance, et que M. le Ministre de l'Instruction publique a bien voulu accepter de transformer en un projet de loi, qu'il soutiendra devant le Parlement, d'accord avec M. le Ministre de la Justice et M. le Ministre de l'Intérieur.

La seconde tâche confiée au Comité exécutif, était la préparation et l'organisation du prochain Congrès. C'est celui qui s'ouvre aujourd'hui.

Monsieur le Président de la République, permettez-moi, très simplement, et sans ambition oratoire, de vous exprimer la profonde gratitude de tous les représentants de l'industrie du Livre pour le haut encouragement que vous êtes venu aujourd'hui apporter à leurs travaux. Comme votre prédécesseur, vous avez tenu à prouver l'importance que le gouvernement attache à la prospérité du Livre français, ce rayonnant messager de progrès, d'art, de raison et d'idéal, en qui se symbolisent toutes les qualités de notre race.

Nous associons à notre reconnaissance M. le Président du Conseil, pour la sollicitude qu'il nous a si utilement témoignée, M. le Ministre du Travail, dont la présence ici atteste combien il apprécie l'intérêt de notre effort, et tous les membres du gouvernement, qui, en se faisant représenter à cette inauguration, nous donnent l'assurance que leur appui ne nous manquera pas lorsque l'heure viendra pour nous d'y faire appel.

Le Congrès du Livre de 1921 va prolonger le sillon largement ouvert par son aîné. Pourtant, il présentera avec celui-ci quelques différences. La première, c'est qu'aujourd'hui nous avons la joie de voir auprès de nous les combattants d'hier, qui sont revenus prendre leur place ancienne, le cœur et l'esprit tout imprégnés encore des dures leçons de l'épreuve. Ces leçons ne leur auront pas servi à eux seuls, et nous saurons, que dis-je!... nous avons déjà su en profiter. Elles nous ont enseigné que, dans les luttes de la paix, comme sur les champs de bataille de la guerre, pour vaincre, la solidarité et la coordination des efforts sont indispensables.

Savants et industriels, artistes et commerçants, après s'être trop longtemps ignorés les uns les autres, se sont avisés qu'ils ne pouvaient plus guère, sans danger de manquer le but, poursuivre isolément leurs tâches respectives, et que, dans toutes les branches de l'activité humaine, c'est l'union dans le travail qui assurera désormais le succès.

La concurrence entre nations succédant à la concurrence entre individus, voilà le grand mot d'ordre de demain.

Les travailleurs du Livre ont été parmi les premiers à comprendre cette vérité, que, si le mérite des uns peut contribuer à la réussite des autres, il est logique que le concours de ceux-ci appuie et facilite l'effort de ceux-là. En fin de compte, ils y gagneront tous, et c'est la France qui en profitera.

Depuis 1917, ces fécondes idées d'entente et de coopération ont engendré d'heureuses initiatives qui commencent à porter leurs fruits. L'une des plus récentes et des plus significatives est la Maison du Livre qui a instauré à Paris, en les perfectionnant, les pratiques moyens d'action que l'Allemagne avait concentrés à Leipzig. Mais, tandis que chez nos adversaires la gigantesque organisation, dont le premier Congrès du Livre décrivait le mécanisme, fonctionne au profit de deux ou trois gros commissionnaires, c'est au bénéfice d'une collectivité que s'est édifié le nouvel organisme français dont les bienfaits commencent à se faire largement sentir. Ouvert à tous les professionnels du Livre, il groupe déjà, malgré sa jeunesse, cent vingt éditeurs et six cent cinquante libraires. Tous les services commerciaux de la profession : commandes, expéditions, payements, documentation bibliographique, s'y trouvent centralisés de la façon la plus pratique, et déjà il négocie chaque jour des ententes très utiles avec des groupements semblables à l'étranger. Le Congrès du Livre devait ce salut de bienvenue à la Maison du Livre, en même temps qu'un souhait cordial de longue vie et de prospérité.

Dans l'organisation même du Congrès actuel, vous avez également remarqué certaines réformes. Depuis quelques années, ces doctrines d'union sociale, issues de la guerre, ont déterminé la naissance de vastes groupements corporatifs, parmi lesquels la Confédération des Travailleurs intellectuels s'est placée tout de suite au premier rang par le nombre considérable de ses adhérents, par l'ampleur du champ qu'elle embrasse et la belle activité qu'elle déploie. Votre Comité exécutif a jugé profitable de demander à cette puissante association de participer à ses travaux et de s'adjoindre en même temps la Confédération de l'Intelligence et de la Production française, dont *la Semaine du Livre* avait démontré l'agissante et pratique vitalité.

Messieurs, la conjonction de toutes ces bonnes volontés ne sera pas superflue pour mener à bien la tâche considérable qui vous incombe. Vous savez tous — et mieux que moi — que de 1917 à 1920 un funeste concours de conditions économiques a déchaîné sur notre marché français du Livre une crise sans précédent. La hausse vertigineuse des charbons et des pâtes eut pour effet de faire bondir le cours des papiers et des cartonnages à des chiffres prohibitifs. En même temps, l'encombrement des transports paralysait toutes les affaires, tandis que la loi de huit heures pesait cruellement sur toutes les industries, déjà grevées lourdement par la majoration des salaires. De ce fait, les prix de revient des éléments matériels du Livre subissaient des hausses qui atteignaient jusqu'à 1000 p. 100, malgré lesquelles les éditeurs s'astreignaient à n'imposer à la vente de leurs ouvrages qu'une augmentation moyenne de 200 p. 100, commercialement insuffisante pour se défendre, assez grosse néanmoins pour rebuter les acheteurs et, en arrêtant les affaires, provoquer un trouble qui menaçait dans leur existence plusieurs de nos plus anciennes et de nos plus solides maisons d'édition.

Aujourd'hui, grâce surtout à la baisse du papier, le péril n'est plus tout à fait aussi grave qu'hier, mais la librairie française n'en demeure pas moins en face de difficultés angoissantes que vous avez le devoir d'examiner et de chercher à surmonter.

Si le malaise tend à diminuer à l'intérieur, à l'étranger, la situation s'avère comme critique. Le remarquable rapport de M. Max Leclerc sur « la Production, la Vente et la Diffusion du Livre » nous apporte sur ce point une inquiétante documentation. Dans les pays à monnaie dépréciée, comme la Roumanie, la Serbie, la Tchéco-Slovaquie, le Portugal et même l'Italie, des centaines de professeurs, d'étudiants ne peuvent plus acheter de livres français. En Roumanie, un volume qui se vendait 3 francs avant la guerre, revient à 30 francs. Un professeur de Bucarest écrit :

« La grande force du peuple français, c'est son âme ; et cette âme se ferme en ce moment à tout contact avec les étrangers... Est-ce possible, je paye 150 lei (c'est-à-dire 300 francs) un traité de droit marqué 30 francs !... »

Il semble que, dans les contrées à change élevé, cet avantage aurait dû répandre largement nos livres ; mais la vente y est presque tarie par l'avidité des intermédiaires. Les libraires anglais comptent le franc comme un shilling, en ajoutant à ce profit excessif un bénéfice de 20 à 30 p. 100. A Sydney, le 7 janvier dernier, un livre marqué 7 francs en coûtait 21. Au Brésil, à la fin de l'année dernière, il était compté 60 francs au lieu de 10.

Pendant ce temps, les Allemands, profitant de la réduction considérable que la loi de huit heures impose à notre production, s'entendent entre patrons et ouvriers pour intensifier la leur, et inondent la terre entière de collections d'auteurs français, classiques et modernes, à des prix contre lesquels il nous est impossible de lutter.

Un volume relié de cent cinquante pages est vendu 50 pfennigs, soit 12 centimes et demi. Ajoutons que les éditeurs d'outre-

Rhin peuvent exploiter, sans rien payer, les œuvres de tous les écrivains français morts depuis trente ans, et jouissent ainsi d'un domaine réservé de vingt années de plus que nous. Le traité de Versailles était la meilleure des occasions pour régler ce point important de propriété littéraire. Mais nos négociateurs n'ont pas pensé à consulter les personnalités compétentes qui leur avaient été désignées bien avant l'armistice par le Syndicat pour la protection de la propriété intellectuelle. Et ce privilège exorbitant vient encore renforcer tous les privilèges économiques que nos ennemis se sont adjugés en charbon, papier, encres et toiles, à des prix inférieurs à ceux du marché mondial.

Voilà, Messieurs, quelques-unes des difficultés que vous aurez à vaincre. Un coup d'œil sur l'ensemble de vos travaux vous persuadera qu'elles ne sont pas les seules. Certains de répondre à votre sentiment, nous avons tenu à ce que le programme en demeurât le plus possible dans le domaine technique. Déblayant le terrain, le premier Congrès avait surtout posé des questions ; le second aura pour objet de s'efforcer à les résoudre. Chacune d'elles vous sera exposée par un rapporteur que nous avons choisi parmi les plus qualifiés pour la traiter. Toutes les objections, toutes les opinions, toutes les thèses, même les plus contraires à celle des rapporteurs, pourront, cela va sans dire, se développer librement, mais succinctement. Sans doute, il serait chimérique d'espérer obtenir sur tous les points la conciliation de tant d'intérêts divers ; mais l'on prétend du moins aboutir sur chaque question à des résolutions précises, si limitées soient-elles, qui puissent s'imposer à la généralité des congressistes, de manière à entrer sans délai dans le domaine des réalisations.

Ce sont ces résolutions, remplaçant les vœux parfois un peu trop platoniques du premier Congrès, que le Comité exécutif, désigné par vous, aura la mission de faire appliquer. C'est alors, Monsieur le Président de la République, que nous aurons surtout besoin du concours du gouvernement. Votre sympathie nous est une promesse qu'il ne nous la marchandera pas, et une preuve qu'il est aussi pénétré de l'importance du rôle joué par le Livre français à l'intérieur que de l'ascendant indiscuté exercé par lui à l'étranger. Il sait que ce petit volume jaune, bleu, rouge ou vert, a plus fait que des siècles de conversations diplomatiques pour la gloire et le prestige de la France, ce prestige que notre victoire a fait si grand, et que nos modérations, notre justice et notre sens aigu des réalités accroissent encore chaque jour.

Messieurs, avant de commencer vos travaux, vous voudrez, j'en suis sûr, élever votre pensée vers les hommes éminents, qu'ils avaient passionnés dès la première heure, et qui, hélas! ne s'y consacreront plus. Dans le Comité d'honneur du Congrès, la mort a cruellement fauché. C'est M. Etienne Lamy, secrétaire perpétuel de l'Académie française ; M. René Stourm, secrétaire perpétuel de l'Académie des Sciences morales et politiques ; M. le professeur Landouzy, doyen de la Faculté de médecine ; M. Liard, vice-recteur de l'Université de Paris, qui nous avait donné à la Sorbonne une si courtoise et si éclatante hospitalité.

Parmi nos compagnons de travail, il nous faut déplorer la perte de Francis Chevassu, dont le brillant rapport sur « le Livre et la Critique » avait été unanimement apprécié ; du savant M. Welschinger, de qui vous vous rappelez les nombreuses et ardentes interventions.

Une autre voix chère s'est tue pour toujours, celle qui, à notre séance inaugurale, avait chanté la gloire du Livre en des strophes harmonieuses dont le charme vibre encore dans votre souvenir, comme les cordes d'une harpe continuent à résonner après que les doigts du virtuose les ont quittées. Le Congrès de 1921 adresse à la mémoire de Daniel Lesueur, chantre inspiré du Congrès de 1917, un regret profond et reconnaissant.

Mais il est d'autres morts vers lesquels doit se tourner notre recueillement. J'adressais tout à l'heure un affectueux salut aux combattants qui sont de retour... Savez-vous qu'ils sont près de quinze mille, ceux de nos diverses corporations, ouvriers, patrons, employés ou intellectuels, qui ne sont pas revenus? Leur sacrifice a sauvé la France et le monde. C'est grâce à lui que le labeur que vous allez entreprendre sera fécond. Plaçons-le sous l'égide de leur souvenir. Si ceux qui sont ici parviennent à édifier l'œuvre de salut que l'Industrie du Livre espère, rappelons-nous toujours que nous le devrons à ceux qui n'y sont plus.

Discours de M. DANIEL-VINCENT

Ministre du Travail

Monsieur le Président de la République,
Monsieur le Président,
Mesdames, Messieurs,

Je dois à l'absence de M. le Ministre de l'Instruction publique, en ce moment en mission sur le Rhin pour l'Art français, la fortune et l'honneur de saluer le début des travaux de votre Congrès.

Mais il y a dans tout hasard — et je dirai même dans toute déception, car l'absence de M. Léon Bérard en est une pour vous — une possibilité d'indication. Je pense qu'il n'est peut-être pas inopportun que le ministre du Travail ait été appelé à la première heure de l'ouverture de vos délibérations, et que sa présence ici n'est peut-être pas dépourvue de toute signification.

Comment pourrait-il en être autrement dans un ensemble de corporations qui groupent cinq cent mille travailleurs du Livre, qui ont des rapports, d'une part, avec la pensée et, d'autre part, avec tout le monde de la lecture ou de l'étude en France et en Europe?

Le Livre n'est pas seulement une matière marchande. Depuis la pensée de celui qui l'a conçu jusqu'au dernier moment où il arrive entre les mains du lecteur, le Livre est un acte, et ce ne serait point sans dommage qu'on séparerait entre eux trop profondément les divers moments qui le constituent.

Nous ne sommes plus au temps, que l'on peut regretter dans la mélancolie que nous inspire le passé, où un homme pouvait être à la fois humaniste et poète, comme Plantin, — d'ailleurs originaire de notre Touraine, — et en même temps, le compositeur, l'imprimeur et l'éditeur de ses propres œuvres. Par l'ampleur qu'a connue la librairie dans ces derniers siècles, elle a été amenée à la spécialisation des tâches et à la nécessaire division du travail. Mais il est utile que la synthèse que vous réalisez aujourd'hui de toutes les parties de l'œuvre, de tous les éléments qui la constituent, marque qu'elle vit d'une unité profonde.

Vous avez, dans le programme de vos travaux, avec infiniment de précision et de clarté, indiqué les diverses étapes de l'œuvre au succès de laquelle vous vous êtes attachés.

Dans l'étude de la production de la matière première, des problèmes difficiles se posent, que vous venez d'évoquer, Monsieur le Président. J'ai pu lire, dans les travaux du Congrès de 1917, que vous avez bien voulu me faire parvenir, combien vous étiez attentifs à la découverte de sources nouvelles des matières qui pourraient alimenter la production de nos papiers, en France et aux colonies, et vous demandez avec insistance que nous ayons ce que vous appelez « une politique du papier ». Politique difficile, Messieurs, lorsqu'il s'agit de production, d'importation, d'échanges internationaux. Et mon collègue, M. Dior, ministre du Commerce, pourrait vous dire, avec plus d'autorité que moi, que tous ces problèmes, suspendus à l'instabilité des changes, ne peuvent guère nous permettre actuellement que des décisions provisoires et des spéculations sur l'incertitude.

Il y a longtemps déjà, l'abbé Galiani marquait avec beaucoup d'esprit que les Français ont des grâces particulières à rendre à l'imprimerie et qu'il leur est plus dommageable qu'à d'autres d'établir des impôts sur le papier.

« Vous avez conquis, disait-il, plus d'empires par la pensée que par les armes, et vous voulez vous forcer à vous taire. »

Il y a là un sujet constant de méditation, pour un pays dont une des forces essentielles est faite du rayonnement de sa pensée ; mais vous voyez également combien nous avons de raisons de souhaiter l'heure qui, nous l'espérons, ne sera pas trop lointaine, d'un rétablissement normal des relations économiques internationales.

Après la production de la matière première, vous étudiez les *conditions du travail.*

Combien je vous félicite d'envisager cette question importante qu'on appelle « l'Apprentissage », c'est-à-dire la complète formation des ouvriers de demain, leur adaptation aux tâches qui les attendent, et au nombre desquelles vous comptez, avec infiniment de raison, l'illustration, que vous vous appliquez à faire revivre par ces procédés bien français qui s'appellent la « gravure sur bois » et la « gravure au burin », et pour laquelle il est nécessaire que vous prépariez des artisans et des artistes.

La *diffusion du Livre* retiendra nécessairement toute votre attention. Et ici, ce n'est point seulement la diffusion matérielle du Livre dont il s'agit, mais aussi, en même temps, le rayonnement de la science et de la pensée française elle-même, qui se heurte aux difficultés que vous indiquiez, il y a un instant, Monsieur le Président.

Pour résoudre ces difficultés, vous trouverez toujours, non seulement l'appui du gouvernement, mais ce que je me permettrai de lui prêter d'intuition et de volonté pour aller au-devant de vos désirs, en vue d'assurer aux étudiants de ces pays qui se nourrissent de notre influence — la Roumanie, la Pologne, la Tchéco-Slovaquie — l'aliment de notre librairie.

Et il n'est point jusqu'à l'histoire de vos efforts que vous n'entendiez mettre, dans un musée et dans une exposition annuelle, sous les yeux de tous ceux qui s'intéressent au développement du Livre français.

Pour toute cette œuvre, harmonieusement groupée dans ses éléments, nous avons tenu à vous apporter aujourd'hui les félicitations et les encouragements du gouvernement.

Avec le Livre français, c'est la langue et l'esprit de notre pays que vous servez, cette langue qui, dès le dix-huitième siècle, bénéficiait déjà de ce qu'un écrivain appelait « son universalité », celle-ci tenant à « la probité attachée à son génie ».

On dit souvent qu'en matière d'activité économique, la marchandise suit le pavillon. Je ne sais pas si cette formule est toujours exacte, mais, pour nous, elle est d'une application générale et courante. Là où apparaissent les couleurs françaises, apparaît en même temps l'esprit de la France. Et le Livre est aussi un pavillon. Là où apparaît un Livre français, une pensée française, s'affirme le désir, pour le lecteur ou pour l'auditeur, d'entrer en communication plus active et plus profonde avec toutes les productions de la France.

Et c'est ainsi que vous n'êtes pas les seuls intéressés à l'expansion du Livre français. Nos cotonniers, nos lainiers de Roubaix et de Rouen, nos soyeux de Lyon, la Mode de Paris, tous ceux qui, dans leur œuvre, dans leurs produits, portent le témoignage de la probité, de l'élégance, du goût de la production française, quand vous aurez apporté un livre quelque part, y auront, le lendemain, leur place.

C'est donc pour la contribution éminente que vous apportez à l'activité de la France, en elle et en dehors de son territoire, c'est pour ce que vous donnez de force à son rayonnement, pour l'efficacité avec laquelle vous servez son génie traditionnel et son génie moderne, que, au nom du gouvernement, je vous apporte l'assurance que, non seulement vous trouverez auprès des Pouvoirs publics le plus bienveillant accueil, mais qu'ils s'empresseront de réaliser efficacement les solutions que vous vous voudrez bien leur présenter.

Allocution de M. Alexandre MILLERAND

Président de la République française

Avant de rendre à votre président le fauteuil qui lui appartient et de vous permettre de commencer effectivement vos travaux, je veux seulement et d'un mot remercier le Congrès de l'invitation qu'il a adressée au Président de la République et aux membres du Gouvernement.

En s'y rendant, ils ont signifié — ce que vous saviez déjà — l'intérêt passionné que nous portons au succès de vos efforts qui, se développant à la fois dans le domaine intellectuel et dans le domaine commercial et industriel, tendent au plus haut point à la fortune et à la grandeur de notre patrie.

En montant tout à l'heure à cette salle, j'ai salué, sur l'un des paliers, les noms de quelques-uns de ceux dont votre président parlait tout à l'heure en termes si éloquents et si émus.

Ils sont tombés pour assurer le salut du pays! Ils ont fait plus... En nous donnant avec son salut la victoire, ils ont accru, dans des proportions inimaginables, le prestige de la France dans le monde entier.

Ce prestige, c'est à vous qu'il appartient de continuer à le servir et à le développer, comme vous l'aviez fait avant la guerre. Et, dans cette œuvre où l'intérêt et le génie mêmes de la France sont si étroitement mêlés, comptez que l'appui du gouvernement de la République ne vous abandonnera à aucun moment.

RAPPORTS

PREMIÈRE JOURNÉE

LES MATIÈRES PREMIÈRES

I

LE PAPIER

RAPPORT PRÉSENTÉ PAR M. ANDRÉ NAVARRE

Au dernier Congrès du Livre, tenu à Paris en mars 1917, M. Crolard, l'éminent fabricant de papier d'Annecy, président honoraire du Syndicat des Fabricants de papier, vous a présenté un magistral rapport sur « la fabrication et le commerce du papier ».

Après cette étude, qui passe successivement en revue les diverses questions techniques et commerciales intéressant l'industrie du papier, le sujet semble épuisé.

Aussi lorsque votre Comité m'a fait le très grand honneur de me charger de vous entretenir à mon tour de la question « papier », je me suis demandé par quel côté je pourrais aborder mon sujet pour vous intéresser.

Mais, à la vérité, mon parti a été très vite pris. Depuis 1917, en effet, notre industrie, comme toutes les industries françaises, a été profondément bouleversée par les crises qui se sont succédé jusqu'à la fin de la guerre et depuis la victoire.

Nous avons eu d'abord la longue crise résultant des difficultés de production, avec, comme conséquence immédiate, la hausse continue des prix et comme corollaire inévitable l'afflux de plus en plus considérable des papiers étrangers, arrivant en France, malgré la barrière des changes, à des prix comparables à ceux des produits nationaux. Ces prix de famine ont peu à peu réagi sur la marche des industries consommatrices et surtout sur la presse et sur l'édition qui contribuent si puissamment au rayonnement de la pensée française. De là, la campagne retentissante menée dans la presse et auprès des Pouvoirs publics contre les prix trop élevés du papier et, comme conséquence, contre le relèvement des droits d'entrée protecteurs de notre industrie.

Cette campagne a eu son plein effet au moment précis où le malaise, qui se faisait déjà sentir sur plusieurs industries, atteignait à son tour la fabrication du papier, et, fin 1920, nous avions à constater, après une période d'affolement inouï de la demande, un arrêt brusque des affaires coïncidant avec l'apparition soudaine sur le marché français des papiers allemands.

De là la débâcle des prix et la désorganisation profonde du marché.

Aujourd'hui notre industrie est dans le marasme le plus navrant : nos usines sans commandes suffisantes sont toutes en chômage plus ou moins accentué et, devant cette situation critique, un consommateur sceptique a pu, dans une des premières séances de la Conférence du Livre nous poser cette question :

« L'industrie du papier est-elle réellement viable en France ? »

Notre entretien sera consacré à répondre à cette demande.

Mais, tout d'abord, il importe de remarquer que la question ne se pose pas pour les papiers de qualités supérieures. La preuve en est dans la réputation mondiale des papiers « pur chiffon » des usines de Rives, d'Arches, d'Annonay, d'Annecy, d'Angoulême, de Voiron, et dans l'ancienneté et l'heureuse continuité de cette réputation.

Les raisons ?

En premier lieu, ces usines trouvent leur principale matière première dans les chiffons que notre pays produit d'excellente qualité et en abondance et qu'il produira, on peut en être assuré, plus longtemps que tout autre pour la bonne raison que la récolte des chiffons est un des plus probants témoignages des qualités d'ordre et de stricte économie, qui caractérisent et caractériseront longtemps encore, il faut l'espérer, la ménagère française.

En second lieu, la fabrication des papiers extra-fins s'accommode encore des forces hydrauliques de faible et moyenne puissance anciennement aménagées sur les nombreuses rivières de notre pays, et pour ces papiers aucun progrès important de matériel ou de fabrication n'est venu troubler la marche des anciennes usines, dont la production exige surtout la minutie des soins que l'on trouve seulement dans les traditions d'une main-d'œuvre spécialisée de père en fils dans le même travail.

Au surplus, les papiers de luxe n'intéressent qu'une élite de consommateurs. Ce qui préoccupait notre interpellateur de la Conférence, ce qui préoccupe la masse des consommateurs, ce qui intéresse le développement de la pensée française, c'est de savoir si l'industrie des papiers ordinaires est oui ou non viable en France.

Comme chacun le sait, les papiers de grande consommation, qu'ils soient destinés à l'écriture ou à l'impression, sont des papiers fabriqués exclusivement avec des pâtes de bois.

Or, dit-on, les bois manquant en France, la fabrication des pâtes de bois étant très peu développée dans notre pays, nous sommes obligés d'importer de l'étranger les deux tiers des matières premières de nos papiers ordinaires. Comment, dans ces conditions, l'industrie des papiers ne serait-elle pas en France une industrie nettement artificielle condamnée à disparaître devant la concurrence des pays du Nord, producteurs incontestés de la matière première ?

L'objection vaut d'être examinée de près, mais ne vous apparaît-il pas, Messieurs, que l'une des leçons les plus certaines de la guerre doit nous faire aujourd'hui admettre comme un axiome incontestable la proposition suivante :

« Un pays doit être à même de produire sur son sol et avec ses propres ressources tout ce qui est indispensable à sa vie nationale. »

Or, qui peut nier que le papier, support et véhicule de la pensée, est de nos jours un des produits les plus indispensables à la vie d'un pays ? Que serait devenu, aux jours d'épreuves, le moral de la France sans le soutien journalier de la presse ? Que serions-nous devenus si, comme l'Allemagne, nous avions été isolés de nos fournisseurs de pâtes et de papier d'outre-mer ?

Si du temps anormal de guerre nous passons au temps normal de paix, nous pouvons nous demander, avec la même anxiété, comment pourraient être assurés le développement et l'expansion de la pensée française si la presse et le livre étaient tributaires de l'étranger pour leur matière première. Ne voit-on pas immédiatement que cela équivaudrait à une véritable mise en tutelle de notre expansion intellectuelle ?

Donc, Messieurs, vous conclurez sûrement avec moi, après ce qui précède, que l'industrie de la papeterie est de toute évidence nécessaire à la vie de notre pays.

Mais encore faut-il voir, après cette affirmation péremptoire si la fabrication des papiers ordinaires est possible chez nous.

Là est vraiment le nœud de la question.

Pour l'examiner, nous allons étudier dans quelle situation était, avant la guerre, l'industrie du papier en France et dans les pays voisins.

Nous trouvons pour l'année 1913, dans le tableau ci-après, tous les éléments d'appréciation. Nous devons ces chiffres au très distingué secrétaire du Syndicat des Fabricants de pâtes, M. Lemoine, et nous le remercions ici très vivement d'avoir bien voulu les rassembler à notre intention.

	Production		Nombre de machines.	Coefficient d'exportation mondiale.
	Tonnes.	P. 100.		
Allemagne	805 620	40,1	871	26,8
Angleterre	461 070	23	519	6,9
France	362 735	18,2	541	3,9
Italie	141 112	7	606	»
Belgique	81 775	4,2	80	4,1
Espagne	60 000	3	102	»
Hollande	56 275	2,8	51	19,8
Suisse	28 425	1,4	38	»

De ce tableau on peut déduire d'abord l'importance de l'industrie papetière française, qui arrive au troisième rang avec un coefficient de production de 18,2 p. 100, après l'Allemagne qui tient de loin la tête, représentant, à elle seule, 40 p. 100 de la production des pays considérés. Au second rang est l'Angleterre, très loin après l'Allemagne, légèrement au-dessus de la France, avec un coefficient de production de 23 p. 100.

Pour le rang d'exportation, le classement serait le même si la Hollande, dont la production est si faible, ne prenait le second rang après l'Allemagne et avant l'Angleterre. Mais là encore l'Allemagne a la plus grande part avec un coefficient d'exportation de 26,8 p. 100. La Hollande a le coefficient 19,8 p. 100 au second rang ; elle le doit à ce que le Hollandais, avant tout commerçant, alimente ses clients d'outre-mer avec des papiers achetés surtout en Allemagne et en Scandinavie. L'Angleterre, au troisième rang avec une part de 6,9 p. 100 de l'exportation mondiale, est bien au-dessous de l'Allemagne. Après elle la France et la Belgique presque à égalité : 4 p. 100.

L'importance respective de chaque pays dans la production du papier ainsi fixée, examinons pour les trois plus importants producteurs quelles sont les causes du développement plus ou moins grand de leur industrie.

Pour cela remarquons que le prix de revient des papiers ordinaires d'impression satinés (frais généraux non compris) peut se répartir comme suit :

Matières premières	52 p. 100
Combustibles et force	14 —
Main-d'œuvre	15 —
Diverses fournitures, accessoires	19 —

Matières premières. — C'est le poste le plus important et l'importance de cet élément semble justifier ceux qui disent « pas de matières premières indigènes, pas de production de papier ». Or justement l'Allemagne, qui a mis sur pied, dans la dernière moitié du siècle dernier, la plus forte production de papier d'Europe, est loin d'avoir sur son sol les forêts de conifères répondant à l'énormité de ses besoins. Mais, comprenant l'importance de la production sur place des pâtes de bois, elle a su patiemment et lentement créer avec méthode — à l'abri de tarifs protecteurs — sa colossale industrie de cellulose de bois, dont les usines ont acquis en peu d'années une telle puissance que, non seulement elles suffisaient avant guerre aux besoins nationaux, mais encore arrivaient à exporter, dans des proportions importantes, les plus belles qualités de pâtes de bois en concurrence avec les pays scandinaves.

Et, pour alimenter sa fabrication de cellulose pour laquelle ses forêts ne suffisaient pas, l'Allemagne importait de Russie ou de Finlande 3 millions de stères de sapin en 1913.

C'est cette organisation de fabriques de cellulose de bois en Allemagne qui a fait la puissance de l'industrie papetière allemande avant la guerre, et qui maintiendra sa suprématie d'après-guerre si nous n'y prenons garde.

L'*Angleterre* a encore bien moins de forêts que l'Allemagne et moins même que la France et sa production de cellulose de bois est inexistante. Malgré cela son industrie papetière était largement prospère. Dira-t-on que sa prospérité était due à sa fabrication de pâtes d'alfa dont elle avait, en Europe, le monopole presque absolu? L'explication n'est pas suffisante, car les 105 000 tonnes d'alfa brut, qui ont été consommées en 1913 par nos voisins, leur ont donné environ 42 000 tonnes de pâtes, soit à peine le dixième de leur production.

La *France* est mieux placée que l'Angleterre sous le rapport des matières premières. Les chutes d'eaux et les forêts de nos montagnes des Alpes, des Pyrénées, des Vosges, nous permettent la fabrication économique de près du tiers de nos besoins en pâtes mécaniques (90 000 tonnes par an) et nos installations de cellulose de bois de Lancey, de Besançon, de Domène, de Modane, de Nantes, de Rouen, de Calais (environ 100 000 tonnes) permettent la production d'un peu plus d'un quart de nos besoins de cellulose de bois.

Mais là, Messieurs, est le problème de l'avenir de la fabrication du papier en France. Mon collègue et ami, M. Biclet, vous le dira avec plus de force que moi, nous sommes presque aussi bien placés que les Allemands pour la fabrication de nos celluloses, si nous voulons importer comme eux nos bois des pays du Nord et si notre pays accorde à cette industrie vitale les droits protecteurs nécessaires.

Nous pouvons, en outre, faire appel à l'alfa, à la paille, au bambou, au pin des Landes, et notre fabrication de papier pourra lutter avantageusement contre tous nos concurrents, grâce au développement de nos fabrications de cellulose.

L'exemple de l'industrie papetière de l'Angleterre prospérant avant guerre sans matières premières indigènes prouve, comme l'exemple de l'Allemagne, que la raison la plus souvent mise en avant pour condamner l'industrie papetière française n'est pas suffisante.

Combustibles. — Si nous examinons maintenant l'influence des combustibles et de la force motrice, nous nous trouvons évidemment en situation défavorable par rapport à l'Angleterre et à l'Allemagne pour le charbon.

Ces pays possèdent la houille en abondance et l'obtiennent à des prix que ne connaîtra pas de longtemps le marché français. Mais n'avons-nous pas, par contre, en bien plus grande quantité que nos voisins, les chevaux hydrauliques de nos torrents et de nos fleuves? Et lorsque ces forces immenses seront captées, l'économie en combustibles sera telle en France que notre pays se suffira à lui-même pour la houille et ce sera une chance de plus pour son avenir industriel.

Main-d'œuvre. — Quant à la main-d'œuvre, devons-nous nous y arrêter? Peut-on admettre aujourd'hui que les conditions du travail soient maintenues à des étiages tellement différents d'un pays à l'autre que la lutte économique soit impossible entre eux pour des produits comme les nôtres où les salaires ne rentrent que pour 15 p. 100 du prix de revient, frais généraux non compris?

Nous ne le pensons pas, sous réserve, bien entendu, du rétablissement rapide de l'équilibre des changes sans lequel tout est faussé.

Divers. — Restent les produits divers et l'entretien qui intéressent le prix de revient jusqu'à concurrence de 19 p. 100. Sur ce chapitre nous admettons un avantage certain pour nos voisins dont l'industrie mécanique est plus développée que la nôtre, mais cet avantage ne peut se traduire que par une fraction minime du prix de revient total.

Donc, Messieurs, pour me résumer, rien ne s'oppose économiquement à ce que notre industrie conserve, en France, la situation qu'elle s'est acquise par ses nombreux efforts au même titre que les industries papetières d'Angleterre et d'Allemagne.

Mais, dira-t-on : vous vous comparez aux Anglais et aux Allemands, mais les Norvégiens, les Suédois, les Finlandais, les Canadiens, les producteurs de pâtes de bois et de celluloses, ne vont-ils pas nous apporter leurs papiers ordinaires à des prix contre lesquels vous ne pourrez pas lutter?

A cela une seule réponse : Pour maintenir l'industrie des papiers ordinaires, en France, du papier journal surtout, il faut d'abord que l'industrie des pâtes de bois se développe comme elle peut et doit le faire, d'autre part que les consommateurs tiennent compte que leur intérêt, bien entendu, est de s'adresser aux producteurs français. Nos usines satisfaisaient avant-guerre tous les besoins du pays, pourquoi n'en serait-il pas de même à l'avenir?

L'importation des papiers étrangers qui était, en 1913, de 15 250 tonnes s'est élevée à 133 328 tonnes en 1920 et à 26 374 tonnes pour le premier trimestre de 1921, soit dix fois ce qu'elle était normalement avant-guerre.

L'exagération de ces chiffres est pour l'industrie du papier la rançon de l'affolement des prix des années de guerre et surtout de l'année 1920.

Il fallait du papier à tous prix, comme il fallait de tout. On croyait à la disette prochaine, et pendant que le fabricant de papiers achetait des matières premières, sans se préoccuper du prix, les consommateurs de papiers s'approvisionnaient bien au delà de leurs besoins. Et alors, Messieurs, vous vous êtes adressés à la Scandinavie, à la Finlande, aux États-Unis et il est venu, en France, des papiers de tous les pays producteurs et à des prix que le change rendait très voisins des prix français avec, en plus, les risques que comportent les achats à l'étranger.

Il a fallu pour arrêter cet emballement des uns et des autres l'arrivée des papiers allemands offerts, en France, à 250 francs, alors que les papiers français valaient 350 francs. Cela a été le signal de la débâcle des prix des papiers et des matières premières.

Le fabricant français, chargé de stocks considérables, a vu, depuis novembre, les pâtes tomber :

Pâtes blanchies.	de 400 fr.	à	180 fr.
Pâtes écrues.	de 300 »	à	125 »
Pâtes mécaniques.	de 250 »	à	60 »

Et cette baisse catastrophale, coïncidant avec la marche à allure réduite des usines, met aujourd'hui notre industrie dans une situation des plus difficiles.

Juste retour des choses d'ici-bas direz-vous peut-être, Messieurs, et diront sûrement ceux qui, avec tant d'ardeur, ont mené contre l'industrie du papier la campagne de presse qui nous représentait tous comme des mercantis. Campagne injuste, Messieurs, vous pouvez m'en croire, malgré tout ce qui s'est écrit et dit à ce sujet.

Pour vous en convaincre, je vous demande d'examiner le tableau ci-après qui vous donne les prix successifs moyens des pâtes mécaniques et de la cellulose écrue, matières premières principales des papiers ordinaires, et, en dessous, les prix moyens des papiers blancs satinés ordinaires pour les mêmes périodes :

	1913	1918.	1919 1er sem.	1919 2e sem.	1920 1er sem.	1920 2e sem.	Augmentations maxima P. 100.
	—	—	—	—	—	—	—
Pâtes mécaniques . . .	11 »	115 »	60 »	80 »	235 »	150 »	2 000
Cellulose écrue. . . .	21 »	125 »	72 »	100 »	310 »	200 »	1 500
Papiers sat. ordinaires. .	37 88	245 97	233 33	179 70	267 26	330 80	860

Comme vous le voyez, la majoration des prix des papiers a été loin d'atteindre la même majoration que celle des matières premières, et cette vérité serait encore plus évidente si nous vous rappelions qu'en 1913 les charbons valaient 20 francs et qu'ils ont valu 400 francs en 1920;

Que la résine pour le collage valait 25 francs en 1913 et 285 francs en 1920;

Le sulfate d'alumine, 12 francs et 85 francs;

Le talc, 6 francs et 40 francs;

Le chlorure de chaux, 16 francs et 125 francs;

Les huiles de graissage, 31 francs et 250 francs, et tout le reste à l'avenant.

Cela veut-il dire que les fabricants de papiers n'ont pas gagné d'argent?

Certes non. Ils ont gagné de l'argent et ne s'en cachent pas, mais ces bénéfices sur lesquels l'État a eu sa grande part ont résulté pour lui non pas d'une exagération spéculative de ses prix, mais du fait que lorsque tout est animé d'un mouvement vers la hausse le bénéfice est fatal, le produit fini vendu au cours du jour étant obtenu avec des matières achetées quelques semaines ou quelques mois avant à des prix plus bas que ceux fixant le prix de revient.

Et comment faire autrement dans une période de surcharge de demandes ? C'est impossible, car le fabricant qui n'aurait pas fait son prix en calculant le prix de revient avec les prix des matières de remplacement aurait été débordé d'ordres et aurait couru les plus gros risques.

Aujourd'hui, l'inverse se produit avec la course à la baisse ; on vend le produit fini au cours du jour, mais on le fabrique avec des matières premières qui ont coûté deux ou trois fois plus cher que ne le comporterait le prix de vente, et l'État qui a partagé dans la période des bénéfices n'est plus là pour partager dans la période de pertes.

Et certes, Messieurs, si, après avoir essayé de vous démontrer que l'industrie du papier était économiquement viable en France au même titre qu'en Allemagne et qu'en Angleterre, je vous fais part de son marasme actuel, ce n'est pas pour vous apitoyer, mais pour vous demander de vouloir bien réfléchir si l'intérêt de votre belle industrie du livre, de l'industrie de la presse n'est pas d'aider, dans cette passe difficile, l'industrie du papier, en France, en arrêtant au maximum les importations de papiers étrangers qui apportent un trouble énorme à notre marché.

Les Suisses ont triplé leurs droits d'entrée et limitent l'importation.

Les Espagnols ont fait de même.

Les Anglais ont présenté le *Dumping Bill* pour protéger leur industrie nationale.

L'industrie de la papeterie française a reçu satisfaction en ce qui concerne tous les papiers, sauf, hélas ! la classe la plus importante : les papiers pour la presse et pour l'édition qui payent juste les mêmes droits qu'avant la guerre, alors que l'échelle des valeurs a triplé.

Pourquoi cette défaveur qui frappe bien durement une industrie dont la vie vous intéresse au plus haut point ?

Après avoir répondu, je l'espère, à la question que m'avait posée l'un de vous à la Conférence du Livre, je vous propose, Messieurs, à mon tour, cette question en laissant à la saine appréciation de vos intérêts le soin de vous dicter la réponse.

II

PATES D'ALFA

CONFÉRENCE FAITE PAR M. LOUIS COLAS

MESSIEURS,

C'est d'un effort d'union et de réalisation que je viens vous entretenir en vous parlant de l'alfa et de la Société l'Alfa.

J'espère vous montrer rapidement que, dans les circonstances critiques que traverse la papeterie française, les fabricants de papier sont loin d'être restés inactifs, et qu'un très grand nombre d'entre eux ont uni leurs efforts en vue d'une première solution du problème de l'alimentation en pâtes de nos industries.

Vous me demanderez sans doute pourquoi on n'a pas fait tout cela plus tôt, pourquoi on n'utilise pas immédiatement toutes les innombrables fibres proposées de toutes parts, aussi bien dans la métropole que dans les colonies, et vous taxez volontiers d'inertie et d'esprit rétrograde toute une industrie française. Ce n'est pas exact, il y a des raisons profondes à tout cela, et une des principales, c'est que ce qui était impossible, commercialement parlant, avant la guerre, devient souvent possible après, les conditions économiques ayant complètement changé.

J'espère vous en esquisser très rapidement les raisons en vous exposant la solution pratique que, après une étude longue, consciencieuse et approfondie, un grand nombre de fabricants vont donner à ce problème angoissant. Et pour cela, permettez-moi d'entrer dans quelques détails et de vous donner quelques chiffres.

Par suite de son insuffisance en bois résineux, l'industrie papetière française est malheureusement, pour une partie très importante de sa production, tributaire des pâtes étrangères en provenance de pays plus favorisés sous ce rapport. Les chiffres suivants vous indiquent l'étendue de cette dépendance :

Avant la guerre, la France produisait, d'après M. Biclet, environ 90000 tonnes de pâtes chimiques et 90000 tonnes de pâtes mécaniques, en employant les bois de son sol et des bois de provenance étrangère.

Voici, par contre, en gros, le chiffre des importations en pâtes chimiques et mécaniques :

	Pâtes chimiques.	Pâtes mécaniques.	Total.
	—	— (Tonnes.)	—
1910	153412	204233	357645
1913	205499	259448	464947
1920	184244	176221	360465

Vous remarquerez, en passant, que la proportion des pâtes mécaniques, par rapport aux pâtes chimiques, tend à se renverser.

Les 180000 tonnes de la production française de pâtes à papier ne représentent donc, *grosso modo*, qu'environ un tiers des besoins de l'industrie papetière.

Telle est la situation. Ses conséquences, vous les connaissez. Les fabricants de papier, pendant la guerre, forcés de subir les exigences des vendeurs scandinaves, ont dû accepter des prix sans cesse plus élevés qui ont atteint, j'ai presque horreur à le dire, plus de dix-huit fois les prix d'avant-guerre, et voilà sur quelles bases, jugulée jusqu'alors, pour son approvisionnement, par les pays à change élevé, l'industrie papetière allait se trouver à la fin de 1919 pour faire face à la concurrence des pays à change déprécié.

Permettez-moi de ne pas rechercher aujourd'hui avec vous pourquoi, avant la guerre, l'industrie papetière n'avait pu se libérer d'une tutelle qui pouvait devenir aussi néfaste, — il y a des raisons nombreuses et sérieuses à cela, — d'autres plus compétents que moi vous l'ont déjà dit et vous le diront encore. Ne nous attardons pas à des controverses inutiles — les faits sont acquis — il faut les regarder en face. Le remède éclate aux yeux : c'est de fabriquer dans l'avenir, en France, le plus possible de pâtes avec les matières, autres que les bois, dont nous pouvons disposer. Donc, sans s'attarder à de vains regrets et à des vœux vagues et généraux, il faut, permettez-moi l'expression, prendre la question par un bout et agir, avec un programme restreint d'abord, mais précis et immédiatement réalisable, qui pourra entraîner par la suite un mouvement beaucoup plus général et important; le champ est vaste.

C'est le but de la Société l'Alfa.

Sous l'inspiration du regretté M. Badin, la Société civile d'études l'Alfa a été fondée, en 1917, par la Compagnie des produits chimiques d'Alais et la Camargue, et les papeteries Navarre, Bergès et Frédet.

Parmi les nombreuses plantes végétales annuelles, bisannuelles ou vivaces, autres que les bois, c'était évidemment à l'alfa qu'il fallait s'adresser d'abord. Car notre Afrique du Nord en est abondamment pourvue, et, depuis de longues années, les Anglais, et depuis quelque temps les Américains, et même tout récemment les Canadiens, viennent largement y puiser, alors que nous n'en employons nous-mêmes qu'une quantité bien faible. Là, il ne s'agit pas d'essais à faire, d'innovations à tenter, l'alfa est une fibre connue, classée.

« En voici d'ailleurs. » Vous pourrez constater tout à l'heure que c'est une feuille roulée sur elle-même, de grande résistance; elle a un excellent rendement, et alors que la moyenne du bois ne donne qu'environ 35 p. 100 de cellulose papetière, elle en donne 45 à 48 p. 100. Elle fournit une fibre très fine, soyeuse et douce, présentant des qualités particulièrement favorables à l'impression. « Voici des échantillons de la pâte obtenue avec l'alfa. » Vous constaterez que cette pâte est très douce au toucher.

Depuis cinquante ans, les Anglais en importent des quantités croissantes qui ont dépassé 200 000 tonnes par an, — exactement 205 000 tonnes en 1913, — l'importation en Angleterre atteignait encore 162 000 tonnes en 1920, alors que l'importation française a oscillé entre 5 000 et 9 000 tonnes, et encore cette faible importation comprenait des articles de sparterie. Il est presque triste d'articuler un tel chiffre.

Comme vous le savez en effet, nos amis et alliés anglais sont des commerçants de premier ordre, un exemple très typique illustre ce fait, et on pourrait presque en tirer des conclusions philosophiques d'un ordre très général. Avant la guerre, les Anglais importaient de grandes quantités d'oranges d'Espagne et de notre Afrique du Nord, jusqu'en Écosse, à Dundee ; ils en gardaient le jus pour eux et nous les renvoyaient sous forme d'excellentes confitures d'écorces d'oranges amères, les « Dundee marmelade ». Ils ont agi à peu près de même en ce qui concerne l'alfa, ils en importaient d'énormes quantités et nous en renvoyaient une bonne partie sous forme de ces beaux papiers d'alfa qui, le snobisme aidant, n'étaient réellement beaux que s'ils portaient une marque anglaise, un « Mill » quelconque ou même, en toutes lettres : « Importé d'Angleterre ou d'Écosse ».

Il est temps que nous les imitions... en sens inverse.

Mais il ne faut pas se dissimuler qu'il y avait des raisons profondes à cela. Avant la guerre, le bon marché des houilles en Angleterre et, par suite, le bon marché des produits chimiques, le bon marché du fret anglais apportant de la houille dans l'Afrique du Nord et remportant de l'alfa, tout cela nous handicapait fortement.

A peu près seule en France depuis plus de trente ans, la maison Outhenin-Chalandre fils et Cie avait soutenu la lutte, très courtoise d'ailleurs, sur ce point, en fabriquant de la pâte d'alfa et des papiers d'alfa. La continuité de son effort montre qu'elle pouvait le soutenir avantageusement, mais ce, grâce à une stricte économie et une revision constante et serrée de ses prix de revient, grâce aussi au pauvre petit droit de douane de 10 francs. Elle n'arrivait pas néanmoins à développer cet effort au delà d'une certaine limite.

La guerre, cette terrible guerre, a changé les conditions économiques générales. On ne dira jamais assez l'effort immense accompli pendant la guerre par l'industrie chimique et électro-chimique française, sous l'impulsion vigoureuse et inlassable de la Direction des poudres et du matériel chimique de guerre.

Et actuellement, la France qui a produit en abondance, pendant la guerre, le soude et le chlore électrolytique, base principale des gaz asphyxiants, peut encore les produire en abondance pour les œuvres de paix, parmi lesquelles on peut ranger, en première ligne, la production des pâtes blanchies traitées à la soude et au chlore, et, par une bonne fortune remarquable, toutes les fibres végétales annuelles ou vivaces sont tributaires du traitement à la soude caustique; l'alfa même n'en supporte pas d'autre.

La Société civile d'études l'Alfa, poursuivant ses études tant en Algérie qu'en Angleterre, voyait ses convictions s'affirmer, mais une dernière objection restait à lever : l'idée invétérée, accréditée en France par nos amis anglais — qui pouvaient d'ailleurs être de bonne foi dans la question — qu'il était impossible d'employer la pâte d'alfa à l'état sec. Il était dès lors nécessaire, pour chaque fabricant, d'employer la pâte d'alfa à l'état humide, d'où la nécessité, à cause des transports, de fabriquer cette pâte lui-même dans sa propre usine et de l'employer sur place, comme le faisaient les Anglais. De ce fait, la plupart des fabricants français reculaient devant les dépenses considérables à engager pour monter cette fabrication très spéciale, fabrication qui nécessite toute une industrie chimique de récupération de la soude caustique employée, sans laquelle il est impossible d'arriver à un prix de revient acceptable.

C'est alors que la Société l'Alfa s'adressa à la Société Outhenin-Chalandre fils et Cie qui fabriquait depuis de longues années de la pâte d'alfa en France. Des démonstrations très concluantes faites par cette société, en présence des témoins les plus autorisés, prouvèrent la possibilité et la facilité (moyennant quelques précautions élémentaires) de l'emploi de la pâte d'alfa sèche, c'est-à-dire à l'état même où se trouvent importées les pâtes de provenance étrangère. Voici des papiers vélins et vergés fabriqués avec la pâte d'alfa sèche; vous constaterez qu'ils ne le cèdent en rien aux meilleurs papiers anglais...

La Société Outhenin-Chalandre fils et Cie entra dans la Société l'Alfa en lui apportant ses procédés de fabrication de la pâte d'alfa. Les derniers doutes étaient levés et il devenait dès lors possible de créer une grande usine centrale pour alimenter en pâte d'alfa sèche les fabricants de papier français désireux d'employer cette matière.

Entrèrent également dans la Société l'Alfa : la Société d'électrochimie et d'électro-métallurgie, les papeteries de Rives et les papeteries Glatron, Baschet et Cie, auxquelles sont venus se joindre, pour la création de la Société d'exploitation qui, je l'espère, ne tardera plus beaucoup maintenant, un grand nombre de fabricants de papier, les maisons : Darblay, Aussedat, Alamigeon, Zuber et Rieder, du Souche, Montgolfier, La Haye-Descartes, Sorel-Moussel, etc. Pardonnez-moi de ne pas les nommer tous.

C'est donc une véritable union papetière qui se crée autour de cette question de l'alfa ou plutôt une union de l'industrie électrochimique et de l'industrie papetière et, pour le succès final, c'est indispensable ; car j'ai la conviction profonde que c'est seulement par l'union et la collaboration de tous, en abandonnant tout esprit particulariste, que nous arriverons à créer une ou plusieurs usines centrales suffisamment importantes pour pouvoir lutter, en tous temps, contre la production étrangère.

Restait à déterminer l'emplacement de l'usine.

Malgré le désir si souvent exprimé par le gouvernement général de l'Algérie et les diverses initiatives qu'il a suscitées, l'examen impartial et approfondi de la question nous a démontré qu'il fallait installer l'usine en France même et non dans l'Afrique du Nord. Loin de moi la pensée de décourager les tentatives qui peuvent être faites en Algérie ou en Tunisie. Le soleil luit pour tout le monde ; mais enfin, en ce qui nous concerne, nos études nous ont conduit à la conclusion que je viens de vous dire. Il y a de nombreuses raisons à cela, entre autres les besoins très grands en eau pure, les besoins en produits chimiques, en combustibles, en force motrice, électrique de préférence, et la nécessité d'une main-d'œuvre experte. Si l'on fait la somme des avantages et des inconvénients respectifs de chacune de ces situations, on voit qu'il vaut mieux importer la matière première comme le font d'ailleurs les Anglais, plutôt que d'être obligé de transporter en Algérie tous les autres produits. La question de l'eau paraît en outre vraiment rédhibitoire; pour en juger, il vous suffira de savoir que pour la première usine prévue, devant produire 12 000 tonnes de pâte sèche par an, il faut un débit régulier de 1 000 mètres cubes à l'heure d'une eau aussi pure, comme degré hydrotimétrique, et aussi claire que possible. Il est bien difficile de trouver en Algérie une quantité aussi considérable, et surtout en eau non calcaire et non salée, tandis qu'en France le Rhône, par exemple, nous assure une eau d'un degré hydrotimétrique satisfaisant, filtrée naturellement dans le sous-sol.

Il fallait donc déterminer et se procurer en France un emplacement tel que les facilités de transport de l'alfa, des produits chimiques, des combustibles et des produits fabriqués, et l'approvisionnement en eau fussent réunis dans les meilleures conditions possible.

Après un examen approfondi des avantages respectifs que pouvaient présenter, à tous ces points de vue, les diverses régions de la France, la région du Midi et les bords du Rhône ont été choisis. Des pourparlers ont été alors engagés avec l'État pour la location d'une partie des terrains et installations de la Poudrerie Nationale de Sorgues, près d'Avignon, emplacement qui présente au plus haut point l'ensemble d'avantages désirés : un port sur le Rhône à 81 kilomètres de Port-Saint-Louis, raccordements à la voie ferrée, proximité des usines électrochimiques produisant la soude et le chlore, force motrice en provenance des réseaux des Alpes françaises, eau pure en abondance, etc... L'État s'est montré d'autant plus disposé à consentir cette location que l'installation d'une usine de pâtes à papier permet de tirer parti, dans une large mesure, pour les œuvres de paix, des constructions et du matériel de la poudrerie envisagée.

Le contrat de location a été signé, il y a quelque temps déjà, par les ministres compétents.

Les projets de la Société prévoient l'installation d'une première usine produisant 12 000 tonnes de pâte sèche par an, production qui pourrait être triplée sur place si les besoins de la consommation française le demandaient. Point important à signaler : l'usine sera montée par groupes indépendants de 10 tonnes par jour (ou 3 000 tonnes par an). De cette façon, bien que la principale matière première envisagée soit l'alfa, comme le procédé employé permet également le traitement de toutes les autres fibres végétales, paille, roseau, genêt, palmier nain, papyrus, etc., etc..., il sera largement fait appel, le cas échéant, à ces fibres, chaque groupe indépendant pouvant, si l'utilité en est démontrée, travailler sur une matière première différente.

Toutes ces fibres existent en abondance, soit sur le sol métropolitain, soit dans l'Afrique du Nord, et des essais industriels récents en ont montré la valeur respective. Voici, par exemple, un papier fabriqué avec 80 p. 100 de pâte de genêt... Toutefois, je le répète, la matière première principale sera l'alfa, et il est à présumer, d'après les demandes déjà faites, que la majeure partie des groupes devra, dès les débuts, être utilisée au traitement de l'alfa.

La matière première ne fait pas défaut. Même avec la très importante consommation anglaise, la majeure partie des ressources alfatières de l'Afrique du Nord reste inemployée. D'après un recensement exécuté tout récemment par l'administration algérienne, et qui semble avoir été fort bien fait, la surface totale des peuplements alfatiers, pour l'Algérie seule, s'élève à près de 4 000 000 d'hectares, ce qui représente de 6 à 700 000 tonnes par an, suivant la façon dont on l'exploitera, tandis que l'exportation totale de l'Algérie n'a jamais dépassé 120 000 tonnes. Il faut y ajouter les ressources de la Tunisie, moins considérables, mais cependant des plus importantes (la Tunisie pourrait fournir 100 000 tonnes par an) et les ressources encore latentes du Maroc que l'on commence un peu à exploiter. Je ne parle pas de la Tripolitaine et de l'Espagne, pour rester sur le sol français ; mais ces contrées produisent de très beaux alfas, dont l'Angleterre tire aussi beaucoup de parti.

J'ai déjà dit que l'Afrique du Nord produit une quantité considérable d'autres fibres, comme le palmier nain dont la fibre est très belle et plus longue que celle de l'alfa, et qui n'a guère été utilisé jusqu'à présent que pour la fabrication du crin végétal. Une large utilisation de ces fibres viendra plus tard.

Il faut d'abord commencer par créer l'organe de production : l'usine centrale, usine extensible où chaque matière première nouvelle pourra, en temps voulu, trouver sa place, lorsque des essais *industriels* auront prouvé que ses qualités papetières et ses prix de revient sont favorables.

Pour l'alfa, c'est sur la moyenne des éléments du prix de revient des dix années qui ont précédé la guerre, à l'usine de Seveux de MM. O. C. F. et Cie, que sont basées les prévisions faites. Ces prévisions ont donc une base précise.

Avant la guerre, la pâte d'alfa revenait, en France, un peu plus cher que les pâtes de bois au bisulfite. Cet écart de prix correspondait d'ailleurs à une supériorité très nette des qualités de ce produit pour les beaux papiers. A l'heure actuelle, et bien que cette supériorité soit toujours la même, la pâte d'alfa, fabriquée en grand, pourrait concurrencer les pâtes étrangères. Pour l'avenir, les prévisions les plus sérieusement basées montrent que dans les conditions dorénavant réunies, et étant donné l'importance et la situation de l'usine, la concurrence à armes égales sera toujours possible, j'espère même avec de sérieux avantages.

Avant de terminer, je crois indispensable d'appeler votre attention sur le fait que ce qui caractérise le procédé à *la soude*, c'est que toutes les matières premières nécessaires seront demandées à l'industrie et au sol français. Ce sont, en effet, la soude caustique et le chlore, provenant de l'électrolyse du sel marin, et la chaux, qui sont les principales matières premières employées au traitement. Pour la construction même de l'usine, tout le matériel nécessaire, depuis la première tôle jusqu'au dernier boulon, doit être demandé à l'industrie nationale. Cette industrie des pâtes d'alfa sera donc *complètement indépendante de l'étranger*.

En résumé, l'entreprise étudiée se présente sous les auspices les plus favorables et répond à un besoin national urgent. Elle y répondra d'une façon exclusivement française.

Si j'ai réussi, dans cette courte causerie, à vous démontrer tout l'intérêt de notre effort, j'espère que vous, Messieurs, créateurs et propagateurs de la Pensée française, oubliant les discussions passées, vous nous aiderez, dans cet effort, par la plume et par la parole. La Française passe pour être toujours bien habillée. Vous conviendrez que la Pensée française porte souvent, à l'heure actuelle, dans le livre, un vêtement qui ne lui sied guère. Aidez-nous à lui en assurer un digne d'elle... à des prix acceptables pour tous. Forts de votre appui, nous entreprendrons notre tâche d'union avec courage, méthode et foi, et parce que, Français, nous réussirons.

III

PATES A PAPIER

(*CELLULOSE DE BOIS ET PATE MÉCANIQUE DE BOIS*)

RAPPORT PRÉSENTÉ PAR M. AUGUSTE BICLET

Le fabricant de papier fut, à l'origine, fabricant de pâte. Son installation était rudimentaire. Le fabricant chinois pilonna le chiffon de soie dans un mortier. Puis il s'attaqua au chiffon de chanvre et à l'écorce, préalablement amollis par la fermentation.

La fabrication du papier de chiffon, introduite en Arabie en l'an 751 après Jésus-Christ, passa en Égypte, puis au royaume de Fez. Elle y fut très en honneur. On comptait quatre vents moulins à papier à Fez en l'année 1213. C'est à cette époque que l'on fit appel à la force hydraulique pour mouvoir les lourds pilons.

Introduite en Italie, puis en Allemagne, puis en France et en Hollande, la fabrication du papier, toujours à base de chiffon, continua l'utilisation de l'outillage ancien jusqu'à la fin du dix-septième siècle. A cette époque, les Hollandais remplacèrent les maillets, utilisés jusque-là au pilonnage, par des cylindres armés de lames de fer, qui permirent d'obtenir une production plus abondante et une pâte plus homogène. L'emploi de ces cylindres fut imposé en France quelques années plus tard par Nicolas Desmarets, qui remplissait les fonctions d'inspecteur général des papeteries.

La préparation de la pâte de chiffon fut perfectionnée successivement par le lessivage en autoclave à la chaux, puis à la soude, remplaçant le pourrissage ; par le blanchiment au chlore et par des perfectionnements successifs de l'outillage, qui portèrent les installations au point où nous les connaissons.

La pâte de chiffon fut à peu près exclusivement employée jusqu'au milieu du dix-neuvième siècle. Mais elle suffisait de moins en moins aux besoins croissants de papier.

Au cours des dix-huitième et dix-neuvième siècles, de nombreuses recherches d'une fibre moins coûteuse et plus abondante furent tentées dans la plupart des pays. C'est en 1843 qu'un tisserand allemand, du nom de Keller, établit, par pur hasard, le principe du défibrage du bois. Usant une pièce de bois sur une meule en grès, son attention fut attirée par la tache blanche que fit une goutte du mélange qui avait sauté sur un torchon. Isolée, la tache apparut sous la forme d'une petite feuille de papier de la grandeur d'une pièce de deux sous. Frappé de sa découverte, Keller construisit la première meule à défibrer, meule très rudimentaire et de bien petite production. Mais elle lui permit d'établir la valeur d'un procédé dont il céda le bénéfice à Henrick Woelter, directeur de la papeterie Fischer de Bautzen. Celui-ci prit un brevet et perfectionna l'invention de Keller. La pâte de bois mécanique ne fut pas admise sans appréhension et sans difficulté dans la composition des papiers. Elle eut des adversaires résolus. Parmi ses plus ardents défenseurs se rangea Aristide Bergès, qui s'appliqua, dès sa sortie de l'École centrale, à perfectionner cette nouvelle industrie. Avec lui, les constructeurs Neyret-Beylier, en France, et Voith, en Allemagne, travaillèrent à amener cette fabrication au degré de perfectionnement qu'elle possède aujourd'hui.

Mais cette pâte ne présente pas des qualités de résistance permettant de la substituer à la pâte de chiffon. C'est encore le bois qui va fournir le produit de substitution par excellence, la cellulose. Dès 1840, on avait obtenu de la cellulose en détruisant les matières incrustantes du bois par l'acide nitrique. En 1853, on opère cette désagrégation à l'aide d'une lessive de soude. En 1857, on libère la cellulose par le gaz sulfureux et par les sulfites.

Les procédés à la soude et aux sulfites furent seuls définitivement adoptés dans la pratique industrielle.

Voilà donc les fabriques de papier en possession de deux pâtes nouvelles : la pâte mécanique de bois et la cellulose de bois, cette dernière se subdivisant elle-même en deux qualités distinctes : la pâte au bisulfite et la pâte à la soude.

La pâte mécanique de bois est toujours obtenue par usure de rondins, sous une pression convenable, au contact d'une meule en grès tournant à une certaine vitesse dans un courant d'eau d'un débit déterminé.

La cellulose ou pâte chimique est obtenue par le traitement du bois à chaud et sous pression dans une lessive de soude ou de bisulfite de chaux. Ce lessivage dissout les matières incrustantes en mettant les cellules à nu.

La pâte mécanique, examinée au microscope, se présente sous

l'aspect d'éclats généralement informes, parmi lesquels il est rare de distinguer une fibre isolée. Tous les éléments sont plus ou moins écrasés ou brisés. La pâte la meilleure est celle dont les fibres sont les plus longues et les plus isolées, les plus fines.

Les caractères microscopiques de la cellulose de bois varient avec les essences : longues dans les celluloses issues des résineux, les fibres sont courtes et effilées dans les celluloses issues des feuillus. Dans ces diverses pâtes, le fabricant de papier trouve les éléments de substitution des diverses qualités de pâte de chiffon.

Les celluloses obtenues par le procédé au bisulfite présentent les qualités des pâtes de chiffon de lin et de chanvre. Celles obtenues par le procédé à la soude offrent les qualités des pâtes de chiffon de coton.

Issues des résineux, elles ont les fibres longues et résistantes, propres à constituer la charpente de la feuille de papier. Issues des feuillus, les celluloses forment une matière de remplissage parfaite pour les papiers fins d'édition et d'écriture.

La pâte de bois mécanique constitue la matière de remplissage des papiers d'impression ordinaires et du papier de journal, dont la cellulose de sapin forme l'ossature.

Les fabricants de papier français se trouvent ainsi en possession des pâtes de remplacement les plus variées. Mais ils ont perdu leur complète indépendance d'autrefois. La fabrication ancienne des papiers, qui constituait une industrie complète, s'est subdivisée en fabrication des papiers et en fabrication des pâtes. Et la fabrication des pâtes elle-même s'est subdivisée en trois grandes industries :

L'industrie des pâtes mécaniques ;

Celle des pâtes de cellulose au bisulfite ;

Celle des pâtes de cellulose à la soude.

Je ne parlerai que pour mémoire des pâtes d'alfa et de paille, qui constituent encore une industrie spéciale.

Ces industries n'ont malheureusement pas pris, en France, le développement qu'il eût fallu pour assurer les besoins des fabriques de papier dont le nombre a augmenté, dont l'outillage s'est développé, en vue de l'emploi des pâtes de toutes qualités que l'étranger met à la disposition du marché français.

Des efforts furent faits cependant. Abandonnés par les uns, ils furent continués par les autres, malgré bien des difficultés, les pâtes étrangères plaçant souvent les fabricants de papier importateurs en position plus favorable que les fabricants de papier producteurs de pâtes.

Des fabriques de pâte de bois mécanique furent installées dès l'origine dans l'Isère, dans la Savoie, dans l'Ain, dans les Vosges et dans l'Ariège, en vue de l'utilisation de forces motrices hydrauliques.

Des fabriques de pâte chimique au bisulfite furent créées un peu partout, notamment à Essonnes, à Chantenay, à Tiffauges, à Lancey, à Domène, à Modane, à Etival, au Souche, à La Haye-Descartes, à Albertville, à Mios, à Monfourat, à Novillars et à Saint-Antoine (Ariège).

Enfin, en 1907, furent créées les fabriques de cellulose de Rouen et de Calais.

Bien avant la guerre, les fabriques de cellulose de Mios, d'Etival, du Souche, d'Albertville et de La Haye-Descartes avaient cessé leur exploitation.

Pendant et depuis la guerre, les usines de l'Isère, celles de Rouen, de Novillars et de Monfourat fonctionnèrent seules. Celle de Calais fut acquise et remise en marche, l'année dernière, par les papeteries Navarre.

Sauf quelques usines, comme les papeteries de Riouperoux dans l'Isère, qui ont donné une autre utilisation à leur force motrice, ou comme les papeteries d'Albertville qui ont transporté leur matériel près de Rouen, toutes les fabriques de pâte mécanique ont continué leur exploitation, à côté des fabriques de papier qui les ont installées. Certaines papeteries, actionnées par la force vapeur, se sont même adjoint la fabrication de la pâte mécanique : c'est le cas des papeteries Darblay, à Essonnes, des papeteries de *l'Auto*, à Persan, des papeteries de l'Ouest, à Chantenay et, plus récemment, de la papeterie du *Petit Parisien*, à Nanterre et de la nouvelle fabrique de papier installée à Rouen par les papeteries Navarre, à côté de leur fabrique de cellulose.

Il est bien évident que la production de la pâte mécanique à la vapeur est coûteuse. Mais le fabricant est maître de donner à son produit le degré de finesse qui convient au papier qu'il veut fabriquer.

La papeterie française porte donc plus volontiers ses efforts vers la fabrication des pâtes mécaniques que vers celle des pâtes chimiques. Malgré cela, les développements de cette production sont très lents. Pour une usine qui s'installe pour fabriquer la pâte mécanique, comme celle de Rouen, une autre cesse cette fabrication, comme c'est le cas de l'usine de Chantenay.

D'autres, parmi celles qui marchent à la vapeur, réduisent leur production ou l'arrêtent totalement, dès que les prix des pâtes importées arrivent au-dessous de leurs prix de revient. C'est une indication que cette fabrication est considérée comme une partie accessoire et non essentielle d'une fabrique de papier. Il semble pourtant que la fabrication de la pâte mécanique mérite plus d'attention. Cette pâte restera longtemps la matière première de prédilection des papiers d'impression ordinaires et notamment du papier de journal, parce qu'elle se tiendra au-dessous des prix de toutes autres pâtes : aucune autre matière, issue des innombrables plantes considérées comme susceptibles d'être utilisées à la fabrication des pâtes, ne peut atteindre un prix de revient aussi bas. C'est que toutes ces plantes doivent être débarrassées, par des procédés chimiques coûteux, des matières incrustantes qui enrobent les cellules.

Dans la fabrication de la pâte mécanique, au contraire, toute la substance du bois est utilisée. L'eau seulement (environ 15 p. 100 du poids) est éliminée.

Les fabricants de papier français savent tout cela. Ils ne produisent pourtant que 90 000 tonnes environ sur un emploi annuel de près de 300 000 tonnes. L'importation compte donc, dans l'emploi, pour environ 200 000 tonnes par an.

Pour assurer cette production en France, il faudrait :

700 000 stères de bois et 320 000 000 de kilowatts-heure.

Il semble que le bois peut être trouvé dans les 25 000 000 de stères de bois de feu que produisent annuellement les forêts de France depuis le retour de l'Alsace-Lorraine à la mère patrie. Les bois de feu comprennent en effet des essences propres à la fabrication de la pâte mécanique, telles que l'épicéa, le sapin, le tremble et le peuplier.

L'accroissement de la fabrication des pâtes entraînerait d'ailleurs le développement des plantations de bois dans des terrains actuellement improductifs. En attendant, l'appoint pourrait être demandé aux colonies françaises, si l'on ne voulait pas s'adresser aux pays exportateurs de bois à pulpe.

La force motrice hydraulique est abondante en France. Des centrales hydro-électriques, créées ou développées pendant la guerre, cherchent le placement de leur énergie que la crise actuelle laisse sans utilisation. Quelques millions de chevaux peuvent être encore installés dans les Alpes et dans les Pyrénées. Le Rhône et le Rhin peuvent fournir des forces considérables. Or, les 320 000 000 de kilowatts-heure nécessaires ne représentent qu'une puissance installée de 50 000 kilowatts.

Le bois et la force motrice existent et il ne faut pas de charbon. La France peut donc éviter l'importation des pâtes mécaniques en utilisant ses propres richesses.

Le programme de la fabrication intégrale des pâtes de cellulose, en France, serait beaucoup plus difficile à réaliser. La production française était, en 1913, de 90 000 tonnes par an. Les importations dépassaient 200 000 tonnes.

La production des 200 000 tonnes importées eût nécessité l'emploi de 1 500 000 stères de bois, 200 000 tonnes de charbon pour le lessivage et une installation de force motrice de 10 000 kilowatts.

L'installation ou la location de 10 000 kilowatts est très facile à réaliser.

Malheureusement, la production de charbon française étant déficitaire, les 200 000 tonnes nécessaires à la fabrication viendraient augmenter l'importation de combustibles. Les 1 500 000 stères de bois seraient également à demander à l'importation, mais pas en totalité toutefois. On utiliserait avec profit certaines essences délaissées : le bouleau et le peuplier, dont la fibre peut entrer dans la composition des beaux papiers d'impression et d'édition; le pin maritime, susceptible de donner des pâtes à la soude, comparables aux marques scandinaves les plus réputées.

L'importation des bois ne paraît pas être, d'ailleurs, un obstacle à la fabrication de la pâte de cellulose, puisque les fabriques allemandes importaient, avant la guerre, une quantité annuelle représentant, à peu près, tout ce qu'il faudrait à la France pour la production totale des pâtes qu'elle emploie, pâtes de production indigène comme pâtes importées.

M. Bernard Navarre, qui a visité quelques fabriques prussiennes, écrit à ce sujet :

« Au point de vue économique, il ne semble pas que les usines prussiennes puissent avoir une grande supériorité sur les usines françaises placées pour recevoir les navires de haute mer. Comparons, par exemple, les usines de Kœnigsberg et l'usine de Rouen. Elles recevaient toutes les deux, avant la guerre, le bois de la même provenance. La différence de fret, entre Pétrograd-Kœnigsberg et Pétrograd-Rouen, ne paraît pas compenser les frais résultant de la réexpédition de la pâte Kœnigsberg-Rouen, augmentés des droits d'entrée de 2 francs par 100 kilogrammes.

« En outre, Kœnigsberg est obligé de fabriquer des pâtes sèches, tandis que Rouen pourrait alimenter en pâtes humides tout le bassin si important de la Seine.

« Le charbon de Cardiff est d'ailleurs moins cher à Rouen qu'à Kœnigsberg. »

Rien ne paraît donc s'opposer, de l'avis de M. Bernard Navarre, au développement de la production de la pâte de cellulose en France.

Pourtant, aucun effort nouveau ne paraît tenté en vue de l'augmentation de la production des pâtes mécaniques et des pâtes de cellulose, malgré les cours élevés pratiqués, ces dernières années, par les producteurs étrangers.

L'expérience ne manque pas, cependant, aux fabricants de papier français. Mais la fabrication des pâtes nécessite l'immobilisation de très importants capitaux, exposés à rester improductifs, s'il convient aux fabricants étrangers, en possession d'usines amorties, de pratiquer, à certaines époques, des prix de vente inférieurs aux prix de revient de la production française. Dix usines, d'une production de 20 000 tonnes de pâte mécanique chacune, réparties sur les divers points du territoire français, soit à proximité de centrales hydro-électriques, soit à proximité de charbonnages disposant de centrales thermiques, assureraient la production des 200 000 tonnes demandées actuellement à l'importation.

L'installation de chaque unité coûterait, à l'heure actuelle, environ 6 000 000 de francs, en supposant la force motrice fournie par une centrale existante. S'il fallait installer la centrale de 5 000 kilowatts nécessaire à chaque unité, la dépense serait doublée pour l'installation d'une force vapeur; elle serait triplée pour l'installation d'une force hydraulique.

Chaque unité coûterait donc 6 000 000 de francs si la force était louée, 12 000.000 si la force vapeur était à installer, et enfin 18 000 000 environ si on installait la force hydraulique. A ces sommes, seraient à ajouter 2 à 3 000 000 de francs pour fonds de roulement.

D'après l'enquête faite par M. Bernard Navarre, en Prusse orientale, le type de fabrique de cellulose adopté dans ce pays, pour les nouvelles installations, produirait 100 tonnes par jour, soit 30 000 tonnes par an. Il faudrait, par conséquent, 6 à 7 fabriques de cellulose de ce type pour produire les 200.000 tonnes que les papeteries françaises demandent à l'importation. Chaque unité reviendrait, aux cours actuels des matériaux et des machines, à 6 000 000 de francs environ pour la force motrice et à 35 000 000 pour les terrains, les bâtiments et le matériel, soit au total à environ 40 000 000 de francs. Chacune des usines nécessiterait, au surplus, un fonds de roulement d'environ 10 000 000 de francs. Il faudrait, par conséquent, investir 50 000 000 de francs pour chaque unité.

Ce sont ces chiffres élevés qui constituent l'obstacle auquel se heurte la bonne volonté des industriels français. L'industrie du papier, et avec elle l'industrie des pâtes, sont considérées comme des industries parasitaires et non comme des industries d'intérêt national. Les capitaux s'en écartent pour se porter vers les industries françaises ayant la faveur de l'opinion et des pouvoirs publics, voire même vers les industries étrangères.

Un pays civilisé ne peut pourtant pas se passer de papier. Mais on objecte que la fabrication du papier ne peut pas être en France une industrie nationale, sous le prétexte que la production de bois du pays est insuffisante pour en assurer l'alimentation. Cessera-t-on de filer la laine et le coton parce que la France importe tous ses cotons et une bonne partie de ses laines ?

On prétend également qu'il n'est pas possible d'augmenter les superficies boisées sans réduire l'importance des surfaces ensemencées et sans augmenter, par conséquent, nos importations de céréales. A ce sujet, j'extrais d'un article publié par M. Micol de Portemont, dans le numéro de février 1920 du journal *le Papier*, le passage suivant que je prends la liberté de citer :

« En vérité, le bois est si peu l'adversaire du blé que l'on peut faire les constatations suivantes :

« En 1820, la France comptait 4892648 hectares ensemencés en blé rendant, 4371644 tonnes de grain. En même temps, la superficie de nos forêts était de 7072000 hectares.

« En 1910, la France dispose de 6568404 hectares de terre à blé rendant 8962775 tonnes de grain, tandis que notre domaine forestier n'atteint pas 10000000 d'hectares. »

Les superficies boisées se sont développées parallèlement aux superficies ensemencées, pour le plus grand bien du pays. Il reste encore des terres à cultiver, des terrains incultes à boiser. Des efforts sont conseillés dans certaines régions, notamment dans l'Isère. M. Roy, professeur d'agriculture à Grenoble, dans une assemblée de la Confédération des syndicats agricoles du département de l'Isère, tenue à Grenoble le 23 avril dernier, conseille vivement la plantation de peupliers dans les terrains marécageux bordant l'Isère « producteurs, dit-il, de joncs, de carex et d'herbes grossières, absolument impropres à l'alimentation des animaux ».

Partout où les céréales et les fourrages ne peuvent pas pousser, des plantations d'arbres devraient être conseillées et encouragées.

La Suède, la Norvège, la Finlande et le Canada sont les principaux pays producteurs de pâtes de bois. On annonce déjà que les développements pris par la fabrication des pâtes en Suède et en Norvège, suffisent à absorber les possibilités de production de bois de ces pays.

Malgré les très importants accroissements de production réalisés ces dernières années, il reste encore au Canada des possibilités d'augmentation. Mais les besoins des États-Unis sont considérables et ceux du monde entier vont sans cesse croissant.

La papeterie française reste exposée à subir, au cours des périodes les plus actives, les énormes majorations de prix qu'elle a connues l'année dernière, si elle ne tente pas un effort décisif de libération.

Nous avons des bois coloniaux, tels le parasolier, le fromager et l'okoumé du Gabon bois tendres et légers, dont les fibres ressemblent à celles de nos bois feuillus ; le palmier nain du Maroc dont les feuilles donnent une cellulose très fibreuse, tenace et souple ; le ravinala de Madagascar, aux fibres longues, soyeuses et résistantes, etc...

Nous avons des plantes coloniales, comme le bambou d'Indo-Chine, le papyrus du Gabon, et surtout l'alfa d'Algérie, qui donne une fibre incomparable.

Faut-il ajouter que les seuls départements de la Gironde et des Landes fournissent, chaque année, en dehors de 2000000 de mètres cubes de bois d'œuvre, plus de 1300000 mètres cubes de bois de feu dont la moitié, utilisée à la fabrication de la cellulose par le procédé à la soude, donnerait plus de 100000 tonnes de pâte ?

N'avons-nous pas tout ce qu'il faut pour faire de l'industrie du papier une industrie nationale?

Pouvons-nous oublier que l'industrie de la cellulose a permis à l'Allemagne, isolée, dépourvue de coton pour la fabrication de ses poudres, de résister pendant plus de quatre ans au monde civilisé, dressé pour la défense de ses libertés et de ses droits ?

Cet exemple des services que peut rendre à un pays l'industrie de la cellulose m'autorise à formuler le vœu, en terminant, que la fabrication des pâtes, inséparable de celle des papiers, prenne enfin en France la place à laquelle elle a droit, comme grande industrie nationale.

IV

FABRICATION DES CARTONS

RAPPORT PRÉSENTÉ PAR M. AUGUSTE BICLET

Le carton pâte, fait de vieux papiers, paraît avoir été découvert en France. Au quatorzième siècle, le besoin d'une couverture légère se fit sentir pour les manuscrits qui, jusqu'alors, étaient livrés au public couverts de bois et de peau et aussi de feuilles sculptées d'ivoire, d'or ou d'argent, dans lesquelles étaient parfois incrustées des pierres précieuses.

Ces ouvrages étaient lourds et incommodes.

Les relieurs s'ingénièrent à trouver la couverture légère et douce qui devenait nécessaire. Ils eurent l'idée d'utiliser les papiers usagés à la préparation d'un carton qu'ils fabriquèrent eux-mêmes et qu'on appela « carton de moulage ». Leur procédé était fort sommaire. Il consistait à tremper les vieux papiers dans une cuve de bois dite cuve de « trempis ». Après trempage, le papier passait dans une auge dite « pourrissoir », ou bien il était simplement mis en tas sur le sol où s'effectuait la macération ou pourrissage. Dans les petits ateliers, le pourrissage s'effectuait dans la cuve de trempis elle-même. La fermentation durait sept à huit jours.

Les vieux papiers macérés étaient transportés dans un bac de bois dit « auge à rompre à la main ». La masse était agitée à la main ou à la pelle, puis elle passait à un tamis à main où les morceaux de drap, de ficelle et de papier non rompus étaient enlevés.

Elle était transportée ensuite dans une cuve munie d'un agitateur en bois actionné à la main. La masse était fortement brassée dans cette auge, puis transportée, à l'aide d'un seau en bois, dans la cuve où elle était amenée au degré de dilution voulu pour le travail à la forme.

Les formes utilisées étaient faites d'un tissu grossier de paille. Après avoir plongé la forme dans la cuve, l'opérateur laissait égoutter la pâte, puis couchait la feuille sur un drap de laine posé sur un plateau de bois. La feuille était recouverte d'un autre drap puis d'un plateau et la pression était obtenue au moyen de pierres posées sur le plateau supérieur.

Le carton pressé était séché à l'air, puis collé à la gélatine et poli à la main, avec un corps dur et lisse.

Le produit obtenu n'était pas parfait. M. de La Lande écrit à ce sujet dans son *Art du cartonnier* :

« La matière du carton n'étant point lavée par l'eau courante, et retenant toutes les ordures dont le vieux papier est ordinairement chargé, il n'est pas étonnant qu'il contienne beaucoup de gravier; et les relieurs s'en aperçoivent assez par la promptitude avec laquelle leurs couteaux s'usent en coupant le carton. »

Il était difficile aux relieurs de faire mieux. Tout ce travail, d'apparence simple, était compliqué et justifiait l'existence d'une industrie spéciale qui, s'organisant au quinzième siècle, et apportant des améliorations au procédé de fabrication des relieurs, permit à ces derniers de se consacrer entièrement à leur art.

La pelle de l'auge à rompre n'est plus actionnée à la main. L'auge a pris le nom de « pierre », et l'arbre broyeur en fer, muni de lames désignées « couteaux », est mû par un cheval.

Les frais de fabrication des cartonniers étaient à peu près équivalents, au quinzième et au seizième siècle, aux prix d'achat de leurs matières premières. De La Lande dit, en effet :

« Les rognures que les cartonniers achètent chez les relieurs valent à peu près la moitié d'un poids égal de carton fait et lissé; on donne 50 livres de carton pour 100 livres de rognures, ou bien on achètera 6 livres le quintal de rognures et l'on vendra 12 livres le quintal de carton. »

Les fabricants de carton spécialistes ne bornèrent pas les améliorations à la préparation des pâtes. Ils utilisèrent des formes moins grossières, à tissu de cuivre.

Le couchage se faisait de la même façon, mais le carton était pressé au moyen d'une presse à vis. Le séchage était toujours fait à l'air et le finissage ne différait pas de celui pratiqué par les relieurs.

Le marché possédait donc :

Les cartons collés, faits de feuilles de papier superposées et collées, comme celui utilisé pour les cartes à jouer, désignés « cartons de pur collage »;

Les cartons de moulage, fabriqués à la forme, et se subdivisant eux-mêmes en trois catégories bien distinctes désignées :

« Feuilles », lorsqu'ils étaient faits d'une simple couche de pâte;

« Cartons redoublés », lorsqu'ils étaient faits à deux ou trois reprises, de deux ou trois couches différentes appliquées l'une sur l'autre, à l'état humide;

« Cartons collés », lorsqu'ils étaient obtenus par plusieurs feuilles appliquées les unes sur les autres, après séchage, par le moyen de la colle.

L'usage des cartons s'étendit bien vite à d'autres industries que celles des cartes et de la reliure :

« On voit, écrit de La Lande, jusqu'à des plafonds dorés et chargés des plus belles peintures, dont le fond n'est que du carton; les boîtes couvertes du vernis le plus précieux se font avec du carton; les merciers, les miroitiers, les fourreurs, les papetiers, les bourreliers, les chapeliers, les cordonniers en font beaucoup usage. »

C'est donc toute une industrie créée, avec d'importants débouchés assurés. Elle ne se développe cependant qu'avec lenteur, gênée par des règlements administratifs que justifiait sans doute l'insuffisance de la matière première.

La fabrication du carton languit comme celle du papier, jusqu'à la Révolution française. Elle bénéficia cependant de l'outillage des papeteries, et notamment des moulins à maillets actionnés par la force hydraulique, des meules accouplées, pour le broyage des papiers, puis de la pile hollandaise qui reste encore, avec les perfectionnements qui lui ont été successivement apportés, l'outil le meilleur de trituration des pâtes. Jusqu'au dix-huitième siècle, le pourrissage reste cependant toujours employé.

On continue à fabriquer à la forme. Le séchage et le finissage sont toujours obtenus par les mêmes moyens.

La machine à papier de Robert, découverte en 1798 aux papeteries d'Essonnes, mais dont le premier type ne fonctionna en France qu'en 1811, fit réaliser à l'industrie du carton, comme à celle du papier, un progrès décisif.

La machine de Brocard, de la papeterie de Montbard, à fabriquer le papier en continu par forme circulaire, découverte en 1838, développée et perfectionnée, a donné les puissantes machines à fabriquer le carton dont les types les plus modernes fonctionnent en France.

La fabrication du carton réalisa de réels progrès au cours du dix-neuvième siècle. On adopta le collage en cuve. Les appareils de broyage et de raffinage furent actionnés par l'eau, le vent la vapeur, l'électricité.

Les machines furent munies d'appareils d'épuration des pâtes, plats et cylindriques. Des presses cylindriques continues, des sécheries à vapeur furent ajoutées aux machines de Robert et de Brocard. Le calandrage sur machine fut même pratiqué. Le carton fut coupé directement sur machine. Le doublage des cartons fut obtenu sur des colleuses mécaniques.

En résumé, la fabrication du carton bénéficia de tous les progrès réalisés par celle du papier.

Les cartonneries se sont trouvées d'ailleurs, comme les papeteries, pourvues plus abondamment de matières premières. Aux vieux papiers et vieux cartons, uniques matières premières du début, sont venues s'ajouter les qualités les plus communes de chiffons, délaissées par la papeterie, ainsi que la pâte de paille utilisée dès les premières années du dix-neuvième siècle, puis les pâtes de bois mécanique et mi-chimique et les pâtes de cellulose de bois.

La consommation du papier, sans cesse croissante, a d'ailleurs mis des quantités de vieux papiers de plus en plus grandes à la disposition des fabriques de carton. Aussi, de nombreuses usines se sont-elles créées à proximité des grandes villes. Nous en trouvons près de Paris, près de Lyon, de Marseille, de Saint-Étienne et de Bordeaux.

D'autres se sont placées soit près des bassins charbonniers, comme les usines du nord de la France, soit à proximité des massifs forestiers et des forces hydrauliques comme celles des Vosges et de l'Isère, pour fabriquer leurs pâtes. D'autres fabriques, utilisant la paille, se sont installées dans les régions de grande culture de céréales. D'autres enfin se sont placées à proximité des ports, en vue de l'utilisation des pâtes de bois étrangères.

Mais la plupart des fabriques de carton comptent surtout sur la matière première indigène : vieux papiers, chiffons, paille, pâtes de bois mécanique et mi-chimique de fabrication française.

La plupart des fabriques de carton jouissent donc d'une indépendance à l'égard de l'étranger que connaissent, en dehors des fabriques de papier paille, très peu de fabriques de papier françaises.

Certaines pourtant, et spécialement celles du Nord, importent encore des pâtes de bois et, en particulier, les pâtes de bois mécaniques et les pâtes de bois mi-chimiques. Comme je l'ai indiqué dans mon rapport sur les pâtes de bois, la France pourrait suffire à ses besoins de pâte mécanique. Elle pourrait également suffire à ses besoins de pâte mi-chimique : cette pâte est en effet fabriquée, comme la pâte mécanique, par râpage de rondins à la meule de grès, mais après un étuvage préalable à la vapeur.

L'outillage utilisé par les diverses fabriques est à peu près identique, en ce qui concerne la préparation des pâtes. On trouve partout le meuleton, appareil de broyage par excellence des pâtes importées et des vieux papiers, auxquels il n'est plus besoin de faire subir les opérations du trempage et du pourrissage. Certaines usines utilisent aussi la barbotte : c'est la « pierre » transformée et améliorée du premier fabricant de carton. Sa cuve est en fonte. Elle porte des bras horizontaux disposés en forme d'hélice, fixés à sa paroi. Son arbre vertical, actionné mécaniquement, est muni de bras horizontaux en fer, qui tournent entre les bras fixes de la cuve. Les papiers, amollis par immersion dans l'eau, sont mis dans la barbotte. Ils y sont déchiquetés et entraînés par la disposition en hélice des bras vers la partie inférieure de l'appareil, d'où ils sont évacués par une porte à coulisse. La barbotte est souvent chauffée par un jet de vapeur.

D'autres appareils broyeurs, basés sur le même principe, mais à axe horizontal, sont également utilisés depuis quelques années.

Les cartonneries employant les chiffons les transforment en pâte à l'aide des appareils utilisés dans les papeteries.

Les usines qui travaillent la paille la traitent soit par macération, soit par lessivage à la chaux sous pression. Du lessiveur ou de la cuve de macération, la paille passe généralement au meuleton. Certaines usines ont cependant remplacé les meuletons par les appareils broyeurs à axe horizontal dérivant de la barbotte, utilisée à la trituration des vieux papiers.

La pile raffineuse reçoit les vieux papiers broyés, la pâte de chiffon, les pâtes de bois ou la pâte de paille, employées séparément ou en mélange, suivant les qualités de carton à fabriquer. Elle reçoit, lorsqu'il y a lieu, des additions de charge et de colle de résine. Puis la pâte travaillée, colorée, est envoyée dans le cuvier de la machine à carton.

Jusque-là, le travail est sensiblement le même que celui des fabriques de papier. Certaines usines sont d'ailleurs munies de machines à table plate, comme les machines à papier, avec cette différence qu'à la toile métallique est superposée une seconde toile munie de rouleaux presseurs qui facilitent l'égouttage de la feuille, avant son passage aux divers groupes de presses, puis à la sécherie. Généralement, le carton est mis en feuilles par une coupeuse directement placée en bout de machine.

D'autres usines utilisent la machine dite « enrouleuse » parce que la feuille, venue soit d'une table plate, soit d'une forme ronde, s'enroule sur une presse un nombre de fois plus ou moins grand, suivant l'épaisseur de la feuille de carton à obtenir. Lorsque l'épaisseur est suffisante, la feuille est détachée après avoir été coupée à la main, à l'aide d'un couteau glissant dans une rainure pratiquée suivant une génératrice de la presse. On peut détacher également cette feuille à l'aide d'un couteau mû mécaniquement et s'abattant automatiquement sur la presse, parallèlement à son axe, lorsque le carton arrive à l'épaisseur voulue.

La coupe en long est obtenue au moyen d'un filet d'eau sous pression coulant constamment sur la toile métallique de la forme ou de la table plate.

Le carton sort ainsi en feuilles de la machine enrouleuse, mais à l'état humide. Les feuilles sont posées sur des feutres, entre plateaux, comme dans la fabrication à la forme, puis elles sont passées à la presse hydraulique.

Des usines anciennes sèchent encore ces feuilles à l'air, sous de grands hangars, où elles sont suspendues verticalement à des câbles de chanvre ou à des fils de fer, à l'aide de pinces, comme celles qu'utilisent les blanchisseuses.

D'autres les étendaient encore dans les prairies, ces dernières années. Des ouvrières les retournaient dans la journée, pour exposer les deux côtés à l'air et au soleil. Ramassées à la fin du jour, amollies par la rosée du soir, ces feuilles reprenaient leur aplat qu'avaient compromis les rayons du soleil. Après une nuit en tas, elles prenaient le satinage très facilement et sans plisser, au passage à la calandre. Je crois bien qu'une ou deux petites usines de ce type existent encore à Grandvillers, dans les Vosges. Le maître cartonnier y est en même temps cultivateur. Lorsque le mauvais temps l'éloigne de ses champs, il fabrique, avec ses gens, le carton qu'il fera sécher aux prochaines journées de soleil.

Des usines, fabriquant à l'enrouleuse, utilisent des moyens de séchage moins sommaires. Les unes étendent leur carton dans des chambres de séchage chauffées à la vapeur ou à l'eau chaude, ou traversées par un courant d'air chaud. Le carton y est suspendu verticalement et y séjourne le temps nécessaire à son séchage, quelques heures ou quelques jours, suivant son épaisseur et la température de la chambre de chauffe. D'autres utilisent des chambres chaudes que le carton parcourt suspendu à des traverses mobiles, garnies de pinces. Entrant humide à une extrémité de la chambre de chauffe, il sort sec à l'autre extrémité. La distribution de l'air chaud y est faite de telle façon que le carton est parfaitement à plat à sa sortie. On améliore encore cet aplat et les facilités de satinage en lui faisant parcourir, avant sa sortie, un compartiment traversé par un courant d'air froid.

D'autres, aussi, utilisent un sécheur de gros diamètre, chauffé à la vapeur, tournant à faible vitesse et entraînant les feuilles de carton maintenues à son contact par un feutre de laine.

Enfin, de puissantes installations ont été créées, au cours des quinze dernières années, pour la fabrication des cartons les plus variés. Ces installations sont munies de machines à formes rondes multiples. Chaque forme pouvant recevoir une pâte spéciale, la feuille de carton peut être composée d'autant d'épaisseurs de pâte différente que la machine possède de formes. C'est ainsi que l'intérieur peut être de pâte sombre et commune et les surfaces de pâte fine, blanche ou colorée.

Dans ces machines, un feutre sans fin dit « feutre preneur supérieur » tournant à la même vitesse que les formes, passant successivement sur chacune, y lève la pâte en continu, l'épaisseur fournie par chaque forme s'ajoutant aux épaisseurs superposées des formes précédentes.

La feuille, ainsi constituée d'autant d'épaisseurs qu'il y a de formes en service, entraînée par le feutre, vient au contact d'un second feutre dit « feutre preneur inférieur » et passe, soutenue par ces deux feutres, entre les divers groupes de presses dites « presses humides ». C'est cette partie de la machine qui la différencie des machines à table plate.

En quittant les feutres preneurs, la feuille passe sur les groupes de presses coucheuses et de presses montantes, puis à la sécherie, à la calandre et à la coupeuse placée en bout de machine comme dans les machines à carton à table plate.

Les machines à formes multiples les plus récentes et les plus perfectionnées donnent encore le glaçage d'un côté, à l'aide d'un cylindre sécheur de gros diamètre, au contact duquel la feuille est amenée non encore complètement séchée, légèrement humectée d'eau du côté qui doit recevoir le glaçage.

Un dispositif spécial assure l'adhérence parfaite de la feuille au gros cylindre sécheur, dès qu'elle arrive à son contact. Ce procédé donne les cartons connus sous la désignation de « cartons simili-couchés ».

La machine à formes multiples permet donc d'obtenir directement, et aussi facilement que les cartons bruts, les cartons couverts d'un côté, désignés « duplex » ou des deux côtés, désignés « triplex », avec ou sans satinage, avec ou sans glaçage d'un côté.

Les cartons duplex et triplex se fabriquent également sur les machines à table plate, soit par collage en continu, à un certain point de la sécherie, de papier venu d'une machine à papier et souvent d'une autre fabrique, soit par superposition de papier humide produit par une forme ronde faisant partie de l'installation.

Ces mêmes cartons duplex et triplex se fabriquent également par collage à la main ou par collage mécanique de feuilles de papier sur les feuilles de carton, les cartons ainsi recouverts étant passés à la presse hydraulique puis au séchoir et, s'il y a lieu, au laminoir.

Les machines à carton ne permettent pas de fabriquer les plus plus fortes épaisseurs. Je ne crois pas qu'on dépasse, aux machines à table plate, le poids de 500 à 600 grammes le mètre carré. Aux machines à formes multiples, on atteint jusqu'au poids de 1 000 à 1 200 grammes, dans les qualités ordinaires, à base de vieux papiers ou de pâte mi-chimique. Les machines enrouleuses permettent d'atteindre des épaisseurs un peu plus élevées. Mais les poids forts, dépassant 1 kilogramme à 1 kg. 500, s'obtiennent par collage de deux ou plusieurs feuilles, suivant l'épaisseur à obtenir.

On désigne sous le nom de « cartons d'un seul jet » les cartons venus directement de la machine. Les cartons doublés, parfois appelés redoublés suivant leur désignation ancienne, sont ceux obtenus par collage de deux ou plusieurs feuilles.

En résumé, l'industrie française du carton met à la disposition du marché les qualités les plus diverses :

Le carton gris, fait de vieux papiers;

Le carton simili-cuir, fait de vieux papiers également, auquel le fabricant donne la teinte cuir ;

Le carton cuir, plus résistant, fait de pâte mi-chimique, avec addition parfois de pâte de cellulose et même de déchets de cuir travaillés à la pile défileuse, puis à la pile raffineuse, comme le chiffon ;

Le carton paille, fait généralement de pure paille ;

Le carton bois blanc, fait de pâte mécanique de bois additionnée parfois d'un peu de cellulose de bois.

Telles sont les cinq principales qualités de carton qui sont fabriquées soit d'un seul jet, soit doublées.

Le carton gris est généralement utilisé pour couvertures de livres, pour almanachs, calendriers, cartes murales, encadrements, boîtes à sucre, à bougies, etc. Il est également employé à la confection des semelles de chaussons, généralement comme entre-deux, c'est-à-dire placé entre deux semelles de cuir ou entre une semelle de cuir et une semelle de feutre.

Le carton simili-cuir sert à peu près aux mêmes usages que le gris. Il trouve notamment un emploi assez important dans la chaussure, à la préparation des embauchoirs.

Le carton cuir est très apprécié de l'industrie de la chaussure qui l'utilise comme contrefort. Je crois même que, très savamment et très artistement intercalé entre des épaisseurs de cuir, il trouve souvent sa place dans les talons et dans les semelles de nos chaussures.

Cette qualité est également couramment employée dans la fabrication des boîtes résistantes, obtenues par emboutissage.

Le carton paille sert surtout à la confection des boîtes.

Quant au carton bois blanc, il est utilisé également par l'industrie du cartonnage et aussi par la pâtisserie.

Les cinq qualités types, couvertes d'un côté ou des deux côtés, en blanc ou en couleur, ont leur utilisation dans la préparation des emballages de luxe : boîtes de papier à lettres, boîtes de produits pharmaceutiques, de bijouterie, de confiserie, etc... Très souvent, la couverture est faite de papier fantaisie, imprimé ou gaufré.

Les magasins utilisent, pour envelopper les étoffes de soie, une spécialité connue sous le nom « d'encartage pour soierie ». De plus en plus, ils adoptent d'ailleurs la boîte de carton comme emballage, et ils s'ingénient à lui donner la forme la plus pratique et l'aspect le plus flatteur.

Le carton bois blanc couvert, connu généralement sous le nom de « carton feuilleton », sert à la confection des étiquettes, des cartes-adresses et des cartes d'échantillons.

En dehors de ces diverses qualités, la cartonnerie française met encore à la disposition du marché une très intéressante variété de cartons pour impressions :

Les cartons simili-couchés, fabriqués directement sur machine, comme il vient d'être expliqué ;

Les cartons couchés, couverts de papier couché ou ayant reçu directement la couche.

Les cartons couchés ou simili-couchés sont utilisés pour cartes d'échantillons, cartes à boutons, à peignes, etc. Ils sont aussi employés au tirage en chromo, dans la confection des calendriers par exemple.

La cartonnerie met également sur le marché la carte postale pour tirage en lithographie et le bristol propre au tirage en phototypie et en héliogravure.

Enfin, le carton sert à des usages multiples, et notamment à la tenture, après avoir reçu les impressions les plus variées et les apprêts les plus riches.

L'art du cartonnier, créé par le relieur, est devenu, en se développant et en se perfectionnant, une très grande industrie, autour de laquelle d'importantes industries rayonnent. Le goût français trouve tout particulièrement à s'exercer dans l'industrie du cartonnage de luxe qui se développe avec rapidité, trouvant sur le marché intérieur aussi bien et souvent mieux que ce qu'elle pourrait trouver sur n'importe quel marché du monde.

La production française des cartons suffit d'ailleurs à la consommation du pays.

L'importation de carton brut fut, pour l'année 1913, de 1 213 tonnes. Elle fut de 1 462 tonnes pour l'année 1912 et de 1 432 tonnes pour l'année 1911. Mais les importations de cartonnage et de carton de fantaisie dépassaient 3 000 tonnes par an.

Les exportations de carton brut furent de 2 897 tonnes pour 1913, 2 845 pour 1912 et 2 286 pour 1911, les exportations de carton transformé étant, pour ces mêmes années, de 1 500, 1 400 et 1 200 tonnes.

Ces chiffres indiquent que la production française suffit très largement aux besoins de la consommation.

La France exporte plus de carton brut qu'elle n'en importe, mais elle reçoit davantage de carton transformé. La transformation a donc des progrès à réaliser. La fabrication française de carton est en mesure de faire face à tous ses besoins.

Le reproche fait à l'industrie du papier de s'adresser à l'industrie étrangère pour ses approvisionnements de pâtes ne peut être adressé à la fabrication du carton qui trouve en France la presque totalité de sa matière première et qui la trouvera en totalité dès qu'elle le voudra bien. Cette industrie n'a rien à envier à l'industrie étrangère. Si quelques petites usines continuent la tradition des petites affaires familiales, d'autres se sont développées en faisant bénéficier leur outillage de tous les perfectionnements et enfin de grandes usines se sont installées sur les bases les plus modernes, avec l'outillage le plus puissant et le plus parfait. Toutes travaillent à assurer tous les besoins du marché et à lui éviter des achats au dehors.

Mais la situation des plus petites comme des plus grandes s'est considérablement modifiée au cours de la guerre et depuis le retour à la paix. Les premiers maîtres cartonniers vendaient le carton fait et lissé à un prix double du prix d'achat des vieux papiers. Leurs frais de fabrication égalaient donc le prix de la matière première. Les perfectionnements apportés à l'outillage n'ont pas sensiblement modifié le rapport existant entre ces deux facteurs essentiels du prix de revient : matières premières et frais de fabrication. Pourtant, la fabrication en continu, constamment améliorée et modernisée, a permis d'obtenir de meilleurs rendements de la main-d'œuvre. Mais l'augmentation croissante des salaires a maintenu les frais de fabrication à un prix à peu près égal à celui de la matière première. C'est ainsi qu'avant la guerre, les cartons bruts se vendaient à peu près deux fois le prix de la matière première.

Pendant la guerre, les variations des prix des matières premières et les difficultés qu'éprouvèrent les fabricants à les acheminer vers leurs usines furent telles que les frais de fabrication furent parfois très inférieurs aux prix de revient des matières premières rendues à l'usine, comme ils leur furent parfois très supérieurs.

Depuis un an, les difficultés de transport ont disparu, mais les nouveaux tarifs de chemins de fer demeurent très supérieurs à ceux d'avant-guerre. Les matières premières, devenues très difficilement transportables, ont avantage à être traitées à faible distance de leur lieu de production. Leurs prix restent cependant encore, malgré les baisses de ces derniers mois, trois à quatre fois supérieurs à leurs cours d'avant-guerre.

Les combustibles, devenus plus abondants avec la crise industrielle, coûtent encore, pour les usines les plus favorablement placées, six fois ce qu'ils coûtaient avant la guerre.

La crise industrielle, entraînant une crise de chômage, a rendu la main-d'œuvre abondante. Mais les cartonneries et les papeteries, qui fonctionnent nuit et jour, ont dû mettre en application la loi de huit heures, en adoptant la marche à trois équipes. Elles ont donc, pour assurer pendant vingt-quatre heures le service de chaque poste, trois ouvriers au lieu de deux, et le salaire de l'ouvrier ayant en moyenne triplé, c'est à quatre fois et demie le prix d'avant-guerre que revient la main-d'œuvre aux cartonneries françaises.

Or, le combustible et la main-d'œuvre constituant les facteurs les plus importants du prix de revient, les frais de fabrication ne peuvent se rapprocher du prix de la matière première que si les frais de combustible et les frais de main-d'œuvre diminuent.

Mais la France étant importatrice de charbon, le coût du combustible dépend de la valeur du franc. Il dépend aussi du prix de la main-d'œuvre, qui est fonction du coût de la vie. Or, le coût de la vie ne peut vraiment baisser que par le développement de la production agricole. Et cette production est compromise par l'exode des ouvriers des champs vers les villes et vers les usines, qui ont eu à recruter une main-d'œuvre supplémentaire pour assurer l'application de la loi de huit heures.

Les logements ont fait défaut dans les régions industrielles. Les cartonneries, comme les autres industries, ont dû construire des cités ouvrières, à l'époque de plus grande cherté des matériaux et de la main-d'œuvre. Le coût élevé de ces habitations constituera pour elles, pendant longtemps, des charges financières venant grever un prix de revient qui mettra sans doute bien du temps à se stabiliser.

Les éléments essentiels de ce prix de revient, les matières premières et les frais de fabrication, ne retrouveront peut-être plus jamais leur rapport d'origine, qui avait su se maintenir jusqu'en 1914.

V

TOILES POUR LA RELIURE

RAPPORT PRÉSENTÉ PAR M. GASTON POPELIN

1° Avant-propos.
2° Fabrications étrangères :
- A) Toiles anglaises ;
- B) — allemandes.

3° Comparaison des prix.
4° Fabrication française :
- A) Article de Mulhouse ;
- B) Fabrication Haffely ;
- C) — Crosnier-Wallon ;
- D) Nouvelle fabrication française. Aperçu général de cette fabrication jusqu'en 1914.

5° Reprise de la fabrication en 1919. Nouveaux progrès à accomplir.
6° Eléments nouveaux : Fabrication alsacienne.
7° Résumé.

1° Avant-propos

Messieurs,

Avant de commencer l'étude des différentes fabrications de l'article qui nous intéresse, il est tout d'abord nécessaire de vous en donner une succincte description.

Les toiles employées pour la reliure des volumes, connues sous les noms de « percalines gaufrées » ou encore de « toiles anglaises » ont été créées pour imiter et remplacer la peau. Elles se composent de deux éléments principaux : un tissu (généralement en coton) et une pâte appelée « apprêt » appliquée sur ce tissu. Les différents aspects de la peau : chagrin, maroquin ou autres, s'obtiennent par une dernière opération appelée gaufrage.

2° Fabrications étrangères

A. *Toiles anglaises.* — Incontestablement les Anglais ont été les premiers à entreprendre la fabrication de ces genres, et leurs produits, considérés à juste titre comme étant les meilleurs, ne sont arrivés à un grand degré de perfectionnement qu'à la suite de patientes recherches, d'expériences, d'essais de toutes sortes et aussi d'un tour de main obtenu au bout de nombreuses années de travail.

Les qualités des toiles anglaises sont telles, qu'un simple coup d'œil suffit à nos relieurs pour les reconnaître immédiatement : des tons chauds, des nuances pures, un brillant superbe, des grains d'un incomparable relief et surtout un apprêt très adhérent, faisant bien corps avec le tissu, qui permet de conserver le bel aspect de la toile après emploi, ont acquis à ces articles une réputation universelle.

B. *Toiles allemandes.* — Les Allemands, de leur côté, ont essayé, depuis longtemps déjà, d'imiter les toiles anglaises, mais jusqu'à présent leurs genres sont restés nettement inférieurs. Les couleurs sont moins vives, l'apprêt n'est pas aussi adhérent et l'aspect général plus terne. Aussi sont-ils moins réputés en France et peu employés, surtout actuellement.

3° Comparaison des prix

Avant la guerre, les toiles anglaises revenaient en France à des prix supérieurs de 10 à 15 p. 100 à ceux des toiles françaises (Prix de ces dernières, de 0 fr. 70 à 1 franc le mètre).

Actuellement, les toiles anglaises sont vendues, en moyenne, de 7 à 8 francs le mètre, les toiles allemandes sont cotées 5 fr. 50 à 6 francs, les toiles françaises (y compris la fabrication alsacienne) de 3 fr. 75 à 4 fr. 50 le mètre.

4° Fabrication française

Il reste maintenant à vous faire connaître en détail les différentes tentatives qui ont été faites en France pour arriver à la réalisation d'articles susceptibles de donner satisfaction. Mais avant de commencer cette énumération, il est utile de souligner d'une façon toute spéciale l'importance et les difficultés du problème à résoudre.

D'une part : la fabrication anglaise, pourvue d'un matériel sans cesse perfectionné, possédant une main-d'œuvre expérimentée, produisant l'article idéal donnant entière satisfaction à tous les points de vue : gaufrage, collage, dorure et impression.

Du côté français : une fabrication à créer de toutes pièces, s'appuyant simplement sur l'espoir d'arriver à établir un article permettant à l'industrie française du livre de ne plus être entièrement tributaire de l'étranger pour les toiles reliure.

Pour beaucoup, le problème paraît facile : prendre un tissu approprié, le teindre, l'apprêter, le gaufrer, et lui assurer en même temps les qualités indispensables à son emploi. A première vue, la solution ne semble pas extrêmement difficile à obtenir, et cependant dans la pratique il en est tout autrement. D'ailleurs, en dehors d'essais isolés qui n'eurent pas de suite, des usines importantes se mirent à l'œuvre et, ainsi que vous allez le voir, plusieurs finirent par abandonner l'article en raison des grands déboires qu'elles éprouvèrent dans sa fabrication.

A. *Article de Mulhouse.* — Avant 1870, les usines des environs de Mulhouse fabriquaient déjà des percalines gaufrées. Malheureusement, la guerre vint interrompre le développement de ces articles et l'annexion de nos provinces empêcher la reprise de la fabrication avec la collaboration des maisons françaises. Nous y reviendrons tout à l'heure.

B. *Fabrication Haffely.* — Vers cette époque, la région rouennaise (usine Haffely) commença la fabrication d'un genre qui se rapprochait davantage de la peau que des percalines anglaises. A tort ou à raison, ce genre, qui connut même un certain succès, fut délaissé, et l'article définitivement abandonné à la suite de l'incendie de l'usine.

C. *Fabrication Crosnier-Wallon.* — En 1875, l'usine Crosnier-Wallon (disparue depuis) s'occupa avec des fortunes diverses de fabriquer des percalines gaufrées. Ces percalines, tout en ayant de sérieuses qualités, ne parvenaient pas à donner entière satisfaction à la clientèle. Finalement, l'usine Wallon ne disposant que d'un outillage réduit et se trouvant par ce fait dans l'impossibilité de fournir des articles suivis, abandonna la fabrication des articles reliure.

D. *Nouvelle fabrication française. Aperçu général de la fabrication de ces articles jusqu'en* 1914. — En 1888, le problème restait donc pour ainsi dire entier à résoudre lorsqu'une maison française, qui s'occupait depuis longtemps de la teinture et des apprêts de nombreux articles coton, entreprit à son tour la fabrication de ces genres.

Les débuts furent difficiles, diverses expériences furent faites sans grand succès, car la manutention de ces articles, outre qu'elle exige toujours des soins très attentifs, comporte, malgré les plus grandes précautions, une grosse part d'aléas.

En dehors d'un outillage spécial à monter, d'une main-d'œuvre à former entièrement, il ne fallait pas oublier la fameuse question de production d'un article apprêté de façon à donner satisfaction aux divers points de vue dont nous avons déjà parlé : gaufrage, collage, dorure, impression. Enfin, la bonne voie fut trouvée, petit à petit, après de nombreux essais, les difficultés furent vaincues en partie, et successivement apparurent sur le marché les genres : « Commun », « Extra », dans les gaufrages chagrin anglais, chagrin français, maroquin, mille raies, grain soie, etc., puis l'article genre « Vellum » et enfin plusieurs séries de fantaisies nouvelles complètement inédites.

Toutes ces toiles se rapprochaient sensiblement de l'article anglais, et si elles n'étaient pas goûtées par la totalité de la clientèle, elles avaient tout au moins le mérite de forcer la concurrence étrangère à tenir compte de leur existence et à pratiquer des prix plus raisonnables, pour le plus grand bien de l'industrie française du livre. Le but assigné était donc atteint.

5° Reprise de la fabrication en 1919 Nouveaux progrès a accomplir

De 1914 à 1919, la guerre fut la cause d'un arrêt presque complet et il fallut attendre la fin des hostilités pour reprendre la fabrication suivie de ces articles.

Depuis cette époque, un gros effort a été fait : la main-d'œuvre, disparue ou dispersée, a été complétée; de nouvelles machines munies des derniers perfectionnements ont été montées et, après une période de mise au point, des résultats sensiblement supérieurs à ceux d'avant-guerre ont été obtenus.

Il est même possible d'assurer, dès maintenant, que d'autres améliorations dont l'étude est activement poursuivie amèneront, avant qu'il soit longtemps, la réalisation de toiles donnant complète satisfaction.

6° Éléments nouveaux : fabrication alsacienne

Nous avons déjà parlé des usines de Mulhouse.

Depuis la fin de la guerre ces usines ont été remises en route; s'inspirant du goût français, elles ont déjà réalisé de sérieux progrès et l'apparition des toiles alsaciennes sur le marché a produit une bonne émulation qui ne peut être que profitable à tous.

7° Résumé

En résumé, la fabrication française est arrivée à produire des articles qui ont évité à l'industrie du livre de payer à l'étranger des prix élevés.

Tous les efforts tendront à l'amélioration constante de l'article et des prix et trouveront leur récompense dans les encouragements que les éditeurs et les relieurs ne manqueront pas d'apporter aux maisons françaises en continuant à employer leurs articles.

DEUXIÈME JOURNÉE

LA FABRICATION DU LIVRE

I

L'IMPRIMERIE DE LABEURS EN FRANCE

RAPPORT PRÉSENTÉ PAR M. RENÉ DESLIS

L'imprimerie a changé le sort du monde et fait si bien partie des nécessités sociales que l'on ne conçoit pas que l'on pourrait en être privé.

Après avoir été encouragée au début par les rois de France, ceux-ci, estimant sans doute que la liberté qui lui était accordée pouvait nuire à la sûreté de l'État, n'hésitèrent pas à prendre des mesures de rigueur vis-à-vis d'elle.

Par la suite, l'imprimerie eut à souffrir des règlements très sévères qui lui furent imposés à différentes époques, jusqu'à la Révolution, et qui disparurent lorsque l'Assemblée constituante consacra le principe de la liberté de la presse. Mais cette liberté ne fut pas de longue durée : le décret du 5 février 1810 fixa la législation de l'imprimerie : le nombre des imprimeurs fut limité dans toute la France, et chaque imprimeur ne put exercer que s'il était possesseur du brevet qui le consacrait dans sa profession.

La République de 1848 ne fut pas pour notre industrie ce qu'on était en droit d'espérer d'un gouvernement démocratique : le système des brevets fut maintenu avec les anciens règlements administratifs.

Sous le second Empire, la législature fut draconienne pour la presse. La censure sévit avec la plus grande rigueur.

Après la Révolution du 4 septembre 1870, le gouvernement de la Défense nationale supprime la nécessité d'avoir un brevet pour exercer la profession d'imprimeur.

La loi du 29 juillet 1881 a proclamé la liberté presque complète de l'imprimerie, elle exige seulement que tout imprimé porte le nom et l'adresse de l'imprimeur.

Loin de regretter la suppression de ce brevet, nous devons toutefois reconnaitre que c'est de cette époque, en réalité, que date le malaise de notre profession. Très utile à l'expansion de la pensée française, la liberté de l'imprimerie a créé une concurrence effrénée qui rendit précaire la situation financière des imprimeurs et ne leur permit pas de profiter entièrement des progrès de l'outillage moderne.

Nous nous trouvions donc, avant la guerre, dans la situation suivante : pour faire des affaires et occuper leur personnel (de recrutement très difficile), les imprimeurs et labeuriers, en particulier, traitaient à n'importe quelle condition. Les clients, très avertis de cette situation, en profitaient largement et opposaient les prix de l'un à l'autre.

Que résultait-il de cette situation ? Aucun labeurier ne pouvait payer son personnel un prix suffisamment rémunérateur ; par suite, ce personnel, mal rétribué, quittait les ateliers pour entrer soit dans les chemins de fer, soit dans toute autre administration où il lui était possible, sans connaissance bien spéciale, de se créer une situation plus profitable que dans nos ateliers et d'envisager l'avenir avec confiance. Autre conséquence, aucun apprenti ne se présenta plus. Les parents, en quête d'une situation pour leurs enfants, les dirigeaient et les dirigent encore vers des branches de l'industrie où les salaires étaient et sont plus rémunérateurs : telles que la mécanique, l'automobile, l'électricité, etc.

Des efforts ont été faits avant et depuis la guerre pour remédier à cette crise de l'apprentissage plus aiguë que jamais dans notre profession ; mais, jusqu'ici, ils n'ont eu aucun résultat pratique.

Nous ne saurions trop insister pour que patrons et ouvriers s'entendent enfin pour mettre sur pied des mesures susceptibles de remédier à cette situation.

Une autre conséquence encore de cet état de choses : les labeuriers, obligés, par cette concurrence irraisonnée, d'appliquer des prix excessivement réduits, ne pouvaient arriver à amortir leur matériel, à faire des réserves pour le remplacer par de l'outillage moderne qui, dans une certaine mesure, aurait pu pallier à la crise de personnel.

La guerre nous a donc surpris dans cette situation et n'a fait qu'en augmenter la précarité.

Bon nombre d'entre nous se rendant compte que des efforts isolés ne pouvaient aboutir s'étaient, avant-guerre, affiliés au Syndicat patronal des Imprimeurs typographes ; mais, malgré des efforts louables, aucune amélioration sérieuse n'avait pu être apportée à notre situation.

Les conditions de vie de l'après-guerre ont alors obligé les imprimeurs et les labeuriers, en particulier, à resserrer les liens les unissant déjà et à établir un tarif officiel en rapport avec le tarif de la main-d'œuvre. Grâce au travail acharné et à la persévérance de bon nombre de confrères, auxquels nous ne saurions trop rendre hommage, ce tarif vit enfin le jour.

Il a pu être et est encore fortement critiqué, mais quelle est donc l'œuvre humaine qui ne soit pas susceptible d'être critiquée? Ce tarif a donc vu le jour, a vécu jusqu'ici et doit vivre. Sagement étudié et basé essentiellement sur le tarif ouvrier, il n'a donc rien de monstrueux. Il s'agit simplement de s'entendre sur son application.

Malgré cette application, la situation n'est point encore bien brillante dans notre profession, par suite de l'élévation des indemnités de vie chère, l'application prématurée de la journée de huit heures, le prix élevé des matières premières et des machines et les impôts écrasants que nous subissons tous.

Nous devons également constater le peu de stabilité dans le travail : n'étant, à proprement parler, que des façonniers, nous ne pouvons entreprendre, comme un fabricant de papier, par exemple, la fabrication de stocks, nous devons attendre les commandes d'où, par suite : souvent crise de chômage et nouvelle cause de difficultés de recrutement de personnel.

Notre devoir, à l'heure actuelle, est donc de chercher à sortir de cette situation. Pour ce faire, il faut qu'une entente règne entre clients, les éditeurs en l'espèce, et les imprimeurs, les uns et les autres doivent marcher la main dans la main. L'éditeur a besoin de l'imprimeur, tout comme celui-ci a besoin de l'éditeur : ils sont solidaires l'un de l'autre. L'imprimeur a tout intérêt à favoriser le développement des affaires de l'éditeur, tout comme celui-ci a intérêt à ce que les imprimeurs non seulement vivent, mais gagnent de l'argent. Il faut que tout en appliquant leur tarif syndical, les imprimeurs arrivent à obtenir de leurs clients non pas à payer moins cher, mais à dépenser moins.

Quels moyens pouvons-nous envisager pour mettre en application cette formule?

Tout d'abord, il faut que le client simplifie le plus possible le travail de l'imprimeur.

En nous remettant des manuscrits très au point, très lisibles, dactylographiés si possible, revus et corrigés, l'éditeur pourrait, dans certains cas (composition des romans, par exemple), éviter la fourniture de placards d'une part et bon nombre de corrections d'auteur d'autre part ; il arriverait de ce fait à économiser environ un quart sur la composition.

Qu'arrive-t-il, en effet, à l'heure actuelle? Les manuscrits nous arrivent la plupart du temps en déplorable état, beaucoup sont illisibles, sans ponctuation. L'imprimeur doit alors les faire revoir attentivement avant de les mettre en main, d'où perte de temps considérable, erreurs de toutes sortes et frais inutiles pour l'imprimeur.

Pour la mise en pages d'ouvrages à gravures, il serait intéressant que celles-ci nous parviennent en même temps que le manuscrit et ne soient pas, comme à l'heure actuelle, montées sur des bois verts et pas d'équerre.

Il serait grandement à désirer, aussi bien pour les clichés que pour les gravures, d'obtenir une épaisseur unique de métal, ce qui permettrait le montage sur un même support de plusieurs clichés et serait beaucoup plus pratique que les assemblages de petits bois que nous connaissons tous !

Il serait également intéressant que le *montage* soit uniformément exécuté. Trop souvent, en effet, le compositeur doit diminuer les clichés en longueur ou en largeur pour faire entrer les bois et leurs légendes dans l'espace prescrit. Cela éviterait non seulement des frais à la composition, mais sous presse le levage se produirait moins et la mise en train serait moins longue.

Il faut enfin que les épreuves ne s'éternisent pas chez les auteurs. Nous voyons trop souvent des ouvrages dormir sous le rang pendant de longs mois, immobilisant un matériel très cher.

Nous serions également d'avis de voir uniformiser les dimensions de pages, ce qui faciliterait et simplifierait grandement les fonctions, telles que l'imposition. Pour ne pas tomber dans la banalité de standardisation du volume national, il n'y aurait qu'à varier le caractère, l'interlignage. Cette réforme serait surtout intéressante pour les romans.

Avant de passer à la partie du tirage, nous devons également dire quelques mots sur la composition mécanique.

Des progrès très réels ont été réalisés ces dernières années dans cette voie.

A notre avis, pour la composition de labeurs, nous estimons préférable l'emploi des machines à caractères mobiles qui ont cet avantage de fournir de la composition mobile et facilitent, par conséquent, les corrections, les habillages de gravures, les remaniements, etc. Le prix de revient est, par contre, plus élevé que celui des machines à composer la ligne bloc, ces dernières ne demandant les soins que d'une seule personne ; l'emploi de celles-ci peut très bien être envisagé lorsqu'il s'agit de composition courante. Pour arriver à produire économiquement avec ces machines et surtout avec les machines à caractères mobiles, il faudrait posséder un très grand nombre de claviers et de fondeuses, de façon à éviter les changements de corps, par suite des moules et matrices. Mais il faudrait que l'imprimeur soit assuré d'une très grosse alimentation et trouve surtout les capitaux suffisants pour monter un atelier semblable.

Nous devons reconnaître toutefois que, dans bien des cas, la machine à composer ne peut rendre les services qu'il y aurait lieu d'en attendre ; par exemple, dans des ouvrages contenant de nombreuses intercalations, il est plus intéressant de composer à la main qu'à la machine.

Si nous abordons la question des tirages, nous estimons qu'il y aurait gros avantage à uniformiser les formats et les pages, ce qui permettrait de ne pas changer à chaque volume l'habillage des machines, les cordons, les rouleaux et, sans tirer à grand nombre, l'éditeur pourrait arriver à grouper plusieurs ouvrages de même format, ce qui simplifierait le travail de l'imprimeur et ferait gagner un temps précieux, surtout en mise en train. En dehors de l'uniformisation du format, il y aurait intérêt également à uniformiser le poids du papier, ce qui permettrait la régularité de pression et l'emploi plus fréquent des margeurs automatiques pour les forts tirages.

Nous arrêterons là cet exposé, bien incomplet, en demandant à chacun, imprimeur et éditeur, de faciliter d'un commun accord les conditions de production, d'éviter les manœuvres et fonctions inutiles pour permettre de diminuer la dépense tout en maintenant le prix raisonnable de chacun des facteurs.

II

LA STANDARDISATION DANS L'INDUSTRIE DU LIVRE

RAPPORT PRÉSENTÉ PAR M. HENRI MAINGUET

Qu'est-ce que la standardisation ?

Standardisation est synonyme d'*unification.*

L'unification des unités de mesure, des pas de vis, des jantes d'automobiles est une standardisation.

Appliquée à une industrie, elle est capable de lui donner un accroissement insoupçonné de prospérité.

Elle a été très poussée à l'étranger, depuis de nombreuses années, et elle fut un des facteurs importants du développement industriel et commercial de ceux qui l'ont pratiquée.

Nous examinerons successivement :

Ce qu'est une industrie standardisée ;

Comment il faut envisager la standardisation dans l'industrie du livre ;

Pourquoi il faut standardiser l'industrie du livre ;

Sur quoi devra porter cette standardisation ;

Et des moyens qui permettront de la réaliser.

Ce qu'est une industrie standardisée.

C'est une industrie dans laquelle la production est limitée à un petit nombre de produits *types* différents, fabriqués chacun en très grand nombre avec un prix de revient pratiquement le plus bas. Chacun des produits ainsi fabriqués en grande série est un type standard, qui ne sera remplacé que lorsque les perfectionnements industriels, ou la concurrence étrangère, auront permis, ou nécessité, la production d'un type de meilleure qualité ou de prix de revient moindre.

Dans cette branche d'industrie, chaque industriel est *spécialisé* sur un petit nombre de types différents.

C'est cette spécialisation qui généralement, pour des raisons économiques, a créé la standardisation, soit que les industriels se soient entendus pour ne maintenir que certains de leurs types, soit que par le fait de la concurrence, seuls quelques types aient vécu.

Cette spécialisation a pu être aussi la conséquence d'une entente entre les chefs d'industrie de cette branche qui, spécialisés ou non, ont reconnu l'intérêt qu'ils avaient, eux et leur corporation, à standardiser leur industrie pour se spécialiser davantage.

Cette spécialisation permet, en effet, à chaque industriel de se développer plus facilement, d'employer l'outillage, les matières premières et les méthodes de travail qui répondent le mieux aux produits types pour lesquels il s'est spécialisé.

C'est ainsi que les prix de revient les plus bas peuvent être obtenus et que la corporation tout entière peut le mieux lutter contre la concurrence étrangère.

Cette standardisation n'exclut pas les types de fantaisie ou de luxe qui continuent à être produits en petite quantité par ces industriels, ou d'autres non spécialisés sur les types de grande vente, et qui par leur prix élevé s'adressent à une clientèle réduite.

Comment il faut envisager la standardisation dans l'industrie du livre.

Il faut l'envisager au point de vue de la *diminution du prix de fabrication des livres de vente courante* dont la diffusion doit être accrue, et pour laquelle un prix de vente bas est essentiel.

Dans les livres de vente courante nous comprenons :

Les livres de littérature générale ;

Les livres scolaires ;

Les livres populaires ;

Des revues littéraires et les magazines.

Les livres des autres catégories : médecine, science, prix, étrennes, droit et piété, pourront également être produits à un prix de revient réduit, s'ils rentrent dans les types standards qui auront été arrêtés pour les livres de vente courante, ou s'ils permettent, par l'importance de leur production, la création de nouveaux types standards.

Le but de cette standardisation étant la diminution du prix de fabrication du livre par la spécialisation des industriels sur un petit nombre de livres types, produits chacun en très grande quantité, il est bien évident qu'il subsistera des types spéciaux pour lesquels il existe déjà un outillage spécial d'impression et de brochage ou de cartonnage. Ces types spéciaux présentent, pour ceux qui les emploient, par suite de l'outillage spécial et de la fabrication en série, autant d'intérêt qu'un type standard.

Les types standards arrêtés devront permettre aux imprimeurs, brocheurs et relieurs de se spécialiser et d'utiliser en grande partie le matériel couramment employé en France ou à l'étranger.

Ils devront permettre également à ces industriels de passer sans grandes difficultés d'un livre type à un autre, voisin, si les conditions économiques exigeaient une modification dans la production de ces types.

Pourquoi il faut standardiser l'industrie du livre.

Les autres pays n'ont pas encore standardisé le livre. Par contre, plusieurs imprimeurs-éditeurs anglais, allemands et autrichiens se sont spécialisés sur certains types de livres qu'ils peuvent produire dans de très bonnes conditions, et avec lesquels ils nous ont fait, nous font et nous feront encore une grande concurrence aussi bien en France qu'à l'étranger.

Cette concurrence serait encore plus importante si, par la standardisation, un plus grand nombre d'imprimeurs, brocheurs et relieurs étaient spécialisés. Or, demain nous pouvons nous trouver en face de cette standardisation, et si nous nous contentons, actuellement, de suivre l'étranger en nous spécialisant individuellement sans entente entre nous tous, nous nous trouverons encore en retard sur lui.

Nous devons donc envisager, dès maintenant, l'évolution la plus complète qui nous mettra sinon en avance sur l'étranger, tout au moins au même niveau. Franchissons donc une étape et devançons nos concurrents étrangers. Cela est possible.

Sur quoi devra porter cette standardisation.

1° *Sur les produits* ;

Elle devra donner la définition précise des *livres types* à réaliser.

Pour chaque type devront être précisés :

La *nature* du travail à exécuter et des matériaux à employer;

La *quantité* de matériaux nécessaires;

La *qualité* du travail et des matériaux;

Les *délais* de fabrication et ceux de livraison des matériaux et des différents éléments de travail.

2° *Sur l'outillage* ;

3° *Sur les méthodes de travail* ;

4° *Sur les matériaux*.

A titre d'exemple, nous donnons un état, forcément incomplet, des détails qui devraient être précisés pour la « nature du travail à exécuter et des matériaux à employer » pour un livre type.

Pour l'intérieur du livre :

Le format du papier;

Le type de pliure;

Les justifications et hauteurs de pages;

Les types de caractères;

Les interlignages;

Les types de papiers à employer : nature, main et poids au mètre carré;

L'emplacement et le mode de brochage de planches hors texte et cartes, s'il y a lieu;

Le type de couture;

L'emploi ou non de gardes;

Pour la couverture :

Le type de papier ou de cartonnage ou de reliure;

Le type de couvrure;

Le rognage ou l'ébarbage;

Et tous autres détails qui seraient nécessaires pour le cartonnage ou la reliure.

Les deux points les plus importants sur lesquels devra d'abord porter cette standardisation, sont :

Les types de pliure et les formats de papier;

Les types de pliure devront être : l'in-16 et l'in-8;

L'in-18 doit être prohibé;

L'in-12 ne devrait être employé qu'exceptionnellement;

Les formats standards de papiers devraient être réduits à trois pour les types d'édition de vente courante. Les formats qui ont été proposés à la Conférence du papier sont :

Le 74 × 94 et le 80 × 110 pour les livres de littérature générale, les classiques et les livres populaires;

Le 70 × 100 pour les revues littéraires et les magazines.

Pour accroître les facilités d'approvisionnements et diminuer les prix, la Conférence du papier a proposé des types de qualités et des poids normaux au mètre carré.

L'adoption de ces propositions marquera un pas considérable dans la voie de la standardisation du livre.

Ces deux points étant résolus, le problème du brochage, du cartonnage et de la reliure sera considérablement simplifié. Il sera possible, en effet, d'employer les plieuses, les machines à assembler, les machines à couvrir les volumes brochés, les machines à faire les couvertures et les machines à emboîter les livres, couramment employées à l'étranger et qui sont très intéressantes pour tous les travaux faits en série.

Des moyens qui permettront de la réaliser.

C'est par l'institution de conférences permanentes du genre de celle du papier que pourra naître la standardisation dans le livre.

Ces conférences de fabrication devront comprendre :

Une conférence des *livres types* de grande vente;

Une conférence de *l'outillage*;
Une conférence des *méthodes de travail*;
Une conférence des *matériaux*.

Conférence des livres types de grande vente.

Elle devra comprendre des délégués des sections intéressées des Syndicats des Éditeurs, des Imprimeurs, des Brocheurs et Relieurs, des Fabricants de papier et carton, et des Libraires.

Conférence de l'outillage.

Elle devra comprendre des délégués des sections intéressées des Syndicats des Imprimeurs, des Brocheurs et Relieurs, Patrons et Techniciens, des Fabricants de papier et carton et des Constructeurs de machines.

Conférence des méthodes de travail.

Elle devra comprendre, pour chaque branche spéciale : imprimerie, brochage, cartonnage et reliure, une conférence spéciale composée des délégués des Syndicats de Patrons, de Techniciens et d'Ouvriers.

Et pour la coordination du travail de ces diverses branches, une conférence composée des délégués des Syndicats de Patrons et de Techniciens.

Conférence des matériaux.

Les matériaux essentiels étant le papier et le carton, la conférence à envisager est celle qui existe déjà : la Conférence du papier, qui comprend un représentant du ministère du Commerce et de l'Industrie, et des délégués des Syndicats des Auteurs, des Éditeurs, des Imprimeurs, et des Fabricants de papier et carton.

Pour donner la vie à ces différentes conférences, coordonner leur travail et le rendre utile, il est nécessaire de les relier par un organisme assurant l'unité d'impulsion et de direction, organisme qui serait un comité directeur déléguant un ou plusieurs de ses membres à chaque conférence technique.

Les principes et les méthodes de ces travaux ayant été proposés à nos corporations par le comité d'organisation de la Semaine du Livre, il nous paraîtrait heureux que l'on fît appel à la collaboration de ceux qui ont, sinon créé, du moins déclenché ce mouvement. Nous tenons à rendre ici un hommage tout particulier à notre confrère, M. Georges Valois, qui fut l'artisan principal de cette œuvre et dont l'activité a déjà rendu de très grands services à nos corporations.

III

L'APPRENTISSAGE DANS LES INDUSTRIES DU LIVRE

RAPPORT PRÉSENTÉ PAR M. E.-J. JACOB

Au précédent Congrès de 1917, M. Keufer, secrétaire général de la Fédération du Livre, avait présenté un rapport sur ce sujet et ses conclusions avaient été adoptées. Inutile d'ajouter quoi que ce soit à ce rapport, puisqu'on ne pourrait se livrer qu'à des répétitions ; mieux vaut jeter un coup d'œil sur ce qui a été fait en faveur des apprentis depuis quatre ans.

Des réunions nombreuses eurent lieu entre patrons et ouvriers parisiens des industries du livre ; ensemble, ils essayèrent de mettre sur pied un règlement d'apprentissage, mais, au moment d'aboutir, les représentants ouvriers typographes et imprimeurs s'abstinrent de venir aux réunions. Devant cet insuccès, le Congrès demande à la jeune Fédération patronale d'entrer en relations avec la vieille Fédération ouvrière du Livre afin d'arriver à un résultat, car la pénurie d'apprentis se fait sentir dans toutes les branches de notre industrie, bien que les patrons imprimeurs se soient décidés en majeure partie à rétribuer convenablement les apprentis après les trois mois d'essai.

L'échelle des salaires qu'ont pu faire admettre les syndicats ouvriers est ainsi établie : l'apprentissage durant cinq années, soit vingt trimestres, il est alloué à l'apprenti un vingtième du salaire à chaque trimestre, de telle façon qu'il arrive au salaire normal alors qu'il atteint sa sixième année de métier. Cette sage mesure a permis de recruter des enfants sortant de l'école en nombre à peu près suffisant, mais il ne faut pas oublier que s'ils perdent vite le léger bagage grammatical qu'ils possèdent, ils désapprennent moins vite à calculer et, si pendant les trois premiers mois ils s'aperçoivent qu'après cinq ans passés à l'atelier ils gagneront moins que leurs camarades serruriers, menuisiers ou charrons, ils n'hésitent pas et parviennent facilement à convaincre leurs parents qu'ils leur ont donné un métier qui ne leur permettra jamais de vivre convenablement, d'autant plus qu'ils se rendent vite compte qu'on peut s'établir à peu de frais peintre, menuisier ou ébéniste et que c'est tout le contraire dans notre profession. Le salaire de l'ouvrier influe donc beaucoup sur le recrutement des apprentis; aussi, ne saurions-nous trop recommander beaucoup de doigté aux maîtres imprimeurs dans le réajustement des salaires des ouvriers de notre industrie.

A l'effort patronal s'est ajouté celui des syndicats ouvriers, qui n'ont pas hésité à faire les sacrifices nécessaires pour faire fonctionner à nouveau les cours professionnels; un décret paru récemment assure à ces institutions une subvention pouvant atteindre 50 p. 100 des frais d'enseignement, mais jusqu'ici la pauvreté de notre pays n'a pas pu permettre d'aller plus loin que des promesses. Espérons donc en des jours meilleurs et ne comptons que sur nous-mêmes.

Mais ici, nous pouvons dire tout de même que l'initiative ouvrière qui profite à tous devrait être encouragée d'une façon effective par les maîtres imprimeurs, et cela dans l'intérêt de notre industrie. Nul n'ignore que les professeurs qui se dévouent à cette tâche, sauf à Paris, ne sont pas rétribués; qu'à l'encontre des pays étrangers, nos fonderies et nos fabricants de matériel ou de machines typographiques font peu ou pas de dons en nature à ces cours, alors qu'en Angleterre, en Amérique, en Allemagne, ils sont les premiers en possession de toutes les nouveautés, surtout comme caractères d'imprimerie et sortes de papiers. L'aide que nous conseillons aux maîtres imprimeurs ne devrait pas être donnée sous la forme monétaire et, pour mieux faire comprendre notre pensée, supposons une ville comptant dix imprimeries et cent cinquante ouvriers typos et imprimeurs; un cours fonctionne trois soirs par semaine avec un professeur typo et un minerviste; nous comprendrions que les patrons de cette ville constitués en syndicat s'entendent avec le syndicat ouvrier et lui disent : « Dorénavant, les cours se feront les lundi, mercredi et vendredi pendant les sixième, septième et huitième heures, les professeurs toucheront leur salaire comme s'ils travaillaient dans la maison qui les occupe, il en sera de même pour les apprentis. » Il y aurait là une double émulation, car le professeur tiendrait à démontrer la valeur de son enseignement et les élèves des petites imprimeries voudraient prouver qu'ils sont aussi aptes que ceux des grandes à faire de bons ouvriers.

A Paris, l'École Estienne s'était mise à la disposition des imprimeurs parisiens et était disposée à accueillir un certain nombre d'apprentis à qui on aurait fait des cours deux ou trois heures certains jours de la semaine, mais cette offre agréée au début par quelques-uns est tombée petit à petit dans l'oubli et on ne peut que le regretter. Nous n'ignorons pas que dans les grandes imprimeries de labeur les jeunes gens peuvent apprendre leur métier, mais il n'en est pas de même dans les petites où l'apprenti nettoie, reçoit la feuille, fait du pâté, des courses et bourre des lignes ; à sa troisième année d'apprentissage, cet enfant devenu jeune homme ignore l'imposition d'un in-8 et la prise de justification d'un tableau. Et la faute de ce manque d'éducation professionnelle n'incombe pas qu'au patron, elle doit être partagée par l'ouvrier ou plutôt par tous les ouvriers qui entourent l'apprenti et qui, ne voyant en lui qu'un concurrent, se refusent à lui apprendre son métier.

Il est donc regrettable d'avoir à constater que la question est au même point qu'il y a dix ans lors du Congrès de l'apprentissage tenu à Roubaix. Les industriels s'assurent contre l'incendie, le bris des machines, les accidents du travail ; pourquoi ne s'assureraient-ils pas contre les mauvais ouvriers en faisant les sacrifices nécessaires pour en créer de bons ; ce serait tout avantage pour eux et leur industrie.

Le machinisme transformant chaque jour notre industrie, il est indispensable que l'apprenti typographe connaisse à fond la confection des tableaux, catalogues et tous travaux de ville, mais on doit également le mettre à même de tenir sa place à la lino ou à la monotype, car d'ici peu d'années il n'y aura plus que deux sortes d'ouvriers typos, le labeurier-bibelotier et le machiniste, ce dernier ne faisant que des lignes, et toujours dans l'intérêt de notre industrie il faut que, en cas de chômage dans une catégorie, il soit apte à trouver du travail dans l'autre.

Si nous jetons un regard du côté de l'impression, nous assistons à une transformation aussi grande et qui, bien comprise, doit être un bienfait pour tous ; nous voulons parler de la suppression des margeurs et des receveurs par l'adjonction à chaque machine de margeurs et receveurs automatiques. Comme c'est la coutume en France on hésite à faire les dépenses nécessaires pour renouveler un matériel périmé et on continue à se servir de vieux outils qui tirent péniblement mille à l'heure et qui nécessitent un conducteur, un margeur et un receveur, tandis qu'on trouve des machines tirant deux mille cinq cents et ne nécessitant qu'un conducteur, la pointure elle-même est supprimée. Il y a donc lieu de s'occuper de ce nouvel état de choses et de prévoir que l'enfant entrant comme apprenti imprimeur devra recevoir l'instruction nécessaire pour faire un bon conducteur, car actuellement peu de receveurs passent margeurs et bien peu de ces derniers arrivent à passer conducteurs. Le progrès du machinisme améliorera donc en imprimerie la situation de ces deux catégories qui, en somme, étaient plutôt des manœuvres que des ouvriers et pour eux comme pour les typos il y a lieu d'envoyer les apprentis se perfectionner en suivant les cours professionnels.

Comme conclusion, nous renouvellerons les vœux formulés au

Congrès de l'apprentissage de 1911 et à celui du Livre en 1917, en nous occupant toutefois de la rémunération de l'apprentissage :

1. — La durée de la fréquentation de l'école primaire doit être portée jusqu'à l'âge de quatorze ans pour les garçons et pour les filles.

2. — Notions générales à enseigner aux enfants pendant la fréquentation de l'école primaire, sur les industries du fer, du bois, agricoles, spécialement sur celles de la région.

3. — Apprentissage à l'atelier avec contrat obligatoire et après examen préalable sur les aptitudes physiques de l'enfant.

4. — Organisation de cours professionnels et subvention aux cours existants. La fréquentation de ces cours devrait se faire pendant la journée de travail.

5. — Rémunération des apprentis après une période d'essai de trois mois, étant entendu que le montant du salaire local devrait être atteint à la fin de la cinquième année.

6. — Création de commissions mixtes locales chargées d'établir les programmes d'enseignement technique, la fixation des jours et heures de cet enseignement, le choix des professeurs.

7. — Organisation de concours. Examen de fin d'apprentissage.

Ce ne sont malheureusement que des vœux renouvelés pour la troisième fois et nous osons espérer que maintenant qu'il existe une Fédération patronale en face de l'organisation ouvrière, toutes deux s'entendront facilement pour arriver à élever le niveau professionnel de ces jeunes gens et en faire des ouvriers capables de gagner leur vie et susceptibles de devenir des artistes donnant un nouvel éclat à notre belle industrie du Livre.

L'argent dépensé pour une telle œuvre est bien placé, les ouvriers l'ont compris depuis longtemps ; que les maîtres imprimeurs les suivent et les aident, ce sont eux qui en tireront le plus de profits.

IV

L'HYGIÈNE DANS LES ATELIERS INDUSTRIELS ET LES LOCAUX COMMERCIAUX

RAPPORT PRÉSENTÉ PAR M. E.-J. JACOB

Nous sommes obligés de reconnaître que, sauf dans les librairies, rares sont les imprimeries où on applique, non pas les lois et décrets concernant l'hygiène, mais même les principes élémentaires de propreté.

Que nous visitions les imprimeries de Paris d'abord, en commençant par l'Imprimerie Nationale, rue Vieille-du-Temple, laquelle devrait être la première à respecter lois et décrets, nous avons sous les yeux un spectacle attristant, en ce qui concerne l'hygiène et la sécurité des ouvriers. On circule dans certains ateliers entre deux rangées de poutres soutenant les plafonds, lesquels ayant perdu leur revêtement, laissent passer l'eau d'arrosage et les poussières accumulées, le tout retombant sur les occupants de l'étage inférieur; les casses contiennent plus de poussière que de caractères d'imprimerie, et l'éclairage y est on ne peut plus défectueux. Les ateliers où sont les machines ne sont guère mieux partagés et nous osons espérer que le nouvel atelier de la rue de la Convention donnera toute satisfaction au personnel.

L'Imprimerie municipale est toujours dans les sous-sols de l'Hôtel de Ville, mais si on y respire un air vicié, l'atelier y est propre; toutefois on y travaille, du lever au coucher du soleil, à la lumière artificielle, ce qui coûte au budget municipal, en plus des frais d'éclairage, un supplément de salaire de 0 fr. 15 par heure et par ouvrier.

Si nous jetons un coup d'œil sur les imprimeries de journaux, nous avons le droit de nous élever contre leur installation, car beaucoup d'entre elles se sont établies dans de vieux immeubles dont la disposition ne pouvait s'adapter aux besoins de notre industrie. Les bobines de papier et les boîtes d'encre encombrent l'entrée, la clicherie voisine avec les machines à imprimer; cinquante linotypes sont serrées les unes contre les autres dans le même atelier; ce sont de vraies ruches ouvrières d'où toute règle d'hygiène est exclue.

Nous devons toutefois reconnaître que les imprimeries particulières des grands journaux parisiens et de province sont mieux et même bien installées, mais ainsi que quantité de maisons moyennes de labeur, aucune ne peut rivaliser avec les imprimeries d'Alsace-Lorraine. Ayant eu l'occasion d'en visiter à Strasbourg, Mulhouse, Colmar et Metz, nous avons dû constater avec peine que, sous l'ancien régime, on respectait mieux les lois que dans notre pays et nous étonnerons peut-être les congressistes en leur faisant part des doléances des ouvriers d'Alsace-Lorraine qui se plaignent que depuis qu'ils sont redevenus français ils ont à constater un grand relâchement dans la visite des établissements industriels et le respect des lois d'hygiène et de protection ouvrière.

Dans les imprimeries que nous avons pu visiter, ce qui nous a surtout frappé, c'est le cube d'air dans lequel se meuvent les ouvriers, puis la propreté des locaux dont les murs sont peints au ripolin blanc et la suppression de l'éclairage individuel, lequel est remplacé par un plafond lumineux. Dans chaque atelier, une grande armoire avec cases individuelles pour ranger les vêtements; lavabo également dans chaque atelier et savon fourni par la maison, ainsi qu'un essuie-mains. Enfin, au sous-sol, salle de douches et de trois à six cabines avec baignoire, le tout à titre gratuit. Enfin, les clicheries sont isolées des autres ateliers et il en est de même pour les machines à composer qui toutes sont munies d'un aspirateur communiquant avec l'extérieur. Les bobines sont rangées au sous-sol; aucune pile de rames de papier n'encombre les couloirs, ce qui fait qu'on se figurerait entrer dans une banque plutôt que dans une imprimerie.

Et ceci n'est pas spécial à l'Alsace-Lorraine; il en est de même en Allemagne, en Angleterre, en Amérique. Nous sommes donc en retard sous le rapport de l'hygiène dans les ateliers et nous le sommes tous, ouvriers et patrons. Avouons que de chaque côté c'est un mauvais calcul, car dans un atelier propre, où la lumière naturelle pénètre à profusion, où le cube d'air permet à l'ouvrier de circuler et travailler sans aucune gêne, le rendement est bien supérieur et l'exécution du travail plus soignée.

Du côté ouvrier, nous constatons également que, malgré la diminution des heures de travail, beaucoup ont conservé la mauvaise habitude de casser la croûte en travaillant et nous voudrions que, dans leur propre intérêt, les patrons le leur interdisent formellement en leur faisant comprendre qu'en manipulant du plomb leurs doigts sont imprégnés de poussières qui viennent adhérer au pain qu'ils portent à leur bouche, et qu'ainsi ils s'intoxiquent petit à petit. De même, nous attirons l'attention de nos collaborateurs ouvriers typos sur le danger pour eux de priser en travaillant; là encore, ils prennent le tabac avec leurs doigts salis de poussières de plomb, aspirent le tout, sans se douter que cette poussière nocive passera dans le tube digestif et, par cet usage constant, s'intoxiqueront lentement, mais sûrement.

Pour nous résumer et pour conclure, nous demandons au Congrès de réclamer l'application stricte de la loi du 17 juin 1893-11 juillet 1903 et du décret du 29 novembre 1904.

Loi et décret obligent les industriels à observer les prescriptions suivantes :

« Le sol sera nettoyé à fond au moins une fois par jour avant l'ouverture ou après la clôture du travail, mais jamais pendant le travail.

« Les murs et les plafonds seront l'objet de fréquents nettoyages; les enduits seront refaits toutes les fois qu'il sera nécessaire.

« Les cabinets d'aisance ne devront pas communiquer directement avec les locaux fermés où le personnel est appelé à séjourner. Ils seront éclairés et aménagés de manière à ne dégager aucune odeur. Il y aura au moins un cabinet pour cinquante personnes et des urinoirs en nombre suffisant.

« *Les locaux fermés affectés au travail ne seront jamais encombrés. Le cube d'air par personne employée ne pourra être inférieur à 7 m³. La hauteur sous plafond sera d'au moins 3 mètres.* Ces locaux seront largement aérés et chauffés en hiver; ils seront convenablement éclairés, ainsi que les passages et escaliers.

« Les poussières ainsi que les gaz insalubres seront évacués directement au dehors des locaux de travail.

« *Les ouvriers et employés ne devront point prendre leurs repas dans les locaux affectés au travail.*

« Toutefois, l'autorisation d'y prendre des repas pourra être accordée, en cas de besoin et après enquête, par l'inspecteur divisionnaire sous les justifications suivantes : 1° Que les opérations effectuées ne comportent pas l'emploi de substances toxiques; 2° Qu'elles ne donnent lieu à aucun dégagement de gaz incommodes, insalubres ou toxiques, ni de poussières; 3° que les autres conditions d'hygiène soient jugées satisfaisantes.

« *Les patrons mettront à la disposition de leur personnel les moyens d'assurer la propreté individuelle, vestiaires avec lavabos*, ainsi que de l'eau de bonne qualité pour la boisson.

« *Les sorties devront être assez nombreuses pour permettre l'évacuation rapide de l'établissement; elles seront toujours libres et ne devront jamais être encombrées de marchandises, de matières en dépôt ni d'objets quelconques.* »

Loi et décret nous donnent donc satisfaction, mais depuis 1904 on a abusé des dispenses permanentes ou temporaires que pouvait accorder le ministre sur le rapport des inspecteurs du travail et après avis du Comité consultatif des Arts et Manufactures.

Le Congrès demande que les inspecteurs du travail soient obligés de visiter tous les locaux industriels et, pour stimuler leur activité, qu'une prime leur soit allouée au-dessus d'un certain nombre d'établissements visités par eux.

Le Congrès demande également que les établissements de l'État et municipaux soient soumis aux mêmes visites.

V

IMPRESSION DES LIVRES POUR LES AVEUGLES

COMMUNICATION FAITE PAR MLLE COLETTE ANTHOINE

Je viens, au nom de la Société d'impression et de reliure du Livre pour les Aveugles, vous demander de vous intéresser à la question de l'imprimerie en caractères Braille. Cette question, déjà très importante avant la guerre, a pris depuis, hélas, une importance plus grande encore. Les copistes en Braille à la main et les imprimeries bénévoles ne pouvant faire face aux demandes qu'ils reçoivent, nous avons pensé que l'on pourrait organiser industriellement l'imprimerie pour aveugles comme elle existe en Angleterre depuis plusieurs années déjà.

L'organisation de l'imprimerie Braille en France sur une grande échelle se heurte à une grosse difficulté : elle ne pourra jamais être entièrement *commerciale*, le prix trop élevé du volume Braille le lui interdisant. L'organisation actuelle d'imprimeries bénévoles étant notoirement insuffisante, les aveugles, les institutions surtout augmentant toujours leurs demandes, la Société d'impression et de reliure a fait en 1918 une enquête, en France et à l'étranger, sur les machines à imprimer le Braille qui pourraient servir à cette installation. Depuis, M. Morieu a fait une enquête plus complète et est arrivé au même résultat. En France, actuellement, les machines à imprimer le Braille appartiennent à trois types :

1° *La machine stéréotype*, qui se rapproche de l'imprimerie ordinaire. Elle est la meilleure existant en France, mais déjà ancienne ; elle n'a pas les derniers perfectionnements. Il en existe deux : une à l'Association Valentin Haüy, l'autre chez les Sœurs de Saint-Paul.

2° *La machine Garin*, qui donne un bon point, absolument comparable au point à la main ; la composition est aussi longue, malheureusement. Une dernière amélioration, permettant de prendre l'empreinte sur du papier paraffiné, arrive à donner de vingt à trente exemplaires très facilement.

3° *La machine Vaughan* (petite presse et grande presse), qui est un matériel peu cher et assez facilement maniable ayant rendu de grands services pendant la guerre, mais qui donne du mauvais travail.

« L'Œuvre du Phare de France », 14, rue Daru, possède une machine américaine dont les aveugles n'aiment pas le point, qui est trop petit.

En Suisse, il existe à Lausanne la *machine Bobst*, qui donne un bon point, mais est lourde et très difficilement maniable.

En Angleterre, le « National Institute » possède une machine allemande qui a été perfectionnée en Angleterre, et qui est excellente.

La Maison Mame, de Tours, ayant étudié pour la Société ces différents types de machines, est arrivée à ce résultat que la machine anglaise du « National Institute » était incomparablement la meilleure. M. Stainsby, directeur, nous offre toutes les facilités pour faire étudier sur place sa machine par un ingénieur compétent, mais le prix de la machine anglaise est très élevé : 10 000 francs avant la guerre, cinq ou six fois plus maintenant.

La Maison Mame a fait une série d'essais de Braille interligne, en prenant des empreintes avec les composteurs et les caractères du matériel Vaughan, et en tirant à l'aide d'une grande presse ordinaire à estamper. Même avec cette composition défectueuse, elle a pu obtenir par les moyens d'imprimerie ordinaires un résultat intéressant. M. Stainsby, consulté, croit que si l'on peut chauffer suffisamment les presses à estamper, ce système, beaucoup moins coûteux, pourrait être choisi.

Nous sommes prêts à envoyer à Londres un mécanicien-imprimeur qui examinera la machine du « National Institute », pour la comparer avec la combinaison Mame. Le « National Institute » possédant un musée de tous les appareils pouvant servir à exécuter le Braille, le mécanicien aura sur place toutes les facilités.

Quand le choix de la machine sera définitif, la question de l'organisation de l'imprimerie Braille s'imposera.

Le prix de revient du livre Braille (à peu près cinq fois plus élevé que celui du même livre en noir) est prohibitif au point de vue commercial ; il faudra donc trouver une modalité permettant d'abaisser ce prix. Celle préconisée par M. Stainsby et par le directeur de la Maison Mame consisterait en l'installation d'une section d'imprimerie Braille dans une imprimerie ordinaire, avec laquelle la Société ou une union de sociétés aurait les rapports habituels d'éditeur à imprimeur, lui faisant des commandes et supportant seule la différence.

Donc, deux questions se posent : le choix de la machine d'abord, l'organisation ensuite, et nous venons demander aide et assistance à la Fédération des Maîtres Imprimeurs de France.

TROISIÈME JOURNÉE

PRODUCTION VENTE ET DIFFUSION DU LIVRE

RAPPORT GÉNÉRAL

PRÉSENTÉ PAR M. MAX LECLERC, ÉDITEUR

I. — PRODUCTION

En 1917, lors du premier Congrès, les conditions de la production n'avaient encore subi, du fait de la guerre, que des modifications sans importance, si l'on considère ce qui s'est passé dans les années subséquentes.

Sans doute, nous avions à lutter déjà contre la pénurie de main-d'œuvre et de matières premières, contre les difficultés de transport, contre la restriction de la consommation; mais toutes ces causes n'ont donné tous leurs effets de guerre qu'au milieu de 1918, lorsque la guerre sous-marine eut singulièrement réduit la quantité de matières premières disponible dans le monde.

Après l'armistice, détente presque immédiate; les prix qui avaient atteint les sommets de 400 p. 100 de majoration sur 1914, pour le papier, de 600 p. 100, pour le cartonnage, descendent rapidement à 250 p. 100 et 300 p. 100 respectivement.

Mais alors intervient un facteur nouveau: la consommation qui avait été, par la législation de guerre, réglementée, endiguée, se déchaîne avec frénésie; après ce long jeûne, l'on veut se rassasier; et les commerçants et industriels, principalement britanniques et américains, font, par la publicité dans les journaux et périodiques, par les catalogues, une débauche de papier à peine croyable. Non contents d'avoir accaparé la plus grande partie des stocks de pâtes et de papiers de la rive gauche du Rhin et de la Baltique, les Anglais et Américains viennent rafler le papier en France même.

Dès juin 1919, l'on voit poindre l'épuisement de toutes les réserves; à partir de ce moment, l'on se dispute âprement toutes les matières premières qui entrent dans la fabrication du livre, et les prix grimpent en quelques mois à des hauteurs formidables, qui atteignent pour le papier de 1000 à 1300 p. 100 de majoration et, pour le cartonnage, jusqu'à 680 p. 100 sur les prix de 1914.

En mai 1919, la loi de huit heures, brusquement votée et appliquée sans les transitions nécessaires, a bouleversé nos industries, au moment où nous avions à lutter contre la pénurie de main-d'œuvre et de techniciens. Car le Livre, n'étant pas une industrie de guerre et ayant vécu fort péniblement pendant que la parole était au canon, n'avait pu offrir des salaires approchant de ceux que les industries de guerre avaient déchaînés sur le pays : plus de brocheuses, plus de compositrices; toutes les femmes voulaient tourner des obus; — les conducteurs-typographes, les techniciens de la papeterie, quand ils n'avaient pas été mobilisés, étaient violemment attirés par toutes les industries mécaniques de guerre.

Au moment donc où il était fort difficile et même impossible de rééquiper — avec le personnel réduit revenu du front — une partie seulement des machines à papier et à imprimer existant en France, la loi de huit heures, d'un seul coup, réduisait considérablement la production, pendant que, en Allemagne, patrons et ouvriers s'entendaient pour intensifier la leur : loin de réduire les heures de travail, ils faisaient, d'accord, des heures supplémentaires.

Les industries de transport ont traversé une crise plus grave encore, parce que le trafic a augmenté en raison inverse des moyens dont on disposait : d'où un embouteillage formidable des ports et des voies ferrées dont nous sortons à peine depuis quelques mois, surtout à cause de la crise économique qui restreint considérablement le trafic.

Les éditeurs, au moment où, après l'armistice, ils auraient voulu faire un gros effort de production, ont donc eu grandement à souffrir des maux suivants :

1° Le papier de bonne qualité à peu près introuvable; le papier commun atteignant des prix qui représentaient de 1000 à 1300 p. 100 de majoration; pendant plusieurs mois même, pénurie quasi totale : en prenant les commandes, les fabricants imposaient leurs conditions qui étaient : ni prix, ni délai;

2° Le nombre trop restreint des machines à imprimer, la majorité n'ayant pu être rééquipées; la réduction des heures de travail; la crise morale que traversa tout le personnel, ouvriers et employés : toutes ces causes aboutirent au même résultat : production réduite, lente et chère;

3° Et quand on a pu trouver du papier et un imprimeur, impossible d'obtenir que ce papier parvienne de l'usine à l'imprimerie dans des délais à peu près normaux : des semaines, des mois se passent; les wagons se promènent dans les régions les plus imprévues ou s'arrêtent indéfiniment sur des voies de garage, — ou disparaissent totalement, — et tout est à recommencer.

Et quand enfin le malheureux éditeur finit par faire parvenir les ballots de papier à son imprimeur, c'est une grève, c'est un embouteillage de l'imprimerie qui surviennent; le tirage sera-t-il prêt dans trois semaines, dans trois mois? Impossible de le prévoir; l'imprimeur ou ne le sait pas lui-même ou s'abstient de répondre à toute question même pressante.

Je passe sur les industries annexes : gravure, galvanoplastie, brochure, cartonnage, reliure; les délais variaient entre six jours et dix mois, et malheur au client qui s'étonnait, s'inquiétait, s'irritait.

Et cependant, les pouvoirs publics et la presse objurguaient les éditeurs de produire à bon marché et de répandre le livre français dans le monde par les voies les plus rapides. Hélas! rien n'était à bon marché et aucune voie n'était rapide.

II. — Vente

En présence de ces difficultés successives et croissantes, quelle fut la politique suivie par les éditeurs? l'exemple fourni par le livre classique est le plus frappant parce que, la crise de consommation l'ayant moins atteint que les autres branches de l'industrie, les éditeurs de livres classiques durent continuer à produire quand même et par suite furent acculés les premiers à la nécessité, pour ne pas disparaître, de modifier leurs prix de vente.

Le livre classique. — « La politique suivie au Syndicat des Éditeurs fut la suivante[1] : étudier lorsque les charges grandissaient au fur et à mesure des années, dans quelle proportion les éditeurs devaient modifier la majoration moyenne à appliquer aux prix de vente, et déterminer cette proportion le plus strictement possible pour l'appliquer uniformément à tous les ouvrages, quelle que soit leur date de fabrication.

« C'est ainsi que pour la première fois, en janvier 1916, la Section des Classiques adoptait une majoration temporaire de 10 p. 100, tandis qu'elle supportait, pendant toute l'année 1915, des augmentations provenant du papier, pour les réimpressions nouvelles, et du cartonnage, tant pour les livres nouveaux que pour les ouvrages du stock ancien conservés en feuilles.

« Reconnue notoirement insuffisante, la majoration fut portée, en mai 1916 à 20 p. 100; et, pendant dix-huit mois, jusqu'en 1918, les éditeurs, mus par un sentiment qui les honore — celui

1. Extrait du nº 45 de la *Bibliographie de la France*, du 5 novembre 1920.

de laisser le prix de leurs livres compatible avec les ressources des budgets des écoles et celles des municipalités et des familles — ont conservé le palier de 20 p. 100, tandis qu'eux-mêmes, au cours de ces mêmes dix-huit mois, supportaient 280 p. 100 sur le papier, 150 à 200 p. 100 sur le cartonnage pleine toile, plus de 100 p. 100 sur le cartonnage classique et 55 p. 100 sur l'impression.

« En janvier 1918, devant l'inquiétude générale de la profession, en présence des rentrées d'argent insuffisantes pour alimenter les réimpressions ou la mise sur pied de nouveaux ouvrages, la Section des Classiques fut obligatoirement amenée à faire une majoration nouvelle totalisée à 70 p. 100 sur les prix originaires.

« Nouveau palier d'une année entière (1918), pendant laquelle le papier montait à plus de 400 p. 100, le cartonnage classique ordinaire à 200 p. 100; une fois encore, la nécessité s'imposait de revoir les majorations adoptées et les éditeurs se mirent d'accord pour faire une augmentation nouvelle de 30 p. 100, ce qui amenait à 100 p. 100 seulement l'augmentation réelle des prix pratiqués avant-guerre.

« Cette dernière modification était applicable à partir du 1er janvier 1919.

« Quelques mois après, vers le printemps de cette même année 1919, il y eut des tendances à la baisse en ce qui concerne le papier, mais, par contre, les frais d'impression et de cartonnage continuèrent à progresser (loi de huit heures, vie chère).

« Néanmoins, les éditeurs pensèrent qu'ils pourraient continuer à se contenter de leur dernière majoration de 100 p. 100, quoique notoirement insuffisante, car ils espéraient qu'on s'acheminait — péniblement, il est vrai — vers des temps meilleurs.

« Cet espoir fut déçu. Il survint dans toutes les professions des perturbations qui entraînèrent des augmentations considérables sur toutes choses, une diminution de production, une raréfaction de la matière indispensable à l'édition : le papier, et l'on vit bondir en un délai fort court les charges de toutes natures. Rester plus longtemps sur le palier de 100 p. 100 adopté en janvier 1919, c'était courir à une catastrophe certaine; il était urgent d'aviser, et sans se départir un seul instant du souci constant qui les a toujours guidés, — l'intérêt supérieur et national de l'existence du livre — les éditeurs furent obligés de majorer à nouveau leurs prix.

« A ce moment (février 1920), il devint nécessaire, par ce fait que la majoration allait dépasser 100 p. 100, d'incorporer la majoration de 170 p. 100, qui fut reconnue indispensable, dans les prix de base et d'établir un catalogue commun des classiques avec de nouveaux prix de vente.

« Moins de trois mois après (mai 1920), la situation s'étant de nouveau aggravée par suite de la continuité régulière des augmentations du papier, du cartonnage et de l'impression, il devenait

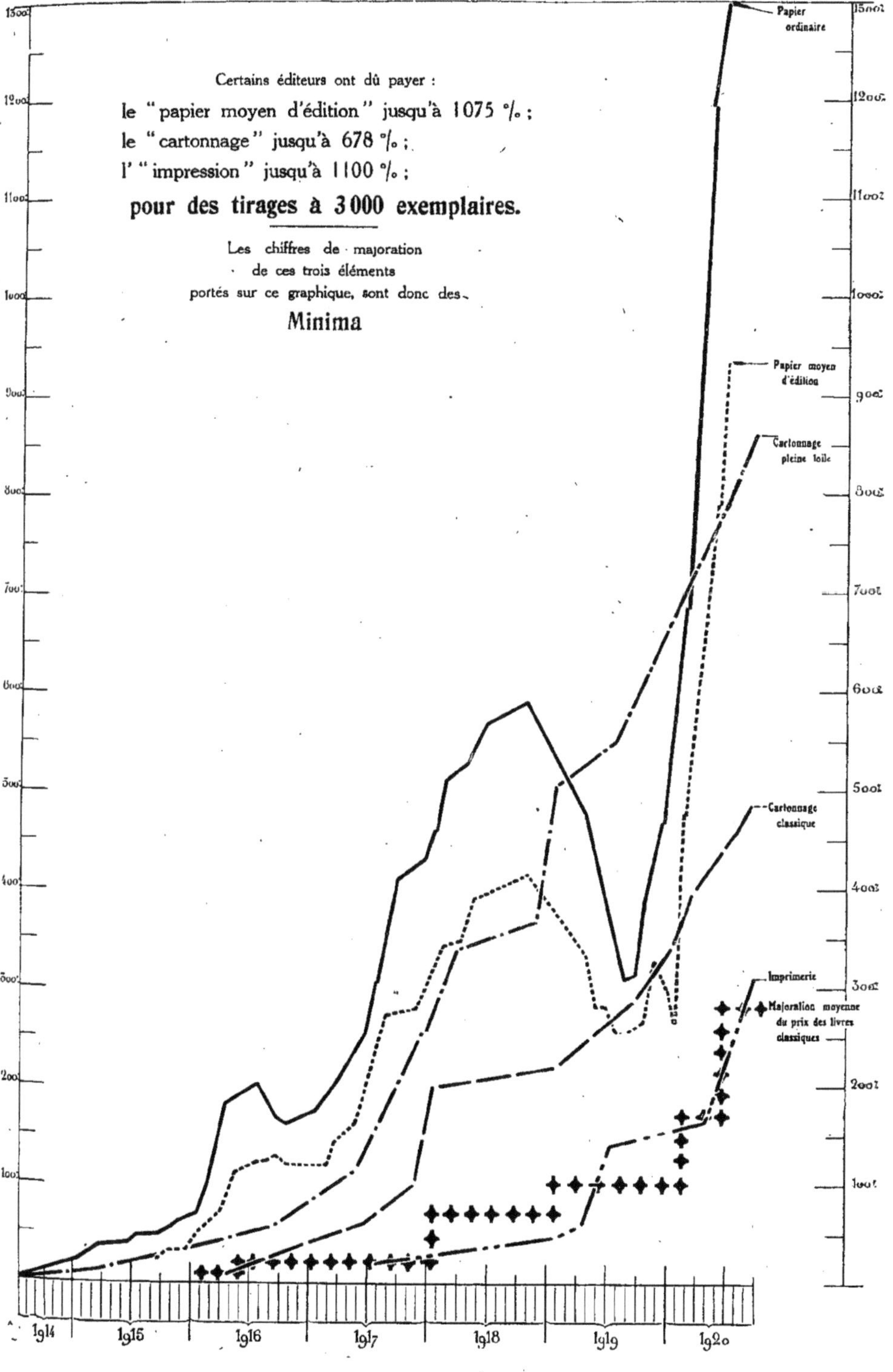

Certains éditeurs ont dû payer :
le "papier moyen d'édition" jusqu'à 1075 % ;
le "cartonnage" jusqu'à 678 % ;
l' "impression" jusqu'à 1100 % ;
pour des tirages à 3000 exemplaires.
Les chiffres de majoration
de ces trois éléments
portés sur ce graphique, sont donc des
Minima
Papier ordinaire
Papier moyen d'édition
Cartonnage pleine toile
Cartonnage classique
Imprimerie
Majoration moyenne du prix des livres classiques
1914
1915
1916
1917
1918
1919
1920

indispensable de reviser encore une fois les prix de vente, et une majoration de 40 p. 100 sur les nouveaux prix établis en février 1920 fut reconnue indispensable, non dans le but de faire des bénéfices qui, loin d'être illicites, eussent été légitimes, mais bien pour essayer d'enrayer les conséquences déficitaires qui allaient se produire ; au total, cette majoration de 40 p. 100 sur les prix nouveaux du catalogue de février 1920 représentait en moyenne 278 p. 100 sur les prix en vigueur avant-guerre, alors que les prix de revient étaient majorés en moyenne de 600 p. 100. »

Pendant que les éditeurs de livres classiques se contentaient, après de longs délais, d'une majoration de 278 p. 100 et continuaient à fournir le même nombre de pages, dans le même cartonnage, les journaux quotidiens, qui avaient réduit la quantité de papier fourni aux clients de 8 à 2 pages et porté le prix de vente de 5 à 10 centimes, avaient ainsi réalisé, sous l'œil favorable des pouvoirs publics, une majoration de 400 p. 100

Et cependant les journaux étaient exempts de droits de douane pour leur papier, tandis que les éditeurs continuaient à payer le tarif plein.

Dans le même temps, le prix du *Journal officiel* était décuplé (porté de 5 à 50 centimes) par une loi.

C'est alors que fut ouverte en octobre 1920 une instruction contre X... pour spéculation illicite sur les livres scolaires, et toute la presse, exempte de droits de douane et à 400 p. 100 de majoration, de tomber à bras raccourcis sur les mercantis de l'édition (à 278 p. 100 de majoration sans exemption de droits de douane).

Mais, dira-t-on, comment les éditeurs qui produisaient en 1920 dans des conditions désastreuses et vendaient à un taux de majoration insuffisant, ont-ils pu survivre et venir ici nous faire l'honneur de nous exposer leur cas ?

C'est bien simple — ils ont failli n'y point venir —, et s'ils y viennent, c'est pour montrer qu'ils ne sont pas morts ; et s'ils ne sont pas morts, ce n'est ni la faute du public qui ne les a pas soutenus, ni de la presse ni des pouvoirs publics qui les ont maltraités, alors qu'ils souffraient d'un mal quasi-mortel. C'est donc bien parce qu'ils ont voulu vivre et probablement aussi parce qu'ils sont dignes et capables de vivre. Mais il est bon qu'on sache en cette occasion que, pour ne pas mourir, ils ont dû faire de lourds sacrifices. Or, ces sacrifices ont des limites qui étaient atteintes quand la crise du papier a commencé à se dénouer. Pour que le livre français survive, il faut que tout le monde y mette du sien — même le public, — mais pour cela il convient qu'il soit éclairé.

Or, il a droit — tout comme le juge d'instruction — à tout savoir. Voici donc ce que l'on eut récemment, 18 avril 1921, l'occasion de dire à M. le juge d'instruction chargé de l'instruction contre X...,

« Au moment où les éditeurs français payaient 400 francs les 100 kilogrammes le papier qui, en 1914, leur était facturé 42 francs, — cela se passait au mois de juillet 1920, c'est-à-dire trois mois avant qu'ils fussent recherchés pour bénéfices illicites, — M. Honnorat, ministre de l'Instruction publique, dont les bureaux préparaient mystérieusement depuis plusieurs mois une réforme des programmes des écoles primaires supérieures et des écoles normales, introduisit brusquement ces programmes à la session de juillet du conseil supérieur de l'Instruction publique. Le conseil, qui n'est qu'un conseil, sans initiative propre et fort peu armé pour résister au prestige du ministre, s'empressa de voter en trois jours cette réforme qui bouleversait l'enseignement de la morale, de l'instruction civique, de l'histoire, de la géographie, des sciences physiques et naturelles dans ces écoles. Ces programmes, malgré les protestations fondées des éditeurs de livres classiques, étaient promulgués par M. Honnorat dans le courant de septembre 1920 et, dès le 1er octobre, mis en application. D'un seul coup, toute une partie, très importante, du catalogue des éditeurs de livres classiques s'écroulait ; des centaines de milliers de volumes d'un prix de revient élevé devenaient invendables : leur matériel, qui représentait avant 1914, comme frais de composition, d'illustration et de clichage, quelques millions, — car il s'agit de plusieurs centaines de titres, — et qui exigerait aujourd'hui une dépense quintuple pour être reconstitué, ce matériel était désormais bon à mettre à la fonte.

« Et, dans le même temps, M. le ministre Honnorat insistait auprès des éditeurs pour qu'ils consentissent à abaisser le prix des livres ! Si seulement M. le Ministre avait pu réussir à empêcher la hausse du papier... Mais le papier montait toujours.

« Ceci explique que, au moment où M. le juge d'instruction faisait, à plusieurs éditeurs de livres classiques, l'honneur de les convoquer pour s'entretenir avec eux du prix des livres, ces mêmes éditeurs, dans le couloir de M. le juge d'instruction qui était leur premier lieu de rencontre après la séparation des vacances, échangeaient des propos assez mélancoliques sur la situation de leur industrie et se confiaient mutuellement que leurs frais généraux étaient arrivés à atteindre à des hauteurs formidables, que leurs dépenses de fabrication dépassaient leurs recettes dans des proportions non moins formidables, et que, pour la première fois depuis que leurs maisons existaient, c'est-à-dire depuis cinquante ans environ, ils avaient dû, ayant épuisé leurs réserves, faire appel aux banques et à leur bonne volonté sujette à de dangereuses variations pour payer leurs fins de mois et vivre à la petite semaine : ils voyaient bien qu'ils obtenaient des prêts à courte échéance et à gros intérêts, mais ils ne voyaient pas comment, dans le délai de trois mois, ils seraient en mesure de rembourser ces prêts.

« Telle était encore la situation dans le courant de décembre, lorsque, par suite d'une crise de concurrence étrangère et de mévente quasi-totale, le cours du papier est, en quelques semaines, tombé de 900 p. 100 à 450 p. 100 par rapport au prix d'avant-guerre.

« Or, les éditeurs qui ont à digérer l'énorme perte que leur a causée la fabrication de leurs livres dans les conditions qui leur ont été imposées en 1920, qui, en outre, ont à faire face aux dépenses démesurées que leur cause la brusque réforme de M. Honnorat, viennent néanmoins de décider d'abaisser de 40 p. 100 à 25 p. 100, à partir du 1er avril 1921, la majoration sur le prix de catalogue qu'ils appliquaient depuis le 1er mai 1920, et qui avait été décidée lorsqu'ils ignoraient encore que le papier monterait jusqu'à 900 p. 100.

« Pourquoi l'ont-ils fait ? Ce n'est pas parce qu'ils ont conscience d'avoir dépassé la mesure juste, pas plus qu'ils n'ont été intimidés par les poursuites dont ils ont été menacés et par l'enquête dont ils sont l'objet.

« C'est parce qu'ils ont une haute idée de leur profession et des devoirs que leur impose vis-à-vis du pays leur qualité d'éditeurs, fournisseurs des écoles nationales. Ils savent que, pour toutes sortes de raisons, dont beaucoup sont mauvaises, ces écoles n'achètent plus de livres, que les enfants en souffrent dans leurs études et que le bon fonctionnement de la vie scolaire est compromis.

« Alors, quoiqu'ils n'aient décidé et appliqué que des majorations qui ont toujours été inférieures aux nécessités arithmétiques et souvent d'une année en retard sur les hausses qu'ils avaient subies, et quoiqu'ils n'aient jamais pratiqué la politique du prix de remplacement, ils décident volontairement de s'imposer ce nouveau sacrifice, lourd sacrifice assurément, car ils ont actuellement en magasin, comme chaque année à cette époque et plus encore par suite de la mévente, une bonne partie des livres nécessaires pour assurer la rentrée d'octobre 1921, livres fabriqués à des prix qui auraient justifié une majoration de 50 p. 100, c'est-à-dire supérieure à celle qu'ils abandonnent pour la réduire à 25 p. 100. »

Il convient d'ajouter que les éditeurs n'ont pas voulu que les libraires qui avaient en stock des livres classiques marqués aux prix anciens subissent une perte, si faible qu'elle soit. Et pour que le public pût profiter immédiatement de la baisse même sur le stock acheté antérieurement par les libraires, — les éditeurs ont remboursé aux libraires la différence, grâce à quoi aucun livre classique n'a pu être vendu depuis le 1er avril 1921 à d'autres conditions que les nouvelles, soit avec 25 p. 100 au lieu de 40 p. 100 de majoration.

Ce faisant, les éditeurs ont montré que le livre n'est pas une marchandise ordinaire. Le fabricant de flanelle ou de cotonnades qui a vendu sa marchandise se désintéresse de son sort : peu lui importe par qui ni à quel prix elle est vendue, et en tout cas, s'il y a une baisse, il n'est nullement enclin à prendre la perte à sa charge, il la laisse au compte des intermédiaires.

Les éditeurs syndiqués, ayant travaillé depuis plus de vingt-cinq ans, d'accord avec les libraires syndiqués, à assainir la profession, à réagir contre les pratiques fâcheuses, à établir et à maintenir la vente au prix fixé et marqué par l'éditeur, les éditeurs ont donc été jusqu'au bout de leurs responsabilités : puisqu'ils fixent le prix de vente de leurs livres et obligent le libraire à le respecter, puisque le libraire n'est pas le maître de son prix de vente, l'éditeur a de ce fait certaines obligations auxquelles il n'a point failli en cette circonstance qui se produisait pour la première fois dans l'histoire du livre.

A L'ÉTRANGER. — Quelle est la situation du livre français à l'étranger ? Elle est très différente suivant qu'il s'agit de pays à change élevé ou à monnaie dépréciée, de pays de langue française ou de langue étrangère.

A. *Pays à monnaie dépréciée.* — Ces pays sont pour la plupart des pays de culture latine ou française ; ils sont avides de livres français et leur monnaie qui perd de 75 p. 100 à 80 p. 100 par rapport au franc, n'a en marchandises françaises qu'un pouvoir d'achat momentanément très réduit. C'est le cas de la Roumanie, de la Serbie, de la Tchécoslovaquie, du Portugal, de l'Italie même.

Au moment où ces pays, qui dans la guerre furent presque tous nos alliés, avaient le plus ardent désir de consolider chez eux la culture française, de trouver chez nous des instruments de travail, la terrible question du change élevait entre eux et nous une barrière infranchissable et, en ce qui concerne l'industrie du livre, d'autant plus haute que les matières premières entrant dans la fabrication de nos livres étaient pour la plus grande partie — charbon anglais et pâte à papier scandinave — payées par nous en devises étrangères majorées de 200 à 300 p. 100 par le change. Ainsi plus notre prix de revient montait, plus en même temps diminuait le pouvoir d'achat de nos clients intellectuels.

Et l'écho des plaintes douloureuses de ces hommes nourris de notre sève, de cette jeunesse avide de s'instruire à l'école de nos maîtres ne cesse de parvenir jusqu'à nous.

Le cas de la Roumanie est peut-être le plus typique et le plus angoissant de tous. Voici un pays où, depuis plus d'un siècle, toute la société cultivée parle français, dont les médecins, les avocats, les ingénieurs, les hommes d'État sont venus se former en France, qui, pour réorganiser l'enseignement dans ses lycées et surtout en Transylvanie libérée, nous a demandé et a obtenu de nous plusieurs centaines de professeurs qui actuellement enseignent là-bas, et ce pays est actuellement privé du moyen d'acheter les livres français, — instruments indispensables, — parce que nos livres que nous avons dû majorer, insuffisamment d'ailleurs, de 278 p. 100, il faut qu'ils les payent en *lei* à raison de 4 lei pour 1 franc : un livre français qui était payé 3 francs avant-guerre leur revient ainsi à 30 francs. Et pendant ce temps, le mark étant au taux du *lei*, l'Allemagne ayant adopté une politique financière et économique déloyale, par où elle s'abstient de pratiquer la journée de huit heures, par où elle exempte son industrie de toutes les charges que celle-ci devrait momentanément subir, et cela en vue d'enrichir les particuliers aux dépens de l'État que l'on ruine systématiquement pour laisser en présence des puissances victorieuses un débiteur insolvable, tandis que les industriels et commerçants allemands iront enlever aux industriels et commerçants français leur clientèle dans le monde, — le livre allemand et le livre en langue française fabriqué en Allemagne s'infiltrent, s'imposent à nos alliés et amis, car entre un livre allemand qui coûte 1 lei et un livre français équivalent qui en coûte 5 ou 6, l'hésitation n'est pas possible, parce que les moyens d'acheter le livre de France manquent.

Les témoignages abondent; les intellectuels roumains appellent au secours. Un professeur de la Faculté de droit de Bucarest écrit à un ami français à la date du 23 mars 1921 :

« La grande force du peuple français, c'est la force morale, c'est son âme ; et cependant cette âme se ferme en ce moment à tout contact avec les étrangers. Est-ce possible ? Je paye 150 lei un traité de droit marqué 30 francs. »

En effet, nos prix, traduits honnêtement en lei roumains, sont devenus quasi prohibitifs pour les acheteurs roumains ; la vente a donc baissé dans des proportions très fortes : l'explication ne vient pas, comme on l'a cru, du haut prix de nos livres, mais d'un phénomène particulier qui s'est produit dans les pays à monnaie plus dépréciée que la nôtre. Chacun sait, en effet, que, dans tout pays à monnaie dépréciée, l'ascension des salaires et appointements, pendant la période de dépréciation, ne suit pas rigoureusement, en hausse nominale, la dépréciation de la monnaie. Il se produit toujours un décalage très sensible entre la dépréciation monétaire et la rémunération du travail. En voici un exemple tiré de la Roumanie où l'acheteur de livres français est surtout le professeur, l'intellectuel, l'étudiant, c'est-à-dire un homme dont les ressources moyennes étaient en 1914 de 300 à 500 francs par mois, ce qui équivaudrait en 1920 avec les lei dépréciés à des mensualités de 4 500 à 8 500 lei actuels. Or, un professeur roumain de faculté gagne actuellement de 1 500 à 2 500 lei par mois, c'est-à-dire une somme très inférieure à celle qu'il gagnait en 1914; il dispose par conséquent de ressources sensiblement moins élevées pour l'achat de livres.

En résumé, dans les pays à monnaie dépréciée, la baisse de vente des livres français s'explique par la baisse considérable des ressources de la clientèle intellectuelle, laquelle n'a pas été remplacée par les nouveaux riches qui, dans ces pays comme dans le nôtre, appartiennent le plus souvent à un monde très peu cultivé et n'achètent guère de livres.

Nous constatons le mal; nous chercherons le remède tout à l'heure.

B. *Pays à change élevé.* — Dans ces pays où le livre français aurait dû se répandre largement, grâce à l'avantage du change, en Angleterre, par exemple, où, il y a quelques semaines encore, un shilling représentait le prix d'un livre français marqué 3 fr. 25, où un livre français de 6 francs n'aurait pas dû être payé, tout frais compris, plus de 2/6, la vente est entravée et presque tarie par l'action des intermédiaires qui empochent totalement le bénéfice du change. Et cela est d'autant plus nuisible à la cause française qu'un grand nombre de Britanniques avaient commencé à parler français et à le lire pendant leur long séjour sur le front de France. Ils devraient aujourd'hui pouvoir se procurer à bon compte les publications françaises de toutes sortes.

Or, il n'en est rien. Un professeur de l'Institut français du Royaume-Uni à Londres écrivait, le 22 février 1921, à un collègue français de France : « Il faudrait répandre votre livre dans le monde universitaire anglais. Mais là nous rencontrons de grandes difficultés qui paralysent toutes nos œuvres universitaires en Angleterre : la rapacité à peine croyable des libraires. Ces messieurs vendent les livres français ainsi : le franc compté un shilling, plus un bénéfice variant de 20 à 30 p. 100. Un ouvrage vendu 30 francs à Paris coûte à Londres un peu plus de 100 francs. Cela est prohibitif. Tous les libraires soutiennent ainsi la cause de la France. »

De Sydney (Australie) on nous écrit à la date du 7 janvier 1921 : « Les quelques livres français offerts ici le sont à des prix si extravagants que la vente en a cessé complètement. On change en shillings les francs au taux de 60 francs la livre sterling; on fait ainsi payer 21 francs un livre marqué 7 francs. »

Au Chili, les libraires demandaient, en 1920, 7 piastres pour des livres qui, à Paris, coûtaient 3 fr. 75, ce qui au change de l'époque représentait deux piastres chiliennes.

Au Brésil, fin 1920, un livre français de 10 francs était vendu vingt milreis ; or le milreis valait en moyenne 2 fr. 50 à 3 francs, ce qui faisait donc 50 à 60 francs au lieu de 10.

C. *Pays de langue française : Belgique, Suisse.* — Le change avec la Belgique est négligeable; il n'a joué qu'un rôle effacé. La Belgique est notre plus gros client. La guerre a encore resserré les liens intellectuels et les relations d'amitié affectueuse entre la France et la Belgique.

Au point de vue professionnel, la situation est, en Belgique, tout à fait satisfaisante. Tandis qu'en Angleterre nous sommes en présence d'une coalition des intermédiaires qui maintient abusivement des prix exorbitants, la Belgique nous offre le spectacle d'une corporation d'éditeurs et de libraires qui, sous la présidence de notre ami Vandeveld, a poursuivi pendant plus de vingt ans une œuvre admirable d'organisation et d'épuration : la librairie y est bien organisée, elle est soumise à une réglementation salutaire grâce à laquelle l'instruction professionnelle a pu se développer. Les libraires belges connaissent bien leur métier et en vivent honorablement. Le livre français est vendu en Belgique au même prix qu'en France, en francs belges.

Pour reconnaître l'œuvre accomplie par les libraires belges avec le concours de notre Syndicat des Éditeurs qui les a toujours encouragés et secondés, nous avons renouvelé récemment l'accord qui unit nos deux corporations et grâce auquel ces résultats heureux ont été obtenus et consolidés.

En Suisse, situation toute différente. Pendant toute la durée de la guerre, et jusqu'à une date toute récente, les libraires de la Suisse romande ont prétendu, comme les libraires d'Angleterre, absorber à leur profit exclusif le bénéfice du change, alors que le change montait à 180, 200, 240. Ils s'adjugeaient ainsi un bénéfice supplémentaire de 80, 100, 140 p. 100. Naturellement la vente du livre français a périclité ; la clientèle suisse s'est révoltée en s'abstenant d'abord, puis elle a cherché à se pourvoir elle-même en France, car elle ne trouvait pas, même chez les éditeurs suisses établis à cheval sur la France et la Suisse, toute la pâture intellectuelle qu'elle désirait. Elle a fait le voyage de Lyon pour faire ses achats en commun. Alors les libraires de la Suisse se sont émus, et tout récemment ils ont annoncé qu'ils vendraient désormais les livres de France en francs français avec 10 p. 100 de majoration seulement, ce qui n'est plus excessif, attendu qu'ils paient en francs suisses tous leurs frais d'exploitation.

C'est sur ces bases que les libraires suisses demandent actuellement à causer avec les éditeurs français ; nous causerons ; mais ces messieurs feront bien de passer d'abord par Bruxelles pour s'instruire. Qu'ils trouvent un Vandeveld et nous n'aurons pas de peine à nous entendre !

III. — Concurrence étrangère

Nous avons indiqué en passant le danger venant des collections allemandes et autres à bas prix qui, fabriquées avec un outillage amorti, avec des matières premières (charbon, papier) payés meilleur marché qu'en France, nous font dans notre aire naturelle d'expansion une concurrence redoutable. Les Allemands fabriquent à Berlin, à Dresde, à Munich, à Leipzig des collections d'auteurs français (classiques et modernes) en volumes reliés et vendent à des prix avec lesquels, dans les conditions actuelles, il ne nous est pas possible de lutter.

Une collection publiée dans la Sarre, à Sarrelouis à 50 pfennigs, c'est-à-dire à 12 centimes et demi le volume relié de cent cinquante pages, en est un exemple frappant.

De plus, les Allemands, dans l'état actuel des conventions littéraires internationales, peuvent exploiter librement les auteurs français à partir d'un délai de trente ans après leur mort ; en France, le domaine public commence cinquante ans après la mort de l'auteur, à quoi il faut ajouter le délai supplémentaire de la loi Bérard. Actuellement les éditeurs allemands peuvent exploiter, sans rien payer, tous les auteurs français modernes morts depuis trente ans au moins ; nos ex-ennemis jouissent ainsi d'un domaine réservé et privilégié de vingt années et plus, et ce privilège vient renforcer les privilèges économiques qu'ils se sont adjugés : charbon, papier, encre et toile à des prix inférieurs à ceux du marché mondial.

Le Traité de Versailles était une occasion qu'il fallait saisir de régler la question de propriété littéraire : mais nos négociateurs n'ont pas jugé à propos de consulter les hommes qualifiés qui leur avaient été désignés par le « Syndicat pour la protection de la propriété intellectuelle », et nous devons protester ici publiquement contre cette négligence inexcusable, car, dès avant l'armistice, ce syndicat avait étudié la question, soumis ses revendications et désigné ses délégués au quai d'Orsay. Or, dans le Traité de Versailles, on a abouti à confondre les questions de propriété littéraire avec les questions de propriété industrielle, si bien qu'aujourd'hui l'office des intérêts privés s'embrouille lui-même dans les interprétations diverses qu'il donne du Traité de Versailles, lequel, d'ailleurs, sur les questions de propriété littéraire, est déficient et défectueux.

Le *Syndicat pour la protection de la propriété intellectuelle* a mis à l'étude cette question du délai de trente ans en Allemagne : il appartient au Congrès National du Livre de joindre son action à la sienne en vue de rechercher la solution de ce problème international.

IV. — Solutions

Nous avons donc à lutter contre l'ignorance — d'ailleurs excusable du public qui ne consent pas encore à attribuer au livre sa vraie valeur, — une valeur en rapport avec son coût de production et avec la valeur actuelle de notre monnaie.

Le livre français, à part certaines exceptions, a toujours été et reste encore à bon marché ; il est même, dans bien des cas, le meilleur marché du monde entier. Sans doute on nous oppose les collections à bas prix, et le plus souvent bien présentées, produites en Angleterre, en Allemagne, en Autriche ; mais nous avons aussi en

France des collections populaires à très bas prix, moins bien présentées, il est vrai, parce que nous sommes handicapés par le prix de charbon et de toutes les matières premières.

Mais, par ailleurs, comparez le prix des livres d'art, de sciences morales et sociales, de littérature générale produits en France avec celui des livres similaires produits en Allemagne, en Angleterre, en Amérique, la différence est certes en notre faveur. La clientèle intellectuelle de la France est plus considérable que celle de n'importe quel autre pays, si l'on donne au mot intellectuel toute sa force. Et cela est encore vrai aujourd'hui malgré les difficultés considérables contre lesquelles l'édition française lutte actuellement.

Il faut que le public français s'habitue à payer les livres leur juste prix : 1 franc de 1921 ne vaut plus actuellement que 30 ou 35 centimes de 1914; un livre à 3 fr. 50 de 1914 devrait donc être vendu aujourd'hui 10 fr. 50 ; or, il n'est vendu que 6 fr. 50 ou 7 francs au plus, et, malgré cela, l'on répugne à l'acheter, alors qu'on n'hésite pas à payer le prix demandé pour un ruban ou une paire de gants, pour une livre de chocolat ou de sucre.

Il faut que ceux qui ont les moyens d'agir sur l'opinion en usent pour exposer la situation au public.

Il faut cesser de répéter que le livre français est à un prix prohibitif, car cela n'est pas; une pareille affirmation est le fait de gens mal informés et qui, avec des intentions d'ailleurs louables, travaillent en sens contraire de leurs intentions. Ils veulent aider à développer la production et la vente du livre français; ils l'étouffent, car ils arrêtent cette vente en déclarant qu'il ne faut pas acheter parce que le prix est *prohibitif*. Or, le prétendu prix prohibitif n'est même pas le juste prix; il n'est pas en rapport avec le coût de production, avec la valeur actuelle de notre monnaie. Il est le résultat d'une transaction entre le passé, le présent et l'avenir; il est consenti par l'éditeur qui vit sur ses réserves en attendant que le prix des matières premières et le coût de la vie baissent.

Tout l'effort du public doit être dans le sens d'une réaction contre la coalition des intermédiaires qui, en ce qui concerne les produits alimentaires et le vêtement, continuent à maintenir artificiellement des prix qui ne sont pas en rapport avec leurs prix d'achat en gros.

Alors la vie deviendra moins pénible pour cette clientèle immense qui, en France, désire lire et s'instruire et qui, ayant moins à dépenser pour se nourrir et se vêtir, pourra de nouveau acheter les livres dont elle a besoin et dont elle est aujourd'hui obligée de se passer; alors les éditeurs pourront recommencer à réimprimer les ouvrages épuisés dont la vente est restreinte et le prix de revient élevé; alors ils pourront risquer de publier des ouvrages utiles, mais de vente limitée, qui, actuellement, restent inédits, parce que le coût de production est inabordable. Alors, aussi, les éditeurs pourront améliorer les conditions qu'ils font aux libraires, — les libraires verront leurs frais généraux diminuer avec la baisse du coût de la vie et pourront faire, pour étendre la vente du livre, des efforts qu'aujourd'hui ils sont tentés de porter vers d'autres marchandises plus rémunératrices.

Enfin, il faut reconnaître les efforts déjà faits pour abaisser le prix de revient du livre en France par la *Conférence permanente du papier* où travaillent, depuis plusieurs mois, de concert et en cordiale coopération sous le patronage du ministre du Commerce, les représentants des producteurs (fabricants de pâtes et de papier) et les consommateurs (écrivains, éditeurs, imprimeurs). Cette conférence poursuit une « politique nationale du papier », à savoir, ayant pour but de maintenir en France une industrie du papier prospère et bien outillée, et cela en lui procurant des matières premières à meilleur compte, en l'aidant à s'affranchir, pour les pâtes surtout, de la tutelle étrangère, mais aussi en maintenant le frein nécessaire de la concurrence entre industriels français et entre l'industrie française et l'industrie étrangère. Il y a lieu d'espérer que l'on aboutira ainsi à affranchir le pays, au moins dans des proportions appréciables, du lourd tribut payé à l'étranger pour la cellulose de bois.

Sur les marchés extérieurs, le livre français de France a à lutter contre la concurrence acharnée qui lui est faite par le livre français fabriqué en Allemagne et dans certains pays alliés (collections d'auteurs français à bon marché).

Déjà, des éditeurs français se préoccupent de faire fabriquer au dehors des collections similaires pour lutter sur les marchés extérieurs contre ces collections étrangères; si cela est bon en soi, ce n'est qu'un palliatif, car c'est autant de perdu pour l'industrie et la main-d'œuvre françaises : or, celles-ci ont été handicapées par la politique anglaise du fret et du charbon qui est un véritable dumping[1]; par la politique économique et fiscale allemande qui est déloyale et contraire au Traité de Versailles.

Il faut que nous obtenions de nos alliés qu'ils nous traitent loyalement et renoncent enfin à alimenter leur budget d'amortissement des dépenses de guerre à l'aide d'un tribut prélevé sur la vie

1. A quoi il faut ajouter sa politique sociale internationale; on lit dans *le Temps* du 29 mai 1921 : « M. Macnamara, ministre du Travail, a annoncé hier à la Chambre des communes, que le gouvernement britannique a décidé que, dans les circonstances actuelles, il n'était pas opportun de mettre en vigueur les décisions de la convention du travail de Washington en ce qui concerne les heures de travail. Il a ajouté que la plupart des autres propositions de la conférence de Washington avaient été mises à exécution, mais *qu'il y avait des difficultés à appliquer la décision relative aux huit heures de travail dans l'industrie de la Grande-Bretagne.* »

quotidienne des citoyens français qui travaillent à relever les ruines du pays où s'est livrée la lutte mondiale.

Il faut que nous imposions aux vaincus nos conditions (fourniture de charbon et de pâtes de bois aux prix du marché intérieur allemand).

Il faut que nous obtenions de notre gouvernement et des syndicats ouvriers qu'il soit tenu compte dans l'application des lois sur la durée du travail, etc., de ce qui se fait chez nos concurrents (alliés et ennemis).

Alors nous pourrons lutter non pas encore à armes égales, car notre pays a plus souffert qu'aucun autre, mais au moins dans des conditions moins inégales que jusqu'à ce jour.

Nous aurons à protéger notre pays contre l'invasion des livres français fabriqués dans les pays qui n'ont pas souffert de la guerre, et qui financièrement se sont relevés à nos dépens et nous ont ainsi mis en état d'infériorité. La question est soumise à l'examen d'une Commission intersyndicale où tous les intérêts sont équitablement représentés : on peut considérer que la solution qui sera adoptée, tenant compte des travaux du premier Congrès National du Livre, donnera satisfaction à tous.

Nous avons à lutter contre la rapacité des intermédiaires dans les pays à change élevé : il faut que l'opinion publique nous soutienne et agisse pour aider les éditeurs à obtenir que ces pratiques cessent ; il faut que tous les éditeurs sans exception s'unissent pour agir dans ce sens.

Contre les conséquences du change dans les pays à monnaie dépréciée, il faut agir sans retard. Le professeur à la Faculté de droit de Bucarest, déjà cité plus haut, propose, avec nombre de ses compatriotes, la solution suivante : « Cette solution, dit-il, pourrait du reste *s'appliquer à tout le commerce français en Roumanie* et en *général à l'étranger*. Ce serait celui où interviendrait toute une combinaison de banque, par la création d'une grande entreprise bancaire, peut-être protégée et garantie par l'État français, qui payerait de suite les producteurs et commerçants exportateurs français en francs et qui porterait au compte d'une succursale en Roumanie, *à très long terme*, les achats des Roumains que ceux-ci payeraient à cette succursale en lei au prix de 1 franc les 2 lei par exemple. De cette façon, les particuliers seraient couverts en France, la vente se ferait à bon marché en Roumanie et le risque serait supporté exclusivement par cette entreprise bancaire. Nous avons ici l'impression qu'en fin de compte cette entreprise gagnerait des bénéfices considérables.

« Le seul moyen de remédier c'est donc le *crédit à très long terme*, pour donner le temps d'attendre le rétablissement de l'équilibre du change. »

Il s'agit en effet, d'un problème qui se pose pour tout le commerce français d'exportation et qui va être examiné et traité à fond dans quelques jours à la Semaine du commerce extérieur : nous demandons que les documents produits ici à ce sujet soient versés au dossier de cette assemblée et que les solutions qui ne manqueront pas d'être adoptées par la Semaine du commerce extérieur soient portées à la connaissance du Comité exécutif du Congrès National du Livre.

Quant à l'expansion commerciale du livre français au dehors, elle sera grandement favorisée lorsque la concurrence normale aura pu enfin être rétablie dans les mêmes conditions où elle s'exerçait avant la guerre, c'est-à-dire lorsque les fonds de l'État auront cessé d'intervenir sous couleur de propagande et de fausser les situations en favorisant telle entreprise plutôt que telle autre. D'ailleurs, depuis 1917, un effort considérable a été fait dont l'une des manifestations les plus significatives est la Maison du Livre : entreprise d'initiative privée, ouverte à tous les professionnels du livre, elle a abouti heureusement par la coopération de la grande majorité des éditeurs et des libraires de France à la création de cette grande *Maison du Livre français* qui a pour programme, déjà en partie réalisé, de développer, en groupant systématiquement les efforts, le commerce du livre français en France et à l'étranger. Souhaitons-lui longue vie et prospérité. Nos ministres, nos journalistes auront là, que dis-je, ils ont déjà un beau sujet à traiter non plus pour exhorter ou fustiger les éditeurs français, mais pour reconnaître et proclamer des réalités tangibles et réconfortantes.

Post-scriptum (13 juillet 1921)

Ce P.-S doit être intercalé en note, page 108, paragraphe 3, 2e ligne à la suite des mots : ... *et jusqu'à une date toute récente...* » :

Dans un document officiel émanant du Comité de la Société des Libraires-Editeurs de la Suisse romande, dont nous venons seulement d'avoir connaissance, nous lisons :

« Notre société avait décidé de ne pas accorder de rabais en vertu du change à la clientèle, pour la vente des ouvrages de provenance française, tant que le change ne serait pas tombé au-dessous de 75 p. 100. Dans le courant du second semestre de l'année 1919, le change français a faibli d'une façon soudaine et lors de sa réunion annuelle d'octobre 1919, notre société décida d'octroyer au public une première réduction dont voici l'échelle :

Jusqu'à 10 francs.	Pas de rabais.
De 10 francs à 20 francs	10 p. 100 de rabais.
De 20 francs à 50 francs	20 p. 100 —
Au-dessus de 50 francs	25 p. 100 — . »

Ce tarif resta en vigueur jusqu'au 15 janvier 1920. A cette date nouvelle réglementation : jusqu'à 20 francs rabais uniforme de 10 p. 100, tant que le change est au-dessous de 70 p. 100; avec échelle variable suivant l'importance des commandes.

Le 15 mars 1920 nouvelle concession : rabais 25 p. 100 pour les achats au-dessous de 20 francs; et au-dessus 30 p. 100 jusqu'à 50 francs; 35 p. 100 au-dessus de 50 francs.

A partir du 1er juillet 1920, rabais de 30 p. 100 jusqu'à 50 francs; à partir de 50 francs, faculté de payer en francs français ou en chèque sur Paris. Mais pour toutes les ventes faites en argent français, le prix du catalogue de l'éditeur français doit être majoré de 10 p. 100.

Telle est, en résumé, l'évolution des prix de vente qui ont été pratiqués en Suisse pour les livres français depuis l'armistice, c'est-à-dire depuis la crise des changes. C'est jusqu'en octobre 1919 que les libraires suisses ont absorbé la totalité du bénéfice du change. Depuis lors ils ont fait des concessions successives; il était juste de le reconnaître. Mais le fond de nos observations subsiste : la vente du livre français a souffert des prix majorés qui ont été pratiqués. Les libraires de la Suisse romande s'en rendent compte aujourd'hui. Il reste à prendre d'accord avec eux les mesures nécessaires pour réglementer la vente conformément aux intérêts légitimes des producteurs français, auteurs et éditeurs.

I

LE LIVRE DE LITTÉRATURE GÉNÉRALE

RAPPORT PRÉSENTÉ PAR M. JOSEPH BOURDEL

Après les rapports que vous venez d'entendre, il est inutile de revenir sur les causes économiques d'ordre général qui ont provoqué, après la guerre, la crise du Livre français. Au moment même où la pensée française semblait devoir rayonner dans le monde entier, la hausse des matières premières et des frais de fabrication est venue entraver profondément la production en librairie et la diffusion de nos publications.

Il convient d'examiner ici, rapidement, les conséquences directes de cette situation économique, en ce qui concerne spécialement *la littérature générale*, c'est-à-dire le roman, l'histoire, la poésie, la critique.

En 1914, un volume in-16 de vingt signatures (soit 320 pages), tiré à 2 000 exemplaires, pouvait être établi à raison de 0 fr. 73 l'exemplaire, et vendu 3 fr. 50, ce qui laissait une marge suffisante pour accorder la remise au libraire, assurer le payement du droit d'auteur et des frais généraux et réserver un bénéfice normal à l'éditeur.

Il suffisait alors de vendre environ 1 200 exemplaires pour couvrir les frais de fabrication des 2 000 exemplaires tirés.

Si ce même ouvrage était tiré à 5 000 exemplaires, l'exemplaire ne revenait plus qu'à 0 fr. 45, ce qui permettait d'augmenter le droit d'auteur, de développer la publicité et de réaliser un bénéfice honorable; grâce à ce bénéfice, l'éditeur pouvait ensuite, quand il se trouvait en présence d'une opération plus aléatoire, tenter la fortune en faveur d'un débutant inconnu ou d'une œuvre de valeur mais de vente limitée.

La guerre est venue tout bouleverser. Dès le début de la hausse progressive du papier et des frais d'impression, l'éditeur a commis une erreur d'optique en s'imaginant que ce mouvement de hausse était passager. Il crut possible de maintenir quand même l'ancien prix de vente en dépit de l'augmentation du prix de revient. Il considéra que son devoir était de « tenir le coup » et résista le plus longtemps possible à l'idée d'une majoration des prix. Ce ne fut que sous la pression de nécessités inéluctables qu'il se décida à hausser le prix de vente de ses livres. Cette hausse fut à la fois tardive et insuffisante, ce qui nécessita même plusieurs étapes dans l'échelle des majorations. Malgré tout, et contrairement à l'opinion de certaines personnes insuffisamment documentées, le prix actuel du livre de littérature générale (qui n'a même pas été majoré de 100 p. 100 en moyenne sur le tarif d'avant-guerre) ne se trouve plus en rapport avec l'augmentation réelle des frais d'établissement.

Il s'ensuit qu'en 1921 ce même ouvrage in-16 de 320 pages, dont je parlais plus haut, tiré à 2 000 exemplaires revient à 2 fr. 96 l'exemplaire (c'est-à-dire avec une augmentation de dépense de 400 p. 100 sur les prix de 1914) et dans ces conditions le volume de 1921, même vendu avec une majoration de 100 p. 106, ne se présente plus dans les mêmes conditions commerciales que le volume de 1914.

Aujourd'hui la vente de 2 000 exemplaires de cet ouvrage, au prix fort de 7 francs (déduction faite de la remise aux libraires) couvrira à peine les frais d'établissement et ne permettra pas de faire face au payement d'un droit à l'auteur ou aux frais généraux de l'éditeur. Enfin, il n'est plus question de bénéfice possible.

Dans les conditions économiques actuelles, pour que l'opération commerciale d'édition d'un livre de littérature générale puisse approximativement s'équilibrer, il faut que l'éditeur n'envisage jamais un tirage inférieur à 3 000 exemplaires. Or, tous les ouvrages ne peuvent être tirés d'un seul coup à 3 000 exemplaires. Nous connaissons tous quantité d'œuvres d'une réelle qualité littéraire, mais qui ne s'adressent qu'à une certaine catégorie du public ou à une clientèle restreinte, et qui ont atteint leur but quand la vente s'élève à 1 000 ou 1 200 exemplaires.

C'est ce genre de livres que l'éditeur, soucieux d'encourager les jeunes talents, se risquait à entreprendre autrefois et qu'il ne peut absolument plus réaliser en 1921.

L'impérieuse nécessité des gros tirages (pour diminuer le prix de revient de chaque exemplaire) est certainement une des causes les plus graves et les plus fâcheuses du ralentissement de la production.

Un roman signé d'un nom connu n'a pas de peine à franchir la limite obligatoire du tirage minimum de 3 000 exemplaires. Mais l'œuvre d'un débutant, qui, malgré tout son mérite, n'a guère de chance d'attirer l'attention du public et de la critique, ne pourra jamais l'atteindre, ou le cas sera tout à fait exceptionnel.

Nous nous trouvons là en présence d'une des conséquences les plus douloureuses de la situation actuelle : la difficulté, pour ne pas dire l'impossibilité pour les jeunes auteurs inconnus, de trouver le moyen de produire leur œuvre au jour, et ce, au détriment de l'avenir des lettres françaises.

Il en est de même pour les livres d'histoire, pour les études historiques, qui, avant la guerre, faisaient tant d'honneur à notre pays. Publiés, la plupart du temps, en raison de l'abondance de la matière, en volumes in-8, ils étaient cotés 7 fr. 50 ou 8 francs. Aujourd'hui il est impossible de les établir à moins de 15 francs, 16 francs, 20 francs, et même davantage. Beaucoup de ces ouvrages qui touchent à l'érudition ne s'adressent qu'à une clientèle restreinte. On ne peut donc les tirer qu'à petit nombre. Dès lors, leur prix de revient et par suite leur prix de vente devient prohibitif. Les ouvrages d'histoire devront attendre des jours meilleurs.

Le volume de poésie ne s'adresse, en général, qu'à une élite intellectuelle et n'est pas recherché de la masse. On ne saurait donc en faire d'importants tirages et par suite l'opération de librairie devient si onéreuse que l'éditeur se voit contraint d'y renoncer.

Les livres de critique littéraire, de critique d'art, de philosophie générale sont malheureusement aussi dans le même cas, à moins qu'ils ne fassent partie des collections ayant conquis la faveur d'une catégorie spéciale de lecteurs.

Enfin, — et ceci est peut-être encore plus grave et plus pénible — toujours pour les mêmes raisons économiques, l'éditeur se trouve dans l'impossibilité de réimprimer la plupart des livres épuisés de son catalogue de littérature générale.

Réimprimer, dans les conditions actuelles (avec le prix du papier et de la main-d'œuvre) un ouvrage, qui a eu une très honorable carrière, mais dont l'écoulement, nécessairement ralenti, doit s'effectuer en plusieurs années, c'est, en raison de l'incertitude du lendemain, mettre en cave une marchandise dont le prix de revient très élevé peut, d'un moment à l'autre, devenir pour l'éditeur la source d'une perte très sensible.

La situation, en ce qui concerne la littérature générale, peut donc se résumer ainsi :

Pour les ouvrages nouveaux, nécessité pour l'éditeur de ne procéder que par gros tirages; ce qui écarte les petits et moyens tirages d'ouvrages de petite vente ou de vente trop lente.

Pour les ouvrages épuisés, de vente lente, ou qui ne peuvent faire l'objet que de très petits tirages, impossibilité absolue de les réimprimer.

Il en résulte que les catalogues des éditeurs ne sont plus à jour, ce qui trouble singulièrement le réapprovisionnement des libraires détaillants et mécontente la clientèle des lecteurs de France et de l'étranger.

La baisse, que tout le monde souhaite ardemment, peut seule remédier à cet état de choses déplorable et permettre à la littérature générale française de reprendre dans le monde la place qu'elle occupait autrefois et qu'elle occupe encore aujourd'hui, malgré tout, si nous considérons les nombreuses demandes de traduction en langues étrangères que nous recevons chaque jour au sujet des œuvres françaises de nos grands auteurs modernes.

En développant à l'étranger l'enseignement et le goût de la langue française, en attirant en France les étudiants étrangers, nous travaillerons utilement au développement et à la diffusion de la littérature générale de notre pays.

II

LES OUVRAGES DE SCIENCE ET DE MÉDECINE A L'ÉTRANGER

RAPPORT PRÉSENTÉ PAR M. PIERRE-V. MASSON, ÉDITEUR

Ce serait une grave erreur de croire que la diffusion des livres français à l'étranger ne dépend que de la propagande qui y est faite : la vente des livres à l'étranger est assujettie aux règles économiques qui régissent la vente de tous les produits : pour qu'un objet fabriqué en France se vende à l'étranger, il faut :

Qu'il y soit utile;

Qu'il soit supérieur aux produits provenant d'autres pays;

Qu'il n'y soit pas vendu un prix supérieur au produit similaire provenant d'autres pays;

Qu'il laisse aux intermédiaires par lesquels il passe un bénéfice au moins égal à celui que ceux-ci pourraient retirer de la vente d'un produit d'autre origine;

Enfin, que, par une publicité bien organisée il soit connu du public auquel il est destiné : ce n'est là qu'un élément qui, s'il est indispensable, n'est opérant que si les autres conditions sont réalisées.

Si nous appliquons ces règles au livre français de médecine ou de science, nous constatons que celui-ci ne se vendra :

1° Que dans les pays où l'usage de la langue française est courant dans les milieux scientifiques;

2° Que si, par l'esprit dans lequel il est conçu, il convient à la mentalité du pays dans lequel nous voulons l'introduire;

3° Que si, par sa valeur intrinsèque et scientifique, il est égal ou supérieur aux ouvrages écrits sur les mêmes matières dans les autres pays;

4° Que si les conditions économiques permettent de le vendre à un prix égal ou inférieur à un livre d'autre origine, traitant des mêmes sujets; cela est particulièrement vrai pour un livre de médecine, car si la littérature étrangère ne peut produire l'œuvre de tel auteur littéraire français, le savant étranger peut en médecine faire un précis ou un manuel tout aussi didactique et aussi clair qu'un livre français destiné au même enseignement;

5° Que si l'éditeur français donne aux libraires détaillants étrangers une marge de bénéfice égale à celle qu'ils trouveraient sur un livre allemand, anglais, espagnol, ou italien, et qu'il leur fasse les mêmes crédits qu'ils trouveraient par ailleurs;

6° Que l'éditeur, par une publicité méthodique et bien organisée, porte le livre qu'il veut vendre à l'étranger à la connaissance des milieux où il peut être acheté.

Chacun de ces points demande un examen particulier :

Il fut un temps heureux où la connaissance de la langue française était, dans les milieux scientifiques, assez répandue pour que le livre français fût pratiqué partout; cela n'est malheureusement plus vrai maintenant. Les langues allemande et anglaise se sont diffusées de telle sorte que, dans de nombreux centres d'enseignement, le français n'est plus pratiqué que par une élite particulièrement instruite.

L'empreinte des langues et même des mentalités germanique et anglo-saxonne est devenu assez puissante dans certains pays pour que le livre français de médecine soit moins apprécié dans certaines universités et facultés que les ouvrages similaires édités à Leipzig et à Londres ou à New-York; seules restent appréciées, dans ces pays, les productions françaises qui ont un caractère original et émanant d'auteurs qui y ont exposé des idées provenant de travaux personnels. Si les ouvrages français de médecine restent incontestablement appréciés et d'un usage courant dans les pays de langue latine : en Espagne, au Portugal, en Italie, en Grèce, en Roumanie, et dans la plupart des pays de l'Amérique du Sud, — leur pénétration reste difficile en Angleterre, aux États-Unis, en Russie, en Allemagne et dans les pays scandinaves, où non seulement on parle peu français, mais où l'on pense souvent autrement que nous, et où, par suite, l'enseignement médical est conçu dans d'autres idées et sur d'autres méthodes.

Laissant de côté les facteurs économiques sur lesquels nous reviendrons, il est nécessaire d'éclairer ces résultats de l'expérience par des exemples :

Nul ouvrage médical n'a eu, dans l'enseignement, pendant ces quarante dernières années, plus de succès que le *Précis de pathologie interne* du regretté professeur Dieulafoy; ce petit livre, vécu par son auteur dans son enseignement clinique auquel il s'est dévoué corps et âme, était bien l'expression de cet esprit français, clair, méthodique, souvent vibrant et il était toujours tenu à jour par des éditions fréquentes; il a eu quatorze éditions faisant ensemble plus de soixante-quinze mille exemplaires, qui se sont vendus en France et dans tous les pays d'influence française. Eh bien ! ce livre traduit en anglais par des éditeurs qui savaient l'influence qu'il avait eue sur l'enseignement médical, lancé dans les meilleures conditions en Angleterre et aux États-Unis, n'y a eu qu'une carrière médiocre, parce que l'esprit anglo-saxon ne s'adapte pas facilement aux méthodes françaises.

Je prendrai dans mon expérience personnelle un exemple plus typique encore : pendant la guerre, il est venu en France, avec l'armée, une quantité de médecins américains; la Croix-Rouge américaine, dont ils dépendaient tous, avait fait éditer pour leurs besoins une revue médicale fort bien faite, et rédigée par ses membres les plus compétents; ma maison, ayant eu à donner son concours pour cette revue, s'est trouvée en possession des noms et des adresses de tous ces médecins résidant en France en 1918; presque tous ayant acquis ici des notions de langue française, j'avais donc considéré que c'était une occasion unique de les initier à la littérature médicale française et de la leur faire apprécier, et je leur ai envoyé à tous des spécimens des publications françaises les plus estimées; je leur ai fait parvenir également à tous une lettre les priant de donner leur adresse aux États-Unis quand ils y seraient rentrés, pour que l'on puisse continuer à leur envoyer les prospectus des livres les intéressant; j'ai fait plus : je leur ai offert de leur servir gratuitement, pendant quelques mois, les revues médicales françaises; or, je n'ai pas eu vingt-cinq demandes : je semais dans un terrain où la graine ne pouvait germer.

Est-ce à dire que ce terrain ne peut se modifier? je ne le crois pas. La situation que la France a prise après avoir fait preuve d'une admirable énergie pendant les années de guerre a déjà fait beaucoup pour le prestige scientifique de notre pays; mais il importe que, à côté des modestes efforts que peuvent faire des éditeurs, les pouvoirs publics sachent profiter des circonstances particulièrement favorables pour créer entre la France et les pays qui ne demandent qu'à mieux nous connaître, des liens plus solides et plus nombreux; que nos savants aillent faire des voyages et des conférences à l'étranger, que nos étudiants aillent faire des stages dans les facultés étrangères, et surtout que, par l'organisation de l'enseignement dans nos facultés, par un aménagement de laboratoires pouvant rivaliser avec ceux d'Allemagne et des États-Unis, par la création d'institutions facilitant la vie économique des étudiants étrangers dans nos villes de facultés, l'on attire les étudiants de tous les pays pour qu'ils rapportent ensuite chez eux, avec une culture française, le goût de nos livres où ils continueront ensuite à trouver avec la science française nos qualités d'exposition.

Les conditions économiques d'ordre général, avons-nous dit, jouent un rôle considérable dans la vente du livre; pour nous en rendre compte prenons comme exemple un pays comme la Roumanie où la langue française est d'un usage courant, où tous les maîtres de la médecine ont fait leurs études à Paris, où les savants se servent depuis cinquante ans de livres français; eh bien, nous voyons ce pays se fermer de plus en plus à la culture française et, contre son gré, adopter des livres allemands dans toutes les branches de l'enseignement, parce que le livre allemand, sur les mêmes matières qu'un livre français, du même nombre de pages, s'y vend beaucoup moins cher : actuellement deux livres de médecine analogues édités l'un à Paris, l'autre à Berlin, se vendant, par exemple, 20 francs pour la France, 40 marks pour l'Allemagne, le premier se vendra 100 lei à Bucarest et le second 40 lei seulement.

Passons volontairement sous silence les difficultés qui viennent s'ajouter dans le domaine commercial pour ces pays dont il est de plus en plus difficile d'obtenir des payements réguliers et dans lesquels les crédits, que nous avons consentis depuis deux ans, deviennent tellement lourds qu'il faut le plus souvent les suspendre.

Cela est vrai dans presque tous les pays d'influence latine où le change est bas par rapport au franc; les Allemands bénéficient prodigieusement de cette situation. Depuis deux années, ils avaient établi une sorte d'impôt à l'exportation qui était différent pour les divers pays et proportionné aux écarts du change entre le mark et la monnaie des régions où ils exportaient; mais, rapidement, ils se sont aperçus du tort que cette mesure pouvait leur causer et ils viennent de la remplacer par une autre qui s'inspire beaucoup plus de raisons politiques que d'intérêts économiques : depuis quelques semaines, ils appliquent à l'exportation des livres une majoration qui est nulle pour tous les pays dans lesquels le change est égal ou inférieur au mark (Roumanie, Pologne, etc.); une majoration de 60 p. 100 pour les pays qu'ils qualifient de neutres ou d'amis (Italie, Portugal, Espagne, Grèce, anciennes colonies allemandes et tous les pays de l'Amérique du Sud); enfin, de 100 p. 100 pour les pays où ils pensent que leur propagande ne peut donner de sérieux résultats (tels France, Angleterre, Belgique, Danemark, Suisse, États-Unis, Japon, etc.).

Si j'ai longuement insisté sur ces questions, c'est que j'ai voulu bien faire comprendre que toute la propagande que la France pouvait faire pour ses livres, dans certains pays qui sympathisent avec elle, se heurterait à un sentiment qui reste, malgré tout, le plus fort, celui de l'intérêt qui consiste à acheter « bon marché » et à reculer devant des prix excessifs.

Il y a, heureusement, encore des pays où nous trouvons, en même temps, l'influence latine qui oriente vers le livre français et des conditions économiques tout à notre avantage : ce sont la Suisse et l'Espagne et la plupart des États de l'Amérique du Sud.

Depuis la guerre, les livres médicaux français ont trouvé dans ces pays un essor admirable. Mais cependant, là encore, nous avons quelquefois trouvé un ennemi où nous aurions dû trouver un appui de la part du libraire intermédiaire : trop souvent celui-ci s'est laissé tenter par la source de bénéfices qu'il pouvait retirer de la différence de change, et il a mis en vente le livre français à un cours lui donnant un bénéfice excessif. Il a, nous le savons, bien des excuses : ses frais de ports et d'assurances sont restés très élevés, il paye ses frais généraux dans la monnaie de son pays ; mais, malgré tout, nous avons eu trop souvent la preuve qu'il profitait de la situation, et cela au grand détriment de la vente du livre français. Il a d'ailleurs souvent été le mauvais marchand de cette opération, car nous avons vu venir en foule « le client direct », c'est-à-dire le médecin qui, au lieu d'acheter ses livres directement chez le libraire de Genève, de Madrid, de Buenos-Ayres, de Rio ou de Mexico, nous envoie des fonds et nous prie de lui adresser les livres qui lui reviennent ainsi moins cher que s'il les achetait dans sa propre ville.

Les éditeurs, nous direz-vous, y trouvent tout avantage en tenant mieux leur clientèle, en vendant sans intermédiaire et par suite à plus gros bénéfice : il n'en est malheureusement rien, car les livres se vendent mieux quand on a pu les voir, les feuilleter, et pour un livre que l'on envoie directement en Argentine à un client, on en eût vendu 100 chez un libraire de Buenos-Ayres qui eût fait une publicité méthodique dans sa clientèle et qui eût eu un étalage bien compris à des prix raisonnables.

La question du bénéfice des libraires nous amène à parler de celle des *Remises* : nous avons dit qu'il fallait que l'éditeur français puisse donner au libraire étranger la même marge de bénéfice que celui-ci trouverait sur un livre d'autre origine, et malheureusement cela n'est pas vrai quand nous nous plaçons sur le terrain de la comparaison avec l'Allemagne.

De tout temps, l'éditeur allemand a produit meilleur marché que l'éditeur français, parce qu'il a à sa disposition des imprimeries mieux outillées, le papier moins cher, le cartonnage établi beaucoup meilleur marché dans de puissantes usines munies d'une organisation et de machines modernes ; et comme, avant la guerre, il vendait à un prix équivalent à celui du livre français ou même un peu supérieur, il lui restait une marge beaucoup plus grande qu'à nous entre le prix de revient et le prix de vente. C'est cela qui lui permettait de faire plus de publicité pour ses livres, de faire une remise plus large aux libraires détaillants, et de mettre, — sans hésiter sur les pertes que cela entraîne souvent, — ses livres *en dépôt* de tous côtés.

Nous ne pouvons pas dire que la situation soit restée exactement la même; certes l'éditeur allemand ne jouit plus de toutes les facilités qu'il avait avant guerre, mais de notre côté les difficultés ont encore augmenté : nous nous sommes trouvés en face de telles majorations de prix sur le papier, sur l'impression, sur la fabrication des clichés, sur le cartonnage, sur les frais généraux, que nous avons eu l'impression que nos livres ressortaient à des prix de revient aboutissant à des prix de vente prohibitifs, et la nécessité s'est fait sentir pour nous, impérieuse, de réduire tout ce qui était compressible dans les frais de fabrication, dans ceux d'exploitation, dans notre bénéfice, pour que nos livres puissent ne pas effrayer par leur prix les acheteurs français, et surtout qu'il puissent lutter à l'étranger avec des livres produits par ailleurs dans des conditions plus économiques.

Beaucoup de nos auteurs ont compris l'intérêt qu'ils avaient à ce que le prix des livres restât accessible et, en même temps que l'éditeur, ont fait des sacrifices pour diminuer le prix de vente ; d'autres malheureusement, tenant à rester sur le terrain des conventions faites avant guerre dans des conditions économiques si différentes, n'ont pas su faciliter à leurs éditeurs l'effort que ceux-ci faisaient pour limiter au strict minimum la majoration des prix.

Les éditeurs français ont donc actuellement une marge trop faible entre le prix de revient et le prix de vente pour pouvoir traiter avec la largeur voulue les frais d'exploitation, c'est-à-dire les dépenses de publicité, les crédits aux intermédiaires, les remises aux libraires; et, quand les conditions économiques se seront améliorées, il faudra qu'ils pensent à se forger des armes de concurrence commerciale égales à celles des Allemands, avant même de chercher à faire tomber le prix des livres.

Actuellement, nous avons ouvert des comptes à tous les libraires étrangers qui l'ont demandé; nous avons partout envoyé des ouvrages en dépôt, et nous nous sommes efforcés d'accorder des crédits fort longs dans les pays qui ne peuvent que difficilement nous payer. Mais quand nous comparons notre effort à l'organisation de la librairie allemande, nous constatons que nous avons encore beaucoup à faire : il serait souhaitable que les éditeurs français puissent, dans une entente générale, élaborer une organisation commune pour tout ce qui concerne les dépôts à l'étranger; nos correspondants sont trop souvent gênés par les différences qui existent entre les divers éditeurs français dans leur manière de procéder au règlement des dépôts, et, de ce côté, il faut bien le dire, nous aurions intérêt à nous inspirer des méthodes allemandes.

Il me reste à traiter la question de la publicité proprement dite, dont je me suis trop souvent écarté pour examiner les éléments qui peuvent contribuer à la propagande ou la gêner selon les cas, et, dans ce domaine, je me limiterai strictement à ce qui concerne la médecine.

La publicité des livres peut se faire de trois manières différentes :

par les analyses dans les journaux et revues ;
par l'envoi des prospectus à des personnes qualifiées ;
par la diffusion des catalogues.

Il est d'un usage à peu près constant, dans les milieux médicaux, que tout ouvrage dont un journal reçoit deux exemplaires soit annoncé ou analysé ; les éditeurs de médecine trouvent donc là un mode de publicité facile, bien que l'envoi de deux cents ou trois cents exemplaires d'un livre, souvent d'un prix élevé, constitue une dépense de quelque importance. Ce que l'on peut reprocher à cette publicité, c'est qu'elle est éphémère, les lecteurs des journaux ne notant pas toujours immédiatement le titre du livre qui peut les intéresser, et si leur mémoire n'est pas stimulée par une annonce qui succède au compte rendu, trop souvent l'intention d'acquérir le livre reste à l'état de projet. Il est donc nécessaire d'appuyer la publicité que font les analyses bibliographiques, par des annonces payantes qui paraissent dans les mêmes journaux ; c'est grâce à elles que, dans certains pays où le livre français ne pénétrait que difficilement, comme les Pays-Bas et la Norvège, par exemple, nous sommes parvenus à créer un mouvement intéressant pour le livre de médecine français.

La publicité par l'envoi direct à domicile d'un prospectus contenant l'annonce des livres et la reproduction des articles bibliographiques est plus efficace. Les listes de médecins sont faciles à établir par les annuaires qui paraissent chaque année ; il est même aisé de classer les médecins par spécialités (chirurgiens, accoucheurs, médecins d'enfants, radiologues, etc.) et de n'envoyer, à chacun d'eux, que les prospectus des livres qui peuvent les intéresser. Cette méthode, qui nécessite une organisation spéciale et coûteuse, si l'on veut que les listes d'adresses soient toujours tenues à jour, est certes la meilleure, si l'on ne peut aller jusqu'à celle qu'employaient, sinon les éditeurs allemands, du moins les grands commissionnaires de Leipzig et de Berlin et tous les libraires bien organisés dans les pays germaniques : ils envoyaient à leurs clients, bien classés sur leurs listes, non seulement des prospectus, mais les livres eux-mêmes *à condition*. Rien ne peut mieux solliciter l'acheteur que d'avoir le livre sur sa table, de pouvoir le feuilleter et de se rendre compte des services qu'il peut rendre. Malheureusement, cette méthode présente de sérieux inconvénients. Le libraire, pour pouvoir envoyer le livre en communication à ses clients, doit disposer d'un grand nombre de volumes en dépôt, livres qui ne rentrent quelquefois qu'après de longs délais, souvent défraîchis et qui constituent en fin de compte *des bouillons* pour l'éditeur.

Or, en médecine, jamais une édition nouvelle n'est la reproduction de la précédente, de telle sorte que, quand une troisième édition paraît, les exemplaires de la deuxième n'ont plus que la valeur du papier. Dans ces conditions, si le libraire correspondant n'est ni très soigneux, ni très bien organisé, les volumes envoyés en communication à ses clients et non conservés par eux, ne reviennent *comme retour* à l'éditeur que lorsque l'édition suivante est parue, et constituent pour lui une perte sèche souvent supérieure au bénéfice qu'il doit trouver sur l'édition entière.

En France, où l'expansion des livres de médecine n'est pas considérable et où, par suite, les éditions ne sont tirées que très exceptionnellement à de gros nombres, ce mode de propagande n'a pas pu se généraliser et son développement dépend d'une série de mesures générales qui réglementeraient les conditions de dépôt à l'étranger.

L'envoi périodique de catalogues a constitué de tout temps le mode de propagande le plus courant chez les éditeurs, et il n'est pas de maison qui, une fois ou deux par an, ne fasse le service, à ses correspondants, d'un catalogue mis à jour contenant les nouveautés parues dans les derniers mois. Ces catalogues, conservés par les intéressés, constituent un document précieux pour chercher tel livre devenu nécessaire; mais que les recherches y sont laborieuses, quand, pour trouver un livre dont on ne connaît que le titre ou le nom d'auteur, il faut consulter successivement les catalogues de tous les éditeurs, et combien il serait plus facile de n'avoir qu'un catalogue contenant tous les livres de médecine!

C'est ce qu'ont compris et essayé de réaliser un certain nombre d'éditeurs de médecine de Paris, faisant partie du Syndicat des Éditeurs : ils se sont groupés pour éditer à frais communs un catalogue général de leurs productions globales, où les ouvrages sont classés méthodiquement, de façon que les recherches y soient faciles.

Les ouvrages y sont annoncés en même temps par spécialité et par ordre alphabétique; le nom de l'éditeur n'est mentionné que par un simple monogramme, qui permet de s'adresser directement à lui, si le client ne peut ou ne veut s'adresser à un libraire de la ville pour faire venir le livre qu'il a choisi, ce qui devrait être la règle absolue.

Ce catalogue, qui donne, aussi complètement que cela a été possible, l'ensemble de la production des éditeurs de médecine, paraît tous les ans et est envoyé à tous les libraires de l'univers qui vendent des livres de médecine, en même temps qu'à un très grand nombre de médecins étrangers dans tous les pays du monde.

Par le nombre de demandes qui nous sont faites de ce catalogue, nous avons acquis la conviction qu'il est un organe de diffusion puissant et nous conseillons bien vivement aux éditeurs qui publient des livres visant une même catégorie d'acheteurs, d'imiter l'initiative que nous avons prise; elle est onéreuse, mais nous sommes persuadés que le groupement des livres des différents éditeurs profite à chacun d'eux, en donnant mieux à l'étranger l'impression de ce qu'est la science française et des ressources que l'on peut en tirer.

Terminons en invitant nos gouvernants à ne rien négliger pour faciliter la production économique du livre français et pour assurer sa diffusion. Depuis bien des années, les Allemands avaient compris que le livre était le grand moyen pour un peuple de s'imposer, non seulement intellectuellement, mais même économiquement et avaient créé, pour sa diffusion, des privilèges spéciaux. Le livre est non seulement le véhicule de la pensée, mais il est celui de tous les échanges et, puisque nous sommes sur le terrain médical, affirmons que c'est le livre de médecine français qui fait venir des malades dans nos villes d'eaux, qui fait vendre les spécialités pharmaceutiques, les instruments de chirurgie; c'est lui qui fait venir en France des étrangers qui contribuent, par leurs dépenses sur notre sol, à la prospérité de notre pays.

III

LES OUVRAGES DE TECHNOLOGIE

RAPPORT PRÉSENTÉ PAR M. HENRI DUNOD, ÉDITEUR

Messieurs,

La *production du livre de technologie*, que nous avons reçu mission de traiter devant vous, est liée, comme toute production industrielle, à l'intensité du commerce dont elle est l'objet, intensité qui dépend elle-même, d'une part du *prix*, d'autre part de la *vente*. Nous étudierons donc ces deux éléments dans l'ordre où nous les avons énoncés en laissant de côté ce qui s'applique à l'édition en général, et dont votre éminent rapporteur général, M. Max Leclerc, vous a entretenus, pour insister sur les particularités de l'édition technologique.

PRIX DU LIVRE

La question primordiale est l'établissement du *prix de revient* et les facteurs qui interviennent pour la fixation du prix de vente en fonction du prix de revient.

Le *prix de revient* est influencé par le prix du travail (impression, brochage, cartonnage et illustration), par le prix des matières premières (papier et toile), enfin par l'importance des corrections que peut rendre nécessaires l'insuffisance du manuscrit de l'auteur.

Pour *le prix du travail*, nous ne pouvons qu'exprimer l'espoir qu'il diminuera en même temps que le coût de la vie et à la condition que les industriels, avec lesquels nous traitons, ne prélèvent sur le travail, qu'ils payent à leurs ouvriers et qu'ils nous vendent, qu'un bénéfice raisonnable.

Nous n'avons pas besoin d'insister sur l'importance particulièrement grande de l'élément « travail » dans les ouvrages de technologie en raison des caractères spéciaux, des formules et des tableaux de chiffres qu'ils comportent.

Pour *les matières premières*, les prix dépendent du relèvement de notre industrie nationale, de l'amélioration de notre change et aussi du souci qu'apportera le gouvernement à assurer au meilleur compte leur achat à l'étranger et leur introduction dans notre pays.

Pour *les frais supplémentaires d'impression* résultant de l'insuffisance du travail fourni par les auteurs, c'est à nous à nous entendre avec ces derniers pour les réduire. La commission « auteurs-éditeurs » a admis le principe d'un pourcentage maximum de dépenses de correction accordé aux auteurs, et nous devons à la justice de reconnaître que c'est du côté des auteurs eux-mêmes que nous en est venue la très équitable proposition.

Le *prix de vente* résulte du prix de revient multiplié par un coefficient qui dépend lui-même : 1° de la nature de l'ouvrage et du risque de mévente plus ou moins grand qui en est la conséquence ; 2° de la remise faite aux libraires ; 3° des droits d'auteurs ; 4° des frais généraux de l'éditeur ; enfin, 5° du bénéfice éventuel de l'éditeur.

1° Le livre de technologie s'adresse à une clientèle restreinte *dans l'espace* et *dans le temps*.

Dans l'espace, car il est évident que si, sur cent personnes passant devant un étalage, il y en a quatre-vingts à qui leur instruction permette d'acheter un ouvrage de littérature d'imagination, il n'y en a pas dix qui soient susceptibles de s'intéresser aux livres de technologie en général, et, parmi ces dix, il y a bien des chances pour qu'il n'y en ait pas plus d'une (si même il y en a une) qui s'occupe de la branche spéciale de technologie que traite un ouvrage déterminé. Les proportions que je viens de citer, seulement à titre de comparaison, ne signifient pas, naturellement et malheureusement, que sur cent personnes passant devant un étalage il y en aura quatre-vingts qui achèteront l'ouvrage de littérature d'imagination, ni *une* qui se précipitera sur le livre de technologie.

Notre clientèle est restreinte *dans le temps*, parce que l'évolution constante et rapide de l'industrie ne permet généralement pas de considérer un livre qui a quatre ou cinq ans de date comme étant au courant des derniers progrès.

Il résulte de ce qui précède que chaque édition d'un livre de la catégorie qui nous occupe ne peut être tirée qu'à un nombre restreint d'exemplaires. Par conséquent, une part importante des frais de composition (qui, comme nous l'avons vu, sont très élevés) doit être supportée par chaque exemplaire.

2° La répercussion de *la remise faite aux libraires*, sur le coefficient qu'il convient d'appliquer au prix de revient pour avoir le prix de vente d'un livre, est évidente, mais on se trouve là en présence de deux ordres de faits contradictoires. Plus le prix de vente sera élevé, moins la clientèle sera disposée à acheter le livre, et d'autre part plus la remise des libraires sera forte, plus leur profession sera rémunératrice, plus grand sera leur nombre et plus étendue sera la diffusion du livre.

Pour les ouvrages de technologie on peut dire, toutes choses égales d'ailleurs, qu'une différence de prix de vente peu considérable n'a guère d'importance sur l'écoulement, car les intérêts mis en jeu dans l'industrie sont hors de proportion avec le prix d'un bon livre. Par contre, il ne suffit pas que le nombre des libraires augmente pour que la diffusion utile des livres de technologie profite du même accroissement, car cette catégorie d'ouvrages demande, de la part des vendeurs, un ensemble de connaissances techniques, superficielles à la vérité, mais très étendues, qu'on ne trouve pas chez tous les patrons libraires et que ceux-ci, même s'ils les possèdent, ne peuvent transmettre à leurs employés que par une action personnelle prolongée.

Conclusion spéciale aux livres de technologie : il faut, pour que les éditeurs puissent augmenter la remise des libraires (et par contre-coup les prix de vente), que les libraires eux-mêmes ou leurs employés aient d'abord montré qu'ils possèdent les capacités nécessaires pour la vente des ouvrages de cette catégorie.

3° Quand on étudie la question *des droits d'auteur* on ne peut pas ne pas être frappé du fait que, lorsqu'ils sont déterminés par un « tant pour cent » sur le prix de vente, l'auteur est d'autant mieux rémunéré que l'imprimeur, le dessinateur et le photograveur font payer leur travail plus cher, que le prix du papier augmente, que la remise aux libraires est plus forte et, chose paradoxale, que l'auteur lui-même a fait un travail moins complet en remettant un manuscrit qui n'est pas au point et en augmentant par conséquent les dépenses de composition et de dessin. Naturellement, le prix de vente est également influencé par l'augmentation de la rémunération de l'auteur, et dans le même sens qu'elle, ce qui est vraiment anormal, lorsque cette augmentation est la conséquence des faits que nous venons d'énumérer.

Une conclusion rigoureuse, tirée des considérations précédentes, amènerait à abandonner le « tant pour cent » sur les prix de vente actuellement usité pour les droits d'auteur, mais cette question met en jeu des intérêts si divers et rompt avec des usages si bien établis qu'il n'est pas possible d'y apporter une solution hâtive. D'ailleurs, la limitation des dépenses de correction acceptée par les auteurs fait disparaître l'un des inconvénients principaux du mode de rémunération généralement en usage.

4° Naturellement la réduction des frais généraux est l'une des préoccupations essentielles de l'éditeur, mais la situation économique actuelle (augmentation des salaires résultant de la vie chère, augmentation des frais locatifs, surtout augmentation des impôts et incertitude de ce qu'ils seront demain, puisqu'on n'a pas hésité récemment à envisager comme possible le doublement de l'impôt, déjà si lourd, sur le chiffre d'affaires) les a fait croître dans une proportion considérable sur le taux de laquelle il ne sera pas possible d'être fixé avant plusieurs années.

5° Il appartient à l'éditeur, seul, de déterminer le pourcentage de *ses bénéfices* par rapport à son chiffre d'affaires et il est évidemment impossible de donner aucune directive dans cet ordre d'idées. Il convient seulement de signaler qu'un éditeur ne peut calculer son bénéfice par ouvrage, mais seulement sur l'ensemble de sa production, car la publication d'un livre qui n'a pas de succès aboutit à une perte qui doit naturellement être compensée par ceux qui réussissent. En ce qui concerne spécialement l'édition des livres de technologie, il y a lieu de noter que le bénéfice *réel*, c'est-à-dire celui que l'on a retiré de la vente d'un ouvrage au moment où il n'est plus à jour et où, par conséquent, sa vente cesse d'une façon absolue, est très sensiblement inférieur au bénéfice *théorique*, c'est-à-dire celui qui serait réalisé si la totalité de l'édition était vendue.

VENTE DU LIVRE

Le prix du livre étant déterminé par les considérations précédentes, il reste à examiner les conditions à remplir pour assurer le mieux possible sa diffusion en France et à l'étranger, par l'intermédiaire des libraires et dans la clientèle directe.

En *France*, la *diffusion par l'intermédiaire des libraires* est fonction du nombre de ceux-ci, de leur compétence, enfin du soin avec lequel les éditeurs les tiennent au courant de leurs nouveautés, en même temps (pour la technologie) que de la clientèle particulière à laquelle s'adresse chacune d'elles.

Le nombre des libraires croîtra si l'exercice de leur profession est rémunérateur et, par conséquent, si la remise qui leur est faite augmente. Mais, comme nous l'avons vu précédemment, cette remise ne peut augmenter pour nos livres que si la compétence des vendeurs se tient à hauteur des efforts que les éditeurs sont tout disposés à faire en leur faveur. Cela amène logiquement, pour les éditeurs de technologie, à admettre le principe de remises différentes suivant l'importance du chiffre d'affaires réalisé par chacun de leurs correspondants libraires.

Les crédits faits aux libraires, ainsi que la fourniture d'ouvrages en dépôt, constituent aussi des moyens propres à développer la librairie de détail. Seulement, il convient d'attirer l'attention de ceux qui seraient disposés à trouver que nous ne sommes pas assez larges sur le fait que nos fournisseurs qui, avant la guerre, acceptaient normalement d'être payés à quatre-vingt-dix jours de fin de mois, nous ont demandé, pendant la guerre, de les régler à trente jours de fin de mois et que la plupart d'entre eux ont conservé cette habitude. A la vérité, on a pu noter, ces tout derniers temps, le retour de quelques fournisseurs aux usages anciens, mais il s'en faut, et de beaucoup, que ce soit la majorité. Or, la diminution des délais de payement a nécessité, de notre part, une augmentation des capitaux immobilisés et il serait difficile à nombre d'entre nous d'accroître encore cette immobilisation en acceptant un ajournement du règlement des libraires.

La fréquence et l'intimité des relations professionnelles entre les éditeurs et les libraires a été, jusqu'à présent, laissée à l'initiative des éditeurs dont les modes d'action étaient très divers. L'organisation définitive de la Maison du Livre permettra de régulariser et d'accroître ces relations au plus grand profit des deux parties, mais il faut, naturellement, que nous nous efforcions les uns et les autres de faciliter son action, en venant à elle toujours plus nombreux.

Les procédés de diffusion dans la clientèle directe sont variables suivant chaque catégorie de livres. La publicité dans les quotidiens, qui donne quelques résultats pour la littérature d'imagination parce que toutes les personnes sous les yeux desquelles tombe l'annonce savent lire et sont, par conséquent, susceptibles de s'intéresser à un tel ouvrage, manque absolument d'efficacité pour les livres de technologie. Par contre, un livre de cette dernière catégorie peut être signalé, à la plus grande partie des acheteurs possibles, par le moyen de circulaires, envoyées directement à une série d'adresses fournies par certaines agences de publicité. Mais, quoi que l'on fasse, c'est le libraire qui est le principal agent de diffusion, et c'est à lui faciliter l'exercice de sa profession que doivent surtout tendre nos efforts.

La *diffusion à l'étranger* a été traitée, d'une façon si complète, par M. le rapporteur général Max Leclerc, que nous n'avons rien à ajouter à ses observations ni à ses conclusions. Nous nous bornerons à insister sur le fait qu'un livre de technologie, rédigé dans une langue quelconque, peut être utilisé par un ingénieur dès l'instant qu'il a acquis un vocabulaire de quelques centaines de mots techniques. Il en résulte que dans les pays de langue slave, dans lesquels l'influence française était, autrefois, prépondérante, notre librairie technologique ne résiste qu'avec peine à la librairie allemande de même nature. S'il n'en est pas encore de même dans la plupart des pays de langue latine où la similitude des idiomes nous crée, par rapport aux Allemands, une situation privilégiée, il ne faudrait cependant pas que nous croyions la bataille gagnée; la lutte continue, ardente, obstinée, avec un adversaire qui a érigé à la hauteur d'un dogme la prédominance du but sur les moyens.

IV

LA LIBRAIRIE DE DÉTAIL DANS SES RAPPORTS AVEC LE PUBLIC ET LES ÉDITEURS

RAPPORT PRÉSENTÉ PAR M. LÉON MICHAUD

Libraire à Reims, Président de la Chambre syndicale des Libraires de France

---

Lorsqu'un livre est écrit, son auteur, s'il veut le faire connaître le porte chez un éditeur, qui va, en lui donnant une forme et un présentation appropriées, lui permettre de courir le monde. Mais, si bien armé soit-il pour ce grand voyage, si habilement soit-il lancé par l'éditeur, ce livre ne parviendra sûrement aux mains de ceux pour le délassement ou l'instruction desquels il a été écrit, que s'il est en quelque sorte conduit, et introduit, par un guide averti : ce guide, cet introducteur nécessaire, c'est le libraire.

Comment le libraire remplira-t-il alors la mission qui lui est dévolue? Et comment aussi l'éditeur, entre les mains de qui un auteur a confié l'avenir de son enfant, obtiendra-t-il la garantie que cet intermédiaire, dont la collaboration lui est indispensable, remplira son rôle éxactement ?

I. RAPPORTS AVEC LE PUBLIC. — Pour répandre autour de lui les livres qui se publient dans toutes les branches des connaissances humaines, le libraire dispose de moyens d'action *matériels* et *moraux*.

a) *Moyens matériels*. — Chez lui d'abord : c'est la disposition habile donnée à l'étalage, qui doit frapper le passant, et l'arrêter en forçant son attention ; — c'est le soin qu'il prend de tenir la curiosité de ce passant en éveil par la variété de cette exposition soigneusement tenue à jour, et devant laquelle, celui qui se sera un jour laissé arrêter, reviendra jusqu'à en prendre l'habitude.

Derrière l'étalage, une ingénieuse disposition intérieure, le classement méthodique d'un assortiment judicieusement composé offrira immédiatement à l'acheteur, qui aura franchi le seuil, les ouvrages de fonds, les spécialités, auxquels il s'intéresse, et qu'il atteindra de lui-même, par delà les nouveautés, par delà les livres que, pour une raison ou pour une autre, le libraire aura placés en vedette sur son passage.

Mais tout le monde ne passe pas devant la boutique du libraire, tout le monde hélas n'y entre pas. La flânerie, complice bénévole, n'est pendant les heures ouvrables permise qu'à une catégorie de privilégiés ; à l'heure où elle pourrait conduire le plus de monde vers les librairies, celles-ci sont aujourd'hui le plus souvent fermées.

Le libraire ira donc à ceux qui ne viennent pas à lui : il leur enverra catalogues et prospectus ; renseigné sur leurs goûts ou leurs besoins, il les sollicitera à domicile par des visites ou des envois en communication.

Tout ceci ne représente qu'une organisation purement matérielle, mais exigeant déjà de la part du chef de maison, outre les qualités d'un bon commerçant, une intelligence spéciale, une compréhension rapide à la fois des tendances communes à telle ou telle catégorie d'individus, et des penchants particuliers de celui-ci ou de celui-là.

b) *Action morale.* — Ici commence l'influence morale du libraire ; influence capable de donner, si elle est maniée avec tact, les plus heureux résultats, et dont l'importance justifierait pleinement, s'il le fallait, l'obligation d'un contrôle préalable à l'installation de celui qui aura à l'exercer.

Connaissant ses livres, et connaissant sa clientèle, le libraire dispose d'une *autorité incontestable.* Pour un client sachant exactement ce qu'il achètera, dix demanderont un avis, et, à défaut, choisiront au hasard.

Le hasard est un bien mauvais guide au milieu de l'énorme production imprimée : ceux qu'il aura mal inspirés se lasseront ou se dégoûteront ; tandis que bien conseillés par le libraire qui, sans être universel, aura assez d'esprit pour leur présenter ce qui doit leur convenir, ils garderont le goût des livres.

L'éditeur, par une publicité raisonnée, et plus ou moins large selon les circonstances, signale bien à l'attention du public l'ouvrage qu'il veut lancer ; mais, si intense soit cette publicité, si habile soit-elle, elle n'en est pas moins éphémère : elle ne produira tout son effet que si elle est en quelque sorte *complétée* et *prolongée* par le libraire. L'annonce a ceci d'éminemment utile qu'elle va toucher à domicile une quantité innombrable d'individus qui n'auraient peut-être pas été atteints autrement ; elle est pour le libraire (et elle doit être) un auxiliaire : sans lui elle serait en partie stérile, avec lui elle aura toute son efficacité parce que le lecteur trouvera par lui, immmédiatement à sa portée, le livre annoncé, qu'il le pourra feuilleter, ou le trouvera placé sous ses yeux au moment où il allait l'oublier.

c) *Compétence professionnelle.* — Le rôle que le libraire est ainsi appelé à jouer, et qu'il doit obligatoirement jouer pour la propagation des lettres et de la pensée française, n'est pas à la portée de tout le monde. Il y a là un *métier*, très accessible sans doute, mais *qui a besoin d'être su* par le patron d'abord, et par l'employé ensuite ; nul ne saurait l'exercer comme il convient s'il ne possède une préparation intellectuelle suffisante, et une éducation professionnelle convenable.

Il ne suffit pas en effet de connaître, par exemple, la littérature ancienne et moderne, il faut encore savoir par qui et comment ont été éditées les œuvres des principaux écrivains, et discerner l'édition qui répondra le mieux à la demande de l'amateur pour la lui proposer. Il faut encore savoir comment on fabrique un livre, comment on le relie, et ne pas ignorer les différents procédés d'illustration; savoir en un mot reconnaître, pour en discuter avec l'acheteur et les lui faire apprécier, les qualités d'une édition.

Enfin, il faut savoir utiliser les ouvrages de bibliographie, les catalogues, les compléter par des répertoires personnels soigneusement tenus à jour, de manière à pouvoir toujours faire connaître sur n'importe quelle question littéraire ou scientifique le livre désiré.

On croit trop communément que le métier de libraire est parmi les plus faciles, et que les livres se peuvent débiter comme des morceaux de sucre ou des paquets de tabac. Certes il n'est heureusement pas nécessaire de savoir expliquer les théories d'Einstein, encore faut-il ne pas ignorer tout à fait le problème qu'elles abordent ; car le libraire n'a pas le droit d'ignorer ce qui se passe dans le monde intellectuel : il doit savoir ce qu'on peut lui demander, savoir ce qu'il vend, et savoir aussi à qui il peut vendre.

On s'est préoccupé d'ailleurs depuis longtemps des moyens de perfectionner la formation professionnelle indispensable, et la question a été portée à plusieurs reprises devant le Congrès international des Editeurs.

Le Cercle de la Librairie a créé des « cours pratiques », complétés par un enseignement littéraire approprié, où un grand nombre de jeunes gens ont déjà reçu une préparation qui leur permet, l'expérience aidant, d'exercer avec compétence le métier de libraire.

Le *Bulletin de la Maison du Livre* a entrepris par ailleurs la publication d'une série d'articles, qui seront à n'en pas douter de la plus grande utilité pour l'ensemble de la corporation.

Mais il semble qu'il y ait encore beaucoup à faire dans ce sens : beaucoup à faire également pour permettre au libraire de bonne volonté, déjà muni du bagage professionnel indispensable, de rendre tous les services qu'on peut attendre de lui : ceci appartient aux éditeurs.

d) *Moyens d'information.* — Les éditeurs peuvent simplifier le travail du libraire en perfectionnant les moyens d'information mis à sa disposition, en le renseignant mieux sur les ouvrages au sujet desquels il sera lui-même questionné par sa clientèle. Les formules lapidaires imprimées sur la bande des nouveautés sont à coup sûr bien faites pour tenter le public (quitte à l'attraper de temps en temps), mais les indications qu'elles contiennent sont parfois un peu fantaisistes. Une courte analyse, comme ont coutume d'en envoyer quelques maisons, permet de voir à quel genre de clientèle le livre s'adresse, et cette façon de faire serait généralisée utilement pour le libraire, qui n'a pas le droit d'induire sa clientèle en erreur.

Sans craindre de répéter les choses les plus élémentaires, l'éditeur ne doit pas craindre d'adresser à ses correspondants des instructions précisant les catégories d'acheteurs auxquels doivent être offerts les ouvrages décrits, et rappelant ce qui, parmi les publications déjà anciennes, peut être à propos d'un événement, d'un fait nouveau, représenté au public. Le libraire le plus attentif ne pensera pas à tout, mais profitera toujours des indications qui lui seront fournies. Obligé de payer constamment de sa personne, absorbé par de multiples détails, il a besoin de trouver à sa portée avec un minimum d'effort, au moins pour les livres courants, tous les éléments d'information, réservant ainsi plus utilement son temps pour d'autres recherches.

Peu de temps avant la guerre, un groupe de jeunes éditeurs avait entrepris de créer une série de catalogues de spécialités, groupant dans un ordre systématique tous les ouvrages épars dans les innombrables catalogues publiés isolément par chaque maison d'édition. La réalisation en a été suspendue par la guerre, elle devra être reprise. Ces catalogues de spécialités rendraient les plus grands services aux libraires; judicieusement distribués par eux dans leur clientèle, ils favoriseraient la vente d'une étonnante quantité d'ouvrages mis en valeur par leur rapprochement.

Le jour où chaque ville de France possédera au moins un libraire connaissant bien son métier, et où une organisation générale bien comprise mettra toujours celui-ci en possession d'une documentation claire et complète, ce sera pour les auteurs et pour les éditeurs : l'âge d'or.

Nous n'en sommes, malheureusement, pas encore là. La Maison du Livre peut, dans un avenir prochain, nous apporter l'organisation; mais en face de cette organisation il faut des libraires, et ce n'est pas elle qui suffira seule à relever le niveau d'une profession dans laquelle il manque trop souvent des compétences.

e) *Recrutement professionnel.* — Pourtant le métier de libraire est attrayant; il présente un côté intellectuel assez séduisant pour attirer des gens cultivés. Pourquoi donc cette profession n'est-elle pas toujours, tant s'en faut, représentée comme elle devrait l'être? Parce qu'elle n'offre pas à celui qui l'embrasse un avenir assez sûr.

De même que l'Université se voit abandonnée par les jeunes agrégés auxquels elle ne peut assurer un traitement suffisant, de même la librairie ne verra venir à elle les compétences désirables que le jour où elle sera en mesure de leur offrir une rémunération convenable.

La culture préparatoire, les connaissances professionnelles, l'outillage bibliographique, les fonds nécessaires à l'installation et à l'entretien d'une maison de détail, représentent un capital qui doit, puisqu'il est placé dans le commerce, rapporter proportionnellement à sa valeur. Or, quelle est l'unique source des bénéfices dans ce commerce où le vendeur ne peut discuter ni son prix d'achat ni son prix de vente? C'est la commission qui lui est allouée par l'éditeur.

Si la propagation du livre français est liée à l'existence d'une armée permanente de libraires largement déployée à travers le pays (et complétée par un bataillon de pionniers travaillant à l'étranger), le recrutement approprié de cette armée dépend de la façon dont ses soldats seront équipés, soutenus et ravitaillés.

Ceci m'amène à examiner les devoirs des éditeurs envers les libraires.

II. Rapport avec les éditeurs. — a) *Le libraire doit être protégé.* L'éditeur doit *protection* au libraire contre les parasites, qui, sous des apparences d'utilité, anémient profondément notre profession.

J'appelle *parasites* ceux qui se jettent uniquement sur le livre à succès, sur le livre réclamé par la foule, qui, bon ou mauvais, se vend tout seul, et en qui ils voient une source immédiate de profit sans effort.

Par une étrange anomalie, en effet, le bénéfice que laisse la vente d'un livre est en proportion inverse de l'effort ou de la capacité que le vendeur aura à déployer. « L'Art de tirer les cartes » ou « les Moyens de se faire aimer », rapporteront quelquefois 50 p. 100, le roman-ciné ou la nouvelle graveleuse 40 p. 100, le roman sérieux 33 p. 100, l'ouvrage littéraire ou artistique 25 p. 100, le livre scientifique 20 et même 10 p. 100.

J'appelle donc parasites ceux qui enlèvent précisément aux libraires ce qui, quoique n'étant pas la partie la plus intéressante de leur commerce, est du moins celle qui, sans lui demander un effort particulier, lui assurerait un gain journalier lui permettant de supporter les sacrifices que comporte actuellement l'exploitation des branches sérieuses, mais trop peu rémunératives pour ne pas dire onéreuses, de la librairie.

Les éditeurs ont donc le devoir : ou de renverser le système actuel des remises, pour réserver les plus fortes aux catégories d'ouvrages dont la vente exige plus de travail et de compétence; ou de faire en sorte que le libraire ne soit pas victime de cet espèce de braconnage, qui le prive d'un revenu indispensable à son existence.

Loin de moi d'ailleurs la pensée de vouloir limiter le nombre des libraires : la concurrence entre gens instruits de leur métier ne peut qu'entretenir la plus utile émulation. Le livre, au surplus, n'est pas une marchandise qui s'offre au rabais : le rôle du vendeur étant de le faire apprécier, et non de le déprécier. Je voudrais donc seulement qu'on trouvât le moyen d'assainir notre corporation en éliminant les incapables qui, sans servir en aucune façon la cause du livre, compromettent l'existence de ses défenseurs les plus qualifiés, et sont en réalité à ceux-là, ce que le ver est au fruit. Autrement dit, je voudrais que soient nettement *favorisés* et *protégés* les vrais libraires, de manière à leur permettre d'acquérir dans l'exercice normal de leur profession une situation plus en rapport avec le rôle qu'ils ont à remplir, et de manière à attirer par cela même vers cette profession ceux qui lui feraient honneur.

Mais j'ajouterai, que le libraire le plus qualifié ne doit pas considérer comme indigne de lui la vente des collections populaires ou des publications à bon marché. Non seulement il y trouvera un bénéfice quotidien qui ne lui demandera d'autre effort qu'une organisation purement matérielle, mais encore il facilitera par là l'accès de sa maison. Quiconque entrera chaque jour pour acheter soit un journal, soit un roman bon marché, ne manquera pas de jeter un coup d'œil sur les livres étalés autour de lui; familier de la maison, il n'hésitera pas à les feuilleter, et ceux qui aujourd'hui ne l'intéressent pas encore, le tenteront peut-être demain : le passant deviendra client.

b) *Il doit être mieux rémunéré.* — L'éditeur doit encore assurer au libraire une rémunération correspondant réellement à la valeur de sa collaboration : faute d'une rémunération suffisante, les compétences ne viennent pas ou s'évadent, l'effort se détourne ou se ralentit. Les remises doivent donc être assez larges pour assurer au libraire un bénéfice lui permettant de se consacrer exclusivement à son métier, sans se voir obligé de distraire au profit d'articles accessoires, plus ou moins éloignés du livre, la meilleure partie de son activité.

Celui qui, aujourd'hui, fait uniquement commerce de livres végète. Les libraires d'Alsace redevenus Français ne se sont-ils pas vus aussitôt dans l'obligation de réclamer, pour subsister, une majoration du prix marqué de 10 p. 100 à leur profit parce qu'ils ne vendaient que des livres? Il y a là quelque chose d'autant plus saisissant qu'il s'agit précisément d'un groupe de libraires sérieux. N'est-il pas cependant désirable que le livre soit toujours l'unique préoccupation du libraire, tout au moins sa préoccupation dominante?

Dans l'intérêt même du livre il ne faut donc pas que le libraire végète : il doit, non seulement pouvoir vivre, mais faire figure honorable. Dans un pays qui, par ses penseurs et ses écrivains, s'est acquis dans le monde un prestige auquel on ne doit pas laisser porter atteinte, les librairies doivent pouvoir se montrer en bonne place aussi bien que les magasins des parfumeurs ou des chemisiers, il serait inadmissible qu'elles fussent reléguées dans des échopes. Leur exploitation doit leur procurer les moyens de s'ouvrir largement sur les voies les plus fréquentées, de s'organiser selon les méthodes modernes, d'entretenir un personnel compétent; le résultat matériel doit légitimer la préparation nécessaire, et valoir l'effort et la capacité de ceux qui sont appelés à les diriger.

c) *Il doit être aidé.* — Le libraire, enfin, doit être aidé par l'éditeur, et non concurrencé par lui. Au risque de soulever quelques protestations, je dirais volontiers que partout où l'éditeur est en relations avec un libraire, il doit s'interdire toute vente directe aux particuliers.

Que l'éditeur ait recours à la publicité, qu'il fasse connaître ses éditions par tous les moyens en son pouvoir, il est dans son rôle; mais cette publicité doit tendre uniformément, et quelques-unes de nos plus grandes maisons d'édition l'ont bien compris, à envoyer le public chez le libraire. L'éditeur a tout à y gagner, le public aussi.

On se plaint souvent, en province, de ne pas trouver près de soi une librairie bien achalandée, et on ne se rend pas compte que, si au lieu d'envoyer ses commandes à Paris, on prenait l'habitude de s'adresser au libraire de sa résidence, celui-ci serait amené immédiatement à élargir son assortiment. Dans une petite ville, le libraire, peut-être trop timoré, hésitera à commander des collections pour lesquelles il craint de n'avoir pas d'amateurs, et dont il aurait à acquitter en pure perte les frais de transport; stimulé par quelques commandes, encouragé par la visite de quelques lettrés, il n'hésitera plus : sa maison devenue plus vivante attirera inévitablement d'autres acheteurs, et voilà créé un nouveau foyer qui développera la vente du livre.

S'il est une profession qui bénéficiera de la décentralisation, c'est bien la nôtre : aider le libraire régional, c'est aider à la propagation du livre.

III. Role des syndicats professionnels. — Il serait pourtant injuste de laisser penser que cette assistance n'est pas déjà pratiquée; mais elle l'est surtout dans des cas isolés, et pas toujours sous les trois formes précédemment exposées, qui sont cependant complémentaires l'une de l'autre.

Des expériences particulières ont donné des résultats intéressants, mais réservés à tel éditeur ou à tel libraire qui les ont pratiquées; généralisées elles donneraient à la librairie française un essor qui ne semble pas devoir être atteint autrement.

Il ne suffit pas, en effet, que quelques éditeurs clairvoyants accordent à un certain nombre de leurs correspondants la rémunération et la protection qui leur sont indispensables, il faut que des mesures analogues soient prises par tous, et que ces mesures s'harmonisent dans une organisation d'ensemble, seule capable d'engendrer des conséquences heureuses et durables pour tout le commerce du livre. Cette organisation, qui exige le concours loyal de tous, ne pourra être obtenue que par une entente étroite et constante entre les associations professionnelles. Travaillant isolément, chaque syndicat serait enclin à se préoccuper toujours de ses seuls intérêts; mettant au contraire leurs efforts en commun, les Syndicats d'Éditeurs et de Libraires seront, tout naturellement, conduits à mettre en harmonie des intérêts momentanément divergents pour atteindre le résultat utile à la corporation.

Le libraire n'est peut-être pas assez renseigné sur les problèmes de l'édition; l'éditeur ne connaît pas toujours bien non plus les éléments les plus importants du problème de la vente : but final vers lequel tendent les efforts de tous ceux qui, de près ou de loin, concourent à l'établissement d'un livre. En contact permanent avec le public, le libraire en connaît particulièrement bien la psychologie; il suit l'évolution de ses goûts; ses observations recueillies et comparées peuvent fournir des indications précieuses à l'éditeur; et, avec non moins d'utilité, il recevra de ce dernier des renseignements qui lui assureront une plus grande maîtrise dans la défense des intérêts du livre.

Les syndicats formés au sein d'une corporation comme la nôtre sont faits non pour se dresser l'un contre l'autre, mais pour se renseigner et s'entr'aider. Les leçons du passé ont péremptoirement démontré que l'anarchie est funeste au commerce du livre, et qu'une discipline lui est nécessaire. Les règlements corporatifs ne peuvent pas alors être considérés par les libraires et les éditeurs, déjà étroitement solidaires, comme une servitude, mais bien comme une *sauvegarde*. Se tenir en dehors de l'association professionnelle, c'est donc confondre « particularisme » avec « indépendance » : c'est vouloir jouir des avantages du pays que l'on a choisi pour vivre sans demander ses lettres de naturalisation.

J'ai essayé d'indiquer comment la librairie de détail mieux défendue et plus protégée serait pour la propagation du livre un agent infiniment plus puissant : Le Congrès dira :

1° S'il approuve les moyens proposés pour atteindre ce but, et estime qu'ils doivent être appliqués par tous les éditeurs;

2° Si l'orientation indiquée dans le présent rapport, au nom de la Chambre syndicale des Libraires de France, doit être suivie comme conforme aux intérêts immédiats de la librairie française.

V

DE LA MODIFICATION DES TAXES POSTALES SUR LES IMPRIMÉS

RAPPORT PRÉSENTÉ PAR M. E.-J. JACOB
Trésorier de la Fédération des Travailleurs du Livre

S'il y a unanimité dans le monde industriel et commercial pour féliciter l'administration des postes d'avoir créé le nouveau service des chèques postaux qui permet l'envoi et la réception de toutes sommes d'argent à peu de frais et sans dérangement, les représentants autorisés de notre industrie seront mieux à leur aise pour lui présenter une revendication qui l'intéresse tout particulièrement.

Cette revendication porte sur l'anomalie qu'on peut constater sur la taxation des imprimés et qui est actuellement de 0 fr. 05 pour 50 grammes et ensuite de 0 fr. 15 pour et par 100 grammes.

Nous comprenons parfaitement que le prix de transport des imprimés ait été augmenté, mais en 1914 nous pouvions expédier sous bandes des imprimés jusqu'à 15 grammes pour 0 fr. 02; de 15 à 50 grammes pour 0 fr. 03 et de 50 à 100 grammes pour 0 fr. 05, et au-dessus moyennant 0 fr. 05 par fraction de 100 grammes. Ce tarif était bon marché et permettait l'impression et la circulation de millions d'exemplaires de brochures et catalogues; d'un autre côté, il était très rémunérateur puisque chaque année l'administration des postes laissait au Trésor des millions de bénéfices.

Actuellement, l'administration postale est en déficit, tout comme celle des transports par voie ferrée, car nos législateurs se sont trompés grandement en comptant qu'une taxe triplée laisserait autant de bénéfices que la précédente et la preuve en est faite actuellement puisque les bénéfices se sont mués en déficit par suite d'une baisse considérable dans le nombre des imprimés de tout genre expédiés tant en province qu'à Paris.

Mais le préjudice n'est pas que là, il se répercute sur toutes les branches de notre industrie, car si nous revenons à cette taxe des imprimés, nous pouvons constater que les industriels, les fabricants, les grands magasins de nouveautés et d'approvisionnement ont restreint et le nombre de pages de leurs catalogues et le nombre d'exemplaires. Étant donné qu'un exemplaire de trente-deux pages avec son enchemisage pèse plus de 50 grammes, ils n'ont plus passé de commandes que pour vingt-quatre ou quarante-huit pages afin de ne pas dépasser 50 ou 100 grammes. L'ouvrier typo a donc perdu le bénéfice de la composition de huit pages, l'imprimeur a eu une forme en moins à tirer, et le préjudice ne s'arrête pas là, car dans tous les catalogues il y a des quantités de gravures et nous voyons que les dessinateurs, les graveurs, les photographes, les stéréotypeurs subissent également le même préjudice, sans oublier les fabricants de papier et d'encre.

Et maintenant, si nous faisons une comparaison entre le prix du papier en mars 1920 et le taux de la taxe à la même époque, nous voyons que l'affranchissement de 50 grammes de papier revenant à 0 fr. 20 coûtait 0 fr. 05, soit 25 p. 100 de sa valeur, celui de 100 grammes revenant à 0 fr. 40 coûtait 0 fr. 15, soit 37, 5 p. 100. Or, actuellement, le prix du papier étant en moyenne de 180 francs les 100 kilogrammes, nous payons 0 fr. 05 pour 50 grammes de papier coûtant 0 fr. 09, soit 55,5 p. 100 de sa valeur et 0 fr. 15 pour 100 grammes coûtant 0 fr. 18, soit 83,3 p. 100.

C'est donc bien aller à l'encontre des intérêts économiques de tout le pays que de maintenir ce chiffre excessif d'affranchissement des imprimés et nous allons démontrer que l'administration des postes ne ferait que gagner en se ralliant à notre proposition de taxer uniformément les imprimés à 0 fr. 05 par 50 grammes.

Depuis l'application du nouveau tarif postal, 0 fr. 15 par 100 grammes, un grand nombre d'envois ne sont plus confiés à la poste ; l'expédition est faite par colis postaux pour tout envoi atteignant le poids de 1 kilogramme (soit trois ou quatre volumes) :

1 kilogramme par poste.	1 fr. 50
1 kilogramme par colis postal.	1 fr. 30

Prenons pour exemple un magasin de nouveautés s'étant restreint à n'envoyer à sa clientèle que 10 000 catalogues de trente-deux pages donnant un poids total de 550 kilogrammes et coûtant 1 500 francs d'envoi par la poste ; si notre suggestion est acceptée, de suite ce magasin se rendra compte que pour la même somme il pourra expédier 15 000 exemplaires de cinquante-six pages du poids total de 1 444 kilogrammes. Immédiatement, nous avons l'assurance que toutes les branches de notre industrie retrouveront leur essor d'antan, car cela permettra la fabrication de 1 000 kilogrammes de papier de plus, la composition et l'impression de vingt-quatre pages supplémentaires avec gravures et, la concurrence aidant, les autres magasins voudront faire mieux et nous connaîtrons à nouveau les grands tirages de jadis qui occupaient les presses plusieurs semaines ; enfin l'administration des postes aura de fortes recettes et pourra boucler son budget.

Cet exemple démontre tout le bien-fondé de notre proposition en ce qui concerne les imprimés en général, et maintenant nous allons examiner les heureuses répercussions qu'elle aurait sur la vente du Livre en France :

Le poids d'un livre de format courant est d'environ 400 grammes, mais il atteint parfois 600 et 700 grammes, ce qui, au tarif actuel, augmente son prix de vente de 0 fr. 60, 0 fr. 90 ou 1 fr. 05, tandis qu'en 1914 il n'en coûtait que 0 fr. 20, 0 fr. 30 et 0 fr. 35. En acceptant de ne taxer qu'à raison de 0 fr. 05 par 50 grammes, un livre du poids moyen de 350 grammes ne payerait que 0 fr. 35 au lieu de 0 fr. 60 et celui de 550 grammes que 0 fr. 55 au lieu de 0 fr. 90.

Cette diminution des frais d'expédition ajoutée à celle du papier et des salaires permet donc de prévoir une réduction des frais pour l'acheteur du Livre français et conséquemment une augmentation du nombre d'acheteurs dont auteurs, ouvriers et patrons, sans oublier l'administration des postes, ne pourront que tirer profit.

Nous nous serions tenu à cette seule revendication si nous n'avions constaté les mêmes errements pour les transports par chemins de fer.

Prenons en effet, pour exemple, une feuille d'expédition d'un colis de livres pesant 18 kilogrammes déposé au bureau du P. O., rue de la Verrerie, à destination de Bordeaux, à domicile. Le montant des frais d'expédition est de 13 fr. 15 et se décompose ainsi :

	Fr. c.
Droit d'enregistrement	0 40
Transport	9 50
Droit de timbre	0 25
Factage au départ	1 80
Factage à l'arrivée	1 20
Total	13 15

Exiger la somme de 9 fr. 50 pour le transport de 18 kilogrammes de marchandises est déjà exagéré, mais que dire du prix de factage imposé par la Compagnie. Ainsi que nous le constatons, elle prend 0 fr. 10 par kilogramme, alors que logiquement elle devrait assurer ce service gratuitement, puisque les bureaux de quartier ne sont que des succursales des Compagnies de chemins de fer. Aucune maison de commerce n'aurait pareille conduite, car elle se rendrait compte immédiatement qu'agir ainsi serait aller à l'encontre de ses intérêts d'abord et de ceux de ses clients ensuite.

Les Compagnies de chemins de fer, au contraire, ont tenu ce

simple raisonnement : « Chacune de nos voitures peut transporter 1 000 kilogrammes de colis de nos dépôts à nos gares, cela fait 100 francs par voyage et 200 francs par voiture, enfin cette augmentation des frais d'expédition diminuera le nombre de colis, en maintenant les mêmes recettes, d'où moins de mal pour nous et si notre déficit se maintient, les garanties d'intérêt y feront face. »

Or, si nous examinons le tarif des colis postaux, nous voyons qu'il en coûte 0 fr. 60 pour transporter un colis de 10 kilogrammes de la gare au domicile, aucune taxe n'est prélevée pour transporter ce colis du bureau de quartier à la gare. Il serait donc logique qu'il en soit de même pour les colis déposés dans les bureaux de quartier des Compagnies de chemins de fer.

Poids des volumes.	Affranchissement.		
	Au tarif 1914 0 fr. 05 par 100 gr.	Au tarif 1921 0 fr. 15 par 100 gr.	Au tarif proposé 0 fr. 05 par 50 gr. soit 0 fr. 10 par 100 gr.
	Fr. c.	Fr. c.	Fr. c.
400 grammes.	0 20	0 60	0 40
600 —	0 30	0 90	0 60
700 —	0 35	1 05	0 70

Le tarif proposé (0 fr. 05 par 50 grammes) représente une augmentation de 100 p. 100 sur celui en usage en 1914.

Comme conclusion, le Congrès donne mandat à son bureau de poursuivre auprès des pouvoirs publics l'abaissement du prix d'affranchissement des imprimés au taux de 0 fr. 05 par 50 grammes ainsi que la suppression des frais de factage au départ, prélevés par les Compagnies de chemins de fer pour les colis déposés dans leurs bureaux de quartier.

VI

DES RÉFORMES NÉCESSAIRES DANS L'ENVOI DES IMPRIMÉS

COMPLÉMENT AU RAPPORT DE M. JACOB PAR M. JOSÉ GERMAIN

Toutefois, si l'administration des postes consentait pour un prix élevé, plus élevé que partout ailleurs, *à transporter réellement les imprimés*, il n'y aurait encore que demi-mal.

Mais, depuis deux ans, cette administration que l'Europe ne nous envie plus depuis qu'elle la connaît, a élevé *la perte* de l'imprimé à la hauteur d'un principe.

Sa volonté de diminution du trafic postal s'exerce ici avec une férocité plus grande encore que partout ailleurs. Malheur à l'imprimé confié aux soins de cette marâtre!

Il est notoire que les convocations sous bande n'arrivent plus; que sous enveloppes à 0 fr. 05, elles arrivent peu; que les livres en hommage parviennent difficilement à leurs destinataires. Toutefois, dans ce dernier cas, une consolation nous reste : ils ne sont pas perdus pour tout le monde.

Deux procédés de réclamation nous sollicitent alors : le procédé oral et le procédé écrit.

A la réclamation orale, une réponse immuable :

— Avez-vous fait recommander ?

— Non.

— Alors rien à faire, il fallait faire recommander.

A la réclamation écrite, une formule de retour répond trois semaines après : « Une enquête a été ouverte... Elle n'a donné aucun résultat. »

Désormais, il serait nécessaire de tout faire recommander. Drôle de manière de diminuer les tarifs postaux et de faciliter le nouvel essor économique de la France.

En réalité, là encore il nous faut exiger contrôle, surveillance, meilleure volonté et surtout *responsabilité*.

Autrement, nous verrions, à l'instant où l'irrégularité serait généralisée comme dans les chemins de fer et les camps de liquidation, l'incendie libérateur des consciences obérées brûler les bureaux de poste comme il brûle aujourd'hui les stocks américains pour que soient effacés le passé et le passif.

QUATRIÈME JOURNÉE

LES ÉCRIVAINS

I. — *A*

RAPPORTS ENTRE AUTEURS ET ÉDITEURS

RAPPORT PRÉSENTÉ PAR M. EUGÈNE MOREL

Le Congrès du Livre de 1917, sur le rapport de M. Georges Lecomte, a demandé aux auteurs et aux éditeurs « une collaboration intime, franche et cordiale, ayant pour principe, selon l'équité et les lois, le respect absolu du droit d'auteur sous toutes ses formes et quels que soient les modes actuels et futurs de la production littéraire ».

Cette collaboration a eu lieu. Nous venons vous en exposer les résultats.

C'est tout d'abord la création d'une « commission arbitrale, composée en parties égales d'éditeurs et d'hommes de lettres, qui aura à connaître des litiges et qui jugera en dernier ressort, en vertu des pouvoirs que la législation confère aux commissions d'arbitrage ». Cette commission existe désormais.

Elle ne jugera pas sans code. Il y a un minimum de lois, règles générales ou coutumes qu'il importe de bien connaître, d'appliquer, d'imposer si possible. Le Congrès du Livre, sur la proposition de M. Jules Lévy, avait demandé formellement la revision du « Memento des règles en usage et points à prévoir dans les rapports entre auteurs et éditeurs », rédigé en 1898, et instituait une commission pour cette étude. Vous avez entre les mains le nouveau memento, plus complet, plus précis que l'ancien.

Les vœux du Congrès sont donc réalisés. Devait-on s'en tenir là ? Ce memento serait-il suffisamment connu, appliqué, serait-il même bien lu par les intéressés, ne pouvait-on lui donner la forme d'un traité type, tout prêt, qu'on n'aurait qu'à signer? Ce traité, répandu partout et approuvé par la majorité des éditeurs, éclairerait les auteurs sur leurs droits. Il fixerait en bien des cas la jurisprudence, ferait code pour les arbitres en l'absence de convention.

Ce traité, des auteurs le voyaient déjà obligatoire.

L'obligation résulte de la signature d'un traité, mais la signature ne résulte que du consentement. Si la force des associations peut mettre en interdit telle forme de traité, le droit d'écrire et le droit de publier se prêtent-ils à des disciplines si rigides? Ni du côté des auteurs, ni de celui des éditeurs, actuellement. L'obligation serait sans sanction.

En outre des conditions toutes différentes régissent les livres de sciences, les romans, les classiques, etc.

Devait-on faire plusieurs traités, un pour chaque genre, chaque association d'auteurs traitant avec un groupe d'éditeurs, ou, laissant à chaque groupe le soin de remplir les blancs, se borner à rechercher les règles très générales, qui s'appliquent à tout livre, parce qu'il est un livre, sans souci de son contenu?

C'est à ce parti, d'abord, que s'est arrêtée, après les travaux de la Semaine du Livre de 1920, la Commission formée des représentants de la Société des Gens de Lettres, du Syndicat des Éditeurs, des Confédérations des travailleurs intellectuels, de l'intelligence et de la production française (Écrivains scientifiques, classiques, etc.), qui s'est efforcée de rédiger une formule générale, ne laissant guère de côté, croyons-nous, que les livres à compte d'auteur et la musique, dont l'édition est souvent liée à l'exécution.

Ce modèle n'est donc qu'un cadre aux conventions particulières qui doivent rester aussi libres que possible, mais il s'efforce de désigner les termes et clauses les plus claires, de restreindre l'imprévu, et de fixer, par une définition ou un forfait, les usages dont l'interprétation a causé le plus de contestations et de méfiances entre auteurs et éditeurs.

PRINCIPAUX DÉSIRS DES AUTEURS

1° Le premier est d'être édité. D'où nécessité d'une entente, d'une connaissance des difficultés de l'édition, de ses risques, singulièrement accrus. D'où la connaissance des devoirs de l'auteur (remise de bons, manuscrit, délais, corrections, etc.). Conditions que nous avons acceptées et même proposées.

2° *Déclarations et contrôle des tirages.*

Une loi sur le Dépôt légal, imposant à l'imprimeur et à l'éditeur, sans sanction, la déclaration des tirages, et organisant la communication des déclarations aux auteurs, avait été demandée depuis longtemps par la Société des Gens de lettres. Le Congrès de 1917 avait émis dans ce sens un vœu formel, et l'entente de dix-sept associations sur un texte précis est le résultat de ce veu. Imprimeurs et éditeurs se sont joints aux gens de lettres pour le faire aboutir. Ce texte vient d'être approuvé par le ministre de l'Instruction publique, qui accepte de le transformer en projet de loi. M. le Garde des sceaux nous a déclaré qu'il accepte en principe de contresigner ce projet.

D'autres moyens, demandés par des groupes d'auteurs, pourront être ajoutés : griffe d'auteurs, numérotage d'exemplaires, vignette syndicale.

La griffe personnelle d'auteur, demandée il y a longtemps et tentée par la Société des Romanciers français, s'est révélée peu efficace.

Le numérotage ou la vignette sont moins illusoires, et pourront être imposés par certains. Mais la déclaration légale, qui s'applique à tous les genres, même aux périodiques, qui s'impose à tous, même aux éditeurs et imprimeurs des jeunes, bénéficiera à tous les auteurs, aux méfiants comme aux naïfs, et figurant dans la loi, n'aura pas à être insérée dans les traités.

3° *Cession et propriété littéraire.*

Les théories sur la propriété intellectuelle n'ont pas à nous occuper. Le mot propriété ne figure ni dans le Memento, ni dans le traité. Ceux mêmes qui tendent à admettre que le droit d'auteur est une propriété comme une autre, lui surajoutent certain droit moral, personnel et qui ne se peut céder. Des législations nouvelles surgissent, des formes inconnues en France de la propriété intellectuelle sont proposées. Un contrat ne doit pas user de mots qui puissent engager plus que ce que l'on connaît et existe quand on traite.

Nous avons pensé que les droits que cède un auteur doivent être strictement et limitativement énumérés. Ils doivent l'être quant à la durée. Ils doivent l'être quant aux modes d'exploitation et transformations possibles.

Éditer est défini ici *droit d'imprimer, publier et vendre* un ouvrage, tel que l'auteur l'apporte et que l'éditeur l'accepte.

D'autres droits peuvent être expressément cédés, la cession peut comprendre diverses formes d'éditions. Mais le but même du traité est de forcer auteur et éditeur à spécifier ce que l'un cède, ce que l'autre acquiert.

Était-il possible de préciser davantage et fixer une règle générale d'étendue et durée de cession?

Non, si le traité devait être général, s'appliquer à tous les genres. La Société des Gens de lettres n'est pas seulement une association d'écrivains d'imagination. Elle tend à grouper tous les écrivains et à fédérer, avec les individus hors cadre, les groupes spéciaux d'écrivains scientifiques, politiques, classiques, techniques, religieux, les poètes, les romanciers, conteurs, les médecins, les juristes, etc. Autant de genres d'édition aux coutumes différentes, qui ne se présentent pas avec les mêmes intérêts ni, il faut le dire, avec des groupements également forts.

Telle règle, prise comme loi générale, ferait tort à tel groupe qui jouit ou espère jouir de conditions meilleures, conditions qui, pour d'autres, rendraient l'édition impossible.

Il peut y avoir des œuvres pour lesquelles ce ne serait pas trop de toute la durée que la loi donne au droit d'auteur quand l'auteur est jeune et vivra vieux pour payer les frais et risques de l'éditeur. Il en est d'autres où une durée courte d'exploitation est pour l'auteur la seule garantie de l'effort que fera l'éditeur pour tirer parti de l'œuvre.

Un traité modèle devrait prévoir les variations dans le temps et l'espace. L'histoire récente nous apprend que l'évolution est rapide : transformation de l'ancien 3 fr. 50, standard français, comme on dit aujourd'hui, multiplicité des formats et prix, et maintenant efforts pour restandardiser. Adaptation au cinéma. Romans-cinéma. On espère la science-cinéma. Reproduction in extenso dans les journaux, almanachs, etc. Développement des ouvrages collectifs quasi anonymes. Hausses absolument imprévisibles bouleversant les contrats anciens, et incertitude, désormais, des prix d'édition, d'intérêt d'argent, de change. Modification en France et à l'étranger des lois sur le droit d'auteur. Développement des syndicats et des sociétés de perception. Extension des attributions de la Société des Gens de lettres au delà des droits sur la reproduction, action entreprise par elle pour l'inédit et la traduction. Comment régler tant de futur et de possible ?

Si nous envigeons les modes de cession, on peut les répartir en trois groupes :

A. L'auteur est payé une fois pour toutes, ou même est appointé. Ce que les anciens appelaient : cession en toute propriété. Toute l'histoire économique des lettres et des arts est la lutte contre ce système, qui, avec la mode des signatures de marque sur ouvrages anonymes, est plus menaçante que jamais. Combinaison devenue rare, et qui ne devrait plus être mentionnée pour les œuvres d'imagination, mais qui reste la seule possible pour nombre d'ouvrages, les uns collectifs, d'autres à remettre sans cesse à jour, d'autres faits sur commande ou périodiques. L'écrivain est ici une sorte de façonnier; le véritable auteur est bien parfois l'éditeur ou le directeur qui décide du but de l'œuvre, de son plan, crée le format, la disposition du texte, l'illustration.

B. L'auteur ne cède qu'une exploitation temporaire sous une forme donnée. A l'extrême, l'éditeur n'est qu'un agent ou commissionnaire, chargé de faire imprimer les volumes, de les entreposer et distribuer aux libraires, d'opérer les rentrées.

Rôle non pas restreint, mais considérable, puisqu'il s'applique, surtout, à des auteurs à succès, bons administrateurs de leur propre renommée.

C. Entre ces deux extrêmes, se placent la plupart des contrats d'édition.

C'est la cession absolue, sous la seule réserve de la reproduction et des adaptations et avec des droits d'auteur proportionnels à la vente, qui a permis à beaucoup d'auteurs dont quelques-uns sont célèbres, d'être édités lorsqu'ils étaient inconnus, et à la plupart des grandes maisons d'édition de se fonder, de former un catalogue, d'acquérir la puissance qu'elles ont actuellement, dont profitent leurs auteurs anciens et les quelques nouveaux qu'elles accueillent, alors que d'autres maisons d'édition, qui ne sont pas celles qui ont discerné et édité les moins bons auteurs, ont disparu, entraînant dans les soldes ou l'attente de difficiles rééditions, des livres dont quelques-uns devaient avoir ailleurs gloire ou succès.

L'éditeur est ici, ou doit être, le lanceur de l'auteur, son aide pour la publicité, son délégué aux affaires extérieures. Ce devoir est-il toujours rempli ? Peut-on, dans un traité, en imposer les conditions ? Souvent les grandes maisons n'ont pas le temps, les petites n'ont pas le pouvoir de les remplir. Si tout n'est pas fait pour le succès de la première édition, que dire des autres modes d'exploitation de l'œuvre ! Éditions sous d'autres formes : traduction, adaptation... L'auteur n'a pas à compter sur son éditeur pour tous ces sous-produits qui dépassent parfois le revenu primitif.

Si l'exploitation de soi-même n'est pas accessible à certains écrivains, qui doit en être chargé ? En France, des collaborations célèbres ont divisé entre cosignataires ce double travail nécessaire au succès : production, exploitation. En Angleterre, des agents ont assumé, moyennant pourcentage, cette administration d'une firme d'auteur. Ce démembrement du rôle de l'éditeur, du *publisher* semblera plus juste que la collaboration qui le cache en France. Quoi qu'il en soit, les conditions plus onéreuses de l'édition, l'importance des marchés de papier, d'impression, de maniements de fonds, ne laissant plus qu'exceptionnellement à l'éditeur le loisir de prendre en considération une à une chaque œuvre, un à un chaque auteur de son catalogue, celui qui cède tous ses droits en bloc a toutes chances de les voir inexploités.

Voilà ce que veut dire le grand blanc laissé en la première page du traité. A vous, auteurs, de choisir le mode de cession le plus profitable, et de l'imposer avec toute la force que vous laissent votre notoriété, l'étendue possible de votre public, l'urgence de vos besoins personnels, ou de demander à vos groupements spéciaux de rédiger et d'obtenir par entente avec les éditeurs spéciaux des règles plus précises.

4° *Payement. Droits d'auteur.*

Les auteurs demandent le payement des droits sur l'édition le jour de la mise en vente. Le silence du traité, sur ce point, est une lourde concession faite à la diversité des genres et aux conditions actuelles de l'édition. Le tirage par mille était l'ordinaire; il faut aujourd'hui escompter une vente plus forte, risquer plus. Le cas des livres très chers s'est multiplié. Une règle fixe expose tel auteur à ne pas être édité du tout, ou à subir, sur les premiers tirages, une forte baisse. Nous avons admis la variété des conventions.

Nous espérons qu'avec la distinction des genres, les éditeurs admettront le principe du payement au tirage. Le tirage est *contrôlable, il doit être déclaré.* La vente n'est connue que beaucoup plus tard, et ne peut être contrôlée que difficilement, indiscrètement. Elle oblige à une comptabilité, que seules de grandes maisons, peu ouvertes aux jeunes, peuvent tenir et, pour les faibles ventes, peut aboutir, dans la pratique, au non-payement. L'auteur a attendu, parfois des années, l'achèvement, le placement, l'impression, la mise en vente de son œuvre. L'imprimeur, le brocheur, sont payés comptant, à prix fixe. L'auteur, comme eux, doit vivre. Doit-il leur être assimilé? Pas entièrement, puisqu'il admet le bénéfice variable et, comme l'éditeur, le risque. Mais il a fait l'avance de son travail, avant que tout autre fît une avance quelconque. Son droit est, non une part de fondateur sur un surcroît de bénéfices, mais une action à intérêt statutaire, avec première rétribution privilégiée.

Le traité modèle ne peut suppléer aux individus et n'a rien à leur expliquer sur ce point fort clair. Le fait est que le payement à l'exemplaire vendu est la règle pour les ouvrages à très grand tirage, classiques et autres, d'une part, et, d'autre part, pour des ouvrages très chers, tirés à très petit nombre. Pour ceux-là, le principe voudrait le payement d'avance d'une part seulement, quart ou premier mille du tirage, et nous ne pouvons que demander aux auteurs de soutenir ce principe, le seul, depuis longtemps, qu'acceptent les auteurs qui se vendent assez pour imposer leurs conditions.

Les autres doivent se rappeler que l'effort est proportionnel au risque, et qu'il fait meilleur vendre ce qu'on a payé que ce que l'on aura à payer.

5° *Solde. Libération.*

L'auteur invendu a droit d'en appeler au public. La mévente peut être le fait de l'ouvrage, de l'éditeur, des circonstances, et l'éditeur malheureux doit bénéficier de celles-ci. Mais la mauvaise présentation de l'œuvre, l'erreur sur le genre de clientèle d'une maison, l'impuissance à réimprimer, la liquidation du fonds sont des infortunes qui ne doivent pas noyer à tout jamais une œuvre. L'auteur peut se racheter, et le traité fixe sur ce point de justes règles.

Conclusion. — Nous croyons pouvoir dire que le traité modèle général, pour autant qu'il doit s'appliquer à tous les genres d'édition, nous disons bien *à tous*, constitue un réel progrès, et qu'il valait la peine d'être tenté.

On nous a mis au défi de nous entendre avec les éditeurs. Ceux-ci déclaraient impossible de trouver des règles communes à l'infinie variété des contrats. Cependant nous avons travaillé, discuté, abouti.

A quoi?

A un papier qui laisse en blanc les questions principales — salaire, durée et étendue de cession, traduction, etc.., — et se rabat sur des principes très généraux ou des détails matériels auxquels on ne fait même pas attention.

Parfaitement. C'était là le but et non autre. Il ne pouvait s'agir d'imposer à des individus libres et indisciplinés, auteurs ou éditeurs, des conditions que rien ne les forcerait à accepter. Le nombre de points sur lesquels l'union des éditeurs peut se faire n'est pas beaucoup plus grand que celui sur lequel se ferait l'union des écrivains, lorsqu'il s'agirait non de réclamer, mais de refuser des propositions immédiatement avantageuses par solidarité ou pour un intérêt lointain. La possibilité de l'accord était mesurée non par notre bonne volonté réciproque, mais par la cohésion de nos mandants.

Nous n'avons pas agi comme des classes ennemies qui pour éviter ou même se faire la guerre mesurent leurs concessions au mal qu'elles peuvent se faire. Un tiers était entre nous : l'intérêt du livre français. Les réclamations des auteurs sur l'étendue de la cession, sa durée, sur la libération des livres invendus, sur le prix de vente, etc., sont conformes aux intérêts de la production. Ce sont les intérêts du public, hostile au monopole qui fait le livre cher et le format incommode.

Les définitions auxquelles nous nous sommes arrêtés respectent l'avenir. Lorsque les conditions de la propriété intellectuelle sont partout établies ou revisées, que les formules nouvelles de domaine public payant, de licence obligatoire, de droit d'auteur très long sont mises en pratique dans des pays voisins et proposées en France, il n'est pas vain de réserver aux écrivains le bénéfice des mesures que l'on prendra pour eux.

Il n'est pas vain de reconnaître expressément que reproduction et adaptation sont, en principe, réservées à l'auteur.

Il n'est pas vain non plus de fixer dans une entente cordiale entre auteurs et éditeurs les mêmes petits points matériels dont on ne se soucie pas, les auteurs du moins, en signant un traité, mais qui ont été la source de tant de méfiances et de procès : contrôles des tirages, époque de règlements, déclaration des chiffres d'inventaire, forfait des passes, épreuves et corrections, délais de publication, exemplaires de publicité, soldes, non-réimpression, etc., et surtout ce recours à l'arbitrage de la Commission permanente que le Congrès du Livre de 1917 a fondée.

Ces résultats nous semblent assez appréciables pour ne pas regretter notre long effort de conciliation, et nous pensons que nulle autre méthode que celle de discussion intercorporative ne pouvait en produire d'aussi bons.

I. — *B*

RAPPORTS ENTRE AUTEURS ET ÉDITEURS

RAPPORT PRÉSENTÉ PAR M. PIERRE MAINGUET

Que faut-il pour assurer aux rapports entre auteurs et éditeurs cordialité et durée? Que l'une et l'autre partie trouvent, dans une collaboration mutuelle, confiance réciproque et profit tout à la fois moral et matériel.

Quand un auteur désire publier une œuvre, que ce soit un livre d'études, de récréation ou une œuvre d'art, et tout livre peut se ranger dans une de ces trois catégories, en participant souvent même de l'une et de l'autre, son but est double : assurer à son œuvre la plus grande expansion possible et en retirer en même temps, car le plus souvent il lui faut vivre de son travail, une rémunération équitable.

Il doit donc rechercher un éditeur qui, à côté d'une organisation professionnelle assurant l'expansion de l'œuvre, lui offre la garantie que ses intérêts matériels et moraux seront sauvegardés.

Cette dernière assurance, l'auteur la trouvera en s'adressant à une maison d'édition dont l'honorabilité soit bien établie, et elles sont nombreuses, et en signant un contrat qui spécifie très nettement les droits et devoirs de chacune des parties, afin que soient écartées toutes les causes de nature à troubler l'harmonie de leurs relations.

Auteurs et éditeurs sont, en fait, deux collaborateurs : ils doivent travailler l'un et l'autre au succès de l'œuvre entreprise, en lui consacrant tous les moyens dont ils peuvent disposer; ils ont aussi à remplir, l'un envers l'autre, des devoirs que je crois utile de rappeler :

L'auteur qui cède à un éditeur son droit d'édition doit lui assurer la complète jouissance de ce droit pour la durée, limitée ou illimitée, fixée par le contrat; il doit lui épargner, en lui remettant un texte aussi arrêté que possible des frais de corrections exagérés qui surchargeraient à tel point l'opération que celle-ci deviendrait onéreuse pour l'éditeur et ne lui laisserait plus le bénéfice légitime qu'il est en droit d'escompter.

L'auteur doit également user de ses relations personnelles et de toute occasion qui s'offre à lui pour appuyer la publicité payante faite par l'éditeur, publicité limitée par les prix exorbitants auxquels elle doit être payée.

Il me faut aborder maintenant un point plus délicat, celui de la rémunération de l'auteur; comment la fixer pour que ni l'auteur ni l'éditeur ne se trouve lésé ? Je ne crois pas qu'il puisse être établi de règle assez souple pour se plier aux multiples formes qui se présentent dans l'édition et il me semble qu'il appartient à l'éditeur de fixer, après avoir fait un devis de ses dépenses de fabrication, de ses frais généraux et des remises qu'il consent aux libraires, la rémunération qu'il lui reste loisible d'offrir à l'auteur, en apportant toutefois dans cette fixation le plus grand souci d'équité. Il faut que de son côté l'auteur comprenne bien qu'il lui faut laisser à l'éditeur, aux auxiliaires indispensables de celui-ci, les libraires, une large part du produit de la vente, car seuls les éditeurs et libraires, trouvant dans leur métier une large rémunération de leur travail, seront pour lui d'utiles collaborateurs, disposant des moyens nécessaires pour donner à son œuvre la diffusion la plus complète, en France comme à l'étranger, et, ce qui n'est pas moins important, pour soutenir, même par des sacrifices, les jeunes écrivains appelés à succéder à leurs aînés, comme les générations aux générations, pour conserver sa pérennité à la pensée française.

Enfin, quand un auteur a trouvé chez un éditeur tout le concours qui lui est dû et, par conséquent, satisfaction morale et matérielle, ne lui doit-il pas encore, pour lui prouver sa reconnaissance par sa fidélité, de résister aux sollicitations fréquentes, bien que peu confraternelles, dont il est trop souvent l'objet, le jour surtout où il a acquis notoriété et vente; c'est l'occasion pour lui de se rappeler le vers du poète :

Timeo Danaos et dona ferentes

et de mettre fin par un refus formel à des surenchères dont il tirera peut-être un profit personnel immédiat, mais qui entraîneraient, si elles se généralisaient, la ruine de l'édition française.

Les devoirs de l'éditeur envers les écrivains sont également multiples : après avoir rédigé un contrat où il ne retiendra que les droits dont il est sûr de tirer un rendement utile aux deux parties, il doit donner à l'édition de l'œuvre les soins et la forme compatibles avec la nature de celle-ci et avec son prix de vente, lui consacrer tous ses moyens professionnels de propagande, fournir à l'auteur des renseignements précis sur les chiffres de tirage et de vente et au moins annuellement, un arrêté de compte, bien entendu suivi de règlement.

Que chaque partie observe scrupuleusement ces droits et ces devoirs et la plus belle harmonie régnera dans les rapports entre auteurs et éditeurs, pour la plus grande satisfaction des contractants, et, ce qui est au-dessus des avantages personnels, pour la bonne réputation de l'édition, de la science et des lettres françaises.

C'est, pénétrés de ces idées, que les membres, auteurs et éditeurs, de la Commission mixte, nommés par les comités de la Société des Gens de lettres et du Syndicat des Éditeurs, à la suite du Congrès du Livre de 1917, ont poursuivi à diverses reprises la réalisation du programme qui leur était fixé : revision du *memento des règles en usage dans les rapports entre auteurs et éditeurs*, rédigé pour la première fois en 1898, création d'une *Commission arbitrale* et établissement d'un *règlement d'arbitrage*, et enfin, à la suite de la Semaine du Livre, étude et rédaction d'un *contrat-type d'édition du livre*.

Je ne fais que rappeler les résultats obtenus par la Commission mixte en ce qui concerne la revision du memento et le règlement d'arbitrage; après leur approbation par les groupements respectifs, ils ont été publiés en 1918 par le *Bulletin de la Société des Gens de lettres* et par la *Chronique de la Bibliographie de la France* et tous les intéressés les connaissent ou devraient les connaître.

Dans le même temps, le Syndicat de la propriété intellectuelle, s'appuyant sur une étude très complète de M. Eugène Morel sur le dépôt légal, préparait un projet de loi réglant la question de façon à assurer à l'Etat un contrôle sérieux, à la Bibliothèque nationale des collections complètes et aux auteurs et éditeurs les garanties qu'ils souhaitent. Ce projet de loi, approuvé par tous les intéressés, n'attend plus que d'être voté par le Parlement.

Je dois vous dire maintenant quelques mots des résultats auxquels est arrivée la Commission mixte, en ce qui concerne le contrat d'édition.

La Commission, qui, en 1917, comprenait dix membres, cinq auteurs et cinq éditeurs, fut un peu étendue et modifiée dans sa composition en 1921 pour donner place aux délégués des nouveaux groupements littéraires nés depuis le dernier Congrès : Syndicat des Gens de lettres, Confédération des travailleurs intellectuels, Syndicat des Auteurs d'ouvrages d'enseignement, Semaine du Livre, comité d'auteurs de la Confédération de l'intelligence et de la production française et écrivains scientifiques.

Ses premières discussions portèrent sur un texte de contrat-type qui lui était soumis par les groupements littéraires et où étaient réunis les principaux desiderata des auteurs et plus spécialement des romanciers.

L'étude de ce texte, à la lumière du memento et de l'expérience des membres, auteurs comme éditeurs, de la Commission qui représentaient presque tous les genres d'édition : classique, littérature, science pure et science appliquée, médecine, démontra qu'il devait être complètement modifié et que le seul moyen d'embrasser tous les genres d'édition était d'abandonner le contrat-type pour lui substituer quelque chose de plus élastique dont le memento serait la base et où, à côté des clauses générales devant trouver leur place dans tous les traités, seraient introduites les clauses particulières à chaque genre d'édition.

Ce point de départ établi, il fut facile à la Commission de se mettre d'accord sur un texte qui se présentât sous forme de traité, où chaque article, chaque paragraphe fût accompagné de sa référence au memento et où les droits et devoirs des parties fussent assez nettement spécifiés pour permettre d'éviter dans la rédaction des contrats les ambiguités et les omissions d'où naissent trop souvent de regrettables différends.

Ce texte est aujourd'hui arrêté, il a été soumis aux différents groupements représentés dans la Commission; il y a, dit-on, donné lieu à quelques observations sur lesquelles la Commission aura à se prononcer dans une prochaine séance; après quoi il sera de nouveau soumis aux différents groupements pour ratification définitive et porté par ceux-ci à la connaissance de leurs membres.

Qu'il me soit permis, en terminant ce rapport, de remercier devant vous, Messieurs, auteurs et éditeurs, les membres de la Commission : ils ont apporté dans nos discussions, en même temps qu'une cordialité dont le président a apprécié le charme, une préoccupation d'équité qui leur fait le plus grand honneur; de cette préoccupation d'équité est sortie une entente complète qui contribuera certainement à rendre plus intime, et partant plus féconde, la collaboration des ouvriers du Livre.

II

INTÉRÊTS DE LA SCIENCE ET DE LA CULTURE FRANÇAISE

Moyens d'assurer le développement et la continuation des publications françaises d'ordre scientifique

A. — PUBLICATIONS SCIENTIFIQUES

RAPPORT PRÉSENTÉ PAR M. HENNEGUY

L'activité scientifique et littéraire se traduit par la publication de notes, de mémoires et d'ouvrages spéciaux ou de livres de vulgarisation et d'enseignement.

Avant guerre, il existait en France, comme à l'étranger, un assez grand nombre de sociétés publiant des bulletins et des comptes rendus dans lesquels paraissaient assez rapidement les résultats des recherches des membres de ces sociétés. En outre, plusieurs recueils périodiques, archives, annales, revues, etc., étaient spécialement consacrés à des mémoires originaux relatifs aux diverses disciplines (sciences proprement dites, pures et appliquées, histoire, géographie, philologie, philosophie, économie politique, archéologie, etc.). Plusieurs de ces publications périodiques arrivaient à peine à couvrir leurs frais et ne subsistaient que grâce aux sacrifices consentis par leurs directeurs et leurs éditeurs.

Déjà la France se trouvait, au point de vue de la diffusion des idées, dans un état d'infériorité regrettable vis-à-vis des nations étrangères. En Allemagne, le nombre des publications périodiques étaient quatre à cinq fois plus grand que chez nous. La plupart prospéraient et étaient répandues dans le monde entier ; elles pouvaient même rémunérer les auteurs des mémoires originaux.

Pendant les hostilités, beaucoup de bulletins de sociétés savantes et de publications périodiques ont cessé de paraître pour deux raisons : 1° parce que la production scientifique s'était considérablement ralentie, ne pouvant suffire à alimenter ces périodiques ; 2° parce que les frais d'impression étaient devenus excessifs. De même l'apparition de livres nouveaux ou la réimpression d'ouvrages épuisés et cependant indispensables devenaient de plus en plus difficiles.

Actuellement, la plupart des travailleurs se sont remis à l'œuvre, mais sont découragés par l'impossibilité où ils se trouvent de faire connaître les résultats de leurs recherches.

Si quelques Sociétés savantes, grâce aux cotisations de leurs nombreux membres et à des contributions extraordinaires obtenues par souscription, ont pu continuer de faire paraître leurs bulletins, elles sont obligées, afin de pouvoir boucler leur budget, de réduire le nombre et l'étendue des notes et des mémoires insérés. Plusieurs publications périodiques ont cessé complètement de paraître (*Archives de Liouville*, *Annales des Sciences naturelles* (zoologie), *Journal d'anatomie et de physiologie*, *Mémoire de la Société physique de France*, etc.).

Beaucoup de recueils périodiques, qui ne s'adressent qu'à un public restreint, sont dans la même situation ; certaines disciplines n'ont plus à leur disposition un seul organe permettant de mettre au jour les mémoires des travailleurs.

Il y a là un danger considérable pour la diffusion de la pensée française.

Tandis que chez nous la production scientifique, prise dans son sens le plus large, se trouve ainsi paralysée non par suite du manque de travailleurs, mais à cause de la difficulté et même de l'impossibilité de publier, au contraire en Allemagne, en Angleterre, aux États-Unis, dans les pays scandinaves, en Italie même, non seulement les périodiques continuent à paraître régulièrement, mais encore de nouveaux organes se créent répondant aux besoins de nouvelles disciplines jusqu'ici non représentées.

Quels remèdes apporter à la crise que nous traversons ? Nous n'en voyons que quatre, dont deux doivent être considérés comme des pis aller et de nature provisoire :

1° Ne pouvant, pour le moment, lutter à armes égales contre nos concurrents étrangers, nous devons concentrer nos efforts sur un certain nombre de publications périodiques, indispensables à la diffusion de la pensée française dans chaque ordre de discipline, et proportionner le nombre de ces publications à l'importance de la production.

Il serait désirable que les directeurs et les éditeurs de ces publications pussent se mettre d'accord pour dresser une liste de celles qui sont indispensables.

Lorsque les conditions d'impression deviendront moins onéreuses, il conviendra de reprendre les publications actuellement disparues, ou du moins certaines d'entre elles, et d'en créer de nouvelles répondant à un véritable besoin.

2° En attendant des jours meilleurs, il faut faire appel aux pouvoirs publics et, notamment, au service des œuvres françaises à l'étranger, pour obtenir des subventions permettant de combler le déficit du budget des Sociétés savantes importantes, dont l'activité se manifeste par une production intense. Des subventions devraient être également accordées aux périodiques très spéciaux, mais indispensables, dont la vente est insuffisante pour couvrir les frais. Enfin, quelques ouvrages absolument nécessaires, mais d'une édition trop coûteuse, devraient être subventionnés par l'État.

Cet appel au concours de l'État, étant donné l'état actuel de nos finances, ne peut donner que des ressources très limitées et ne peut être qu'un palliatif momentané.

3° On doit envisager la création d'un fonds national, alimenté par des libéralités privées ou collectives dont la répartition devrait être confiée soit à l'Institut, soit à un groupement présentant les garanties nécessaires de compétence et d'impartialité.

4° Le remède le plus efficace doit être cherché auprès de nos éditeurs, dont l'esprit d'initiative en général devra se développer. Ainsi que le faisait justement remarquer M. A. Mayer, dans son rapport sur l'organisation des recherches scientifiques, adressé aux comités nationaux de recherches, « les éditeurs allemands, confiants dans l'expansion de la science allemande, considéraient comme avantageux pour eux tout ce qui la faisait connaître au dehors comme au dedans. Ils savaient, en effet, que la vente des livres suit automatiquement celle des recueils de mémoires originaux : ils comptaient sur l'exportation pour payer leurs efforts. »

Nous demandons donc aux éditeurs français de s'inspirer des méthodes employées à l'étranger, de consentir à quelques sacrifices pour la publication d'organes indispensables à la manifestation et à la diffusion de la pensée française, sacrifices qui seront compensés par les bénéfices provenant de l'édition d'ouvrages dont la vente est assurée, ouvrages d'enseignement et de vulgarisation.

B. — LE LIVRE A L'ÉTRANGER

RAPPORT PRÉSENTÉ PAR M. VENDRYÈS

La question de l'expansion du livre français à l'étranger est, avant tout, une question commerciale ; il est malaisé d'en envisager la solution en faisant abstraction des moyens commerciaux dont disposent les éditeurs. Toutefois, les écrivains, littérateurs ou savants, peuvent soumettre aux éditeurs certaines suggestions en vue de favoriser ou de guider leur action commerciale.

Ces suggestions se rapportent principalement à la *publicité*. Une plainte générale s'exprime dans les rapports de tous ceux qui ont visité les milieux universitaires de l'étranger: c'est que le livre français n'y est pas connu comme il devrait l'être. Même, les professeurs et les érudits les mieux disposés à l'égard de la France et les plus imbus de culture française s'adressent à la librairie allemande ou anglaise, faute de moyens d'information sur les ressources que la librairie française peut offrir. Pour remédier à cette situation déplorable, trois mesures doivent être prises dès maintenant :

a) *Publication de catalogues périodiques.* — La première consiste à publier des catalogues périodiques, présentant l'ensemble de la production scientifique et littéraire du pays. Ces catalogues doivent être établis méthodiquement, par discipline, et non par maison d'édition, et avec une absolue impartialité, c'est-à-dire sans arrière-pensée politique ou confessionnelle, et sans qu'aucun éditeur cherche à faire valoir ses productions au détriment des autres. Ces catalogues contiendraient, outre des indications précises sur le caractère, la nature, les dimensions de chaque ouvrage, de courts extraits de comptes rendus signés de noms de juges compétents. Pour les ouvrages les plus importants, une page spécimen formant prospectus pourrait être jointe au catalogue. Ce mode de publicité est depuis longtemps employé par les Allemands. Ces catalogues devraient être envoyés gratuitement à toutes les bibliothèques universitaires, aux séminaires d'Université, et au plus grand nombre possible de professeurs et d'érudits. Les frais qu'entraîneraient l'impression et la diffusion de ces catalogues seraient rapidement compensés par l'augmentation de vente qui en résulterait.

Il est un renseignement essentiel que ces catalogues doivent fournir pour être efficaces : c'est l'indication exacte des prix de chaque volume. Quelle que soit la solution donnée à la difficile question des changes, discutée dans une autre séance du Congrès, il faut avant tout éviter de laisser l'acheteur dans l'incertitude du prix qu'il aura à payer. Il conviendrait donc d'adopter un prix ferme soustrait aux fluctuations du cours des changes, comme font les Allemands, qui ont fixé un change invariable pour leurs objets d'exportation. L'étranger sait ainsi en commandant un livre à quelle dépense sa commande l'entraîne ; il n'est pas exposé aux surprises fort désagréables que réservent certaines notes de librairie, où les prix marqués au catalogue ou même sur la couverture du livre sont parfois considérablement et indûment majorés.

b) *La création de librairies françaises ou de dépôts de livres français à l'étranger.* — Pour favoriser la diffusion du livre français, les expositions temporaires organisées en différents pays ont rendu d'excellents services. Mais elles ont le défaut d'une action provisoire et limitée. Le caractère de propagande commerciale y apparaît trop. En outre, leur succès dépend des circonstances ; il est à la merci d'événements politiques qui risquent de le compromettre. Pour compléter la publicité assurée par les catalogues, une mesure plus efficace consiste en la création de librairies françaises ou de dépôts de livres français dans les principaux centres universitaires et intellectuels de l'étranger. Une librairie établie à demeure, dans le genre de nos galeries de l'Odéon, attire le passant, lui donne l'occasion de feuilleter les livres et de se tenir directement au courant des publications nouvelles. Dans les villes où des librairies indigènes se sont fait connaître par leur zèle à répandre le livre français, il y aura lieu de mettre à profit leur bonne volonté, en leur facilitant l'organisation de rayons de livres français annexés à leur librairie. Les détails de cette organisation rentrent naturellement dans la discussion des moyens commerciaux et n'ont pas à être abordés ici. Il importe toutefois d'attirer l'attention sur l'utilité de joindre aux créations envisagées ci-dessus celle de bibliothèques circulantes, si en faveur dans certains pays. L'abonné à ces bibliothèques peut, moyennant une somme modique, prendre connaissance de tous les livres nouveaux qui intéressent sa spécialité. C'est de la publicité excellente qui peut, dans une certaine mesure, remplacer l'envoi d'office et en consultation des publications nouvelles que les éditeurs allemands pratiquent si volontiers à l'égard des professeurs et des spécialistes, et que les éditeurs français paraissent peu enclins à adopter.

c) *Utilisation des lecteurs comme agents de publicité.* — La France possède actuellement des lecteurs dans la plupart des grandes universités étrangères. Ces lecteurs, qualifiés par leur titres universitaires, forment un personnel choisi, qui fait, en général, grand honneur à notre pays. Ils sont en relations avec les professeurs de tout ordre autant qu'avec les étudiants, surtout dans les universités où existe une vie corporative universitaire. Ils sont tout désignés pour servir d'intermédiaire entre les maisons d'édition françaises et le public intellectuel de la ville où ils habitent. Ils ne peuvent sans doute pas remplacer complètement les agents commerciaux ; mais ils ont sur ceux-ci le double avantage de posséder une connaissance plus directe et plus intime des milieux universitaires de chaque pays et de ne pas encourir dans ces milieux la suspicion d'une propagande commerciale. Ils peuvent dire, avec précision, quels sont les goûts et les besoins de chaque clientèle. Ainsi, il est de fait que certains milieux de certains pays étrangers, comme les pays scandinaves, acceptent de préférence les éditions de luxe à petit tirage, les éditions artistiques d'un prix élevé ; tandis que des milieux analogues en d'autres pays n'achètent que des éditions courantes, les livres bon marché. Ce sont des questions sur lesquelles le lecteur est bien placé pour répondre. De son côté, il devra être exactement renseigné sur les nouveautés de la librairie française de façon à être en mesure de répondre aux demandes qui lui seraient adressées. Il appartient aux éditeurs français de se mettre directement en rapport avec lui.

Les trois mesures qui viennent d'être indiquées supposent au préalable une entente entre les éditeurs français. Cette entente est à la base de toute action à l'étranger. Elle s'applique naturellement, avant tout, aux questions purement commerciales, comme celle des changes, ou celle des crédits ; elle permettra aussi d'agir plus utilement auprès des pouvoirs publics pour résoudre la question non moins grave des transports et des modes d'envois, qui, dans certains pays, paralyse notre exportation. Question commerciale à part, cette entente aura l'avantage de coordonner les efforts et de les adapter aux habitudes et aux besoins de chaque pays. Elle sera utilement secondée par les universitaires installés à l'étranger, qui doivent jouer un rôle essentiel dans l'application des mesures proposées.

Un dernier mot: il n'est pas tout à fait exact de dire que le livre français est mal connu à l'étranger. Il y a une certaine catégorie de livres français qui y sont très connus : ce sont les livres pornographiques. Certains sont imprimés en Belgique, en Suisse, même en Allemagne; mais beaucoup le sont en France même, et lancés par des éditeurs installés en plein Paris. Ces éditeurs ont un merveilleux talent pour faire connaître et acheter leurs publications. Tous les Français qui passent à l'étranger s'en indignent. Ne pourrait-on demander aux éditeurs français de faire pour les livres sérieux, qui honorent la pensée française, ce que d'autres font avec tant de succès pour les livres pornographiques, qui portent un si grave préjudice à l'influence morale, intellectuelle et artistique de la France.

C. — NOS PUBLICATIONS SAVANTES A L'ÉTRANGER

RAPPORT PRÉSENTÉ PAR M. JEAN MALYE

Les observations que j'ai pu faire au cours d'un récent voyage d'études en Angleterre m'ont amené aux conclusions suivantes : j'estime, d'ailleurs, qu'il y aurait lieu d'en tirer parti pour nos relations avec d'autres pays, en tenant compte des différences locales.

La diffusion du livre français (d'une valeur scientifique et littéraire élevée : ouvrages de littérature classique, critique, archéologie, etc.) est possible, mais présente de sérieuses difficultés.

I. — Elle est possible. En effet, le prestige de la langue française est considérable en Angleterre, supérieur souvent à celui de la science française (philologie).

Cette diffusion est facilitée, à l'heure présente, par la sympathie réelle qui existe pour la France dans tous les milieux anglais. L'étude de la langue française est à la mode. Dans nombre de milieux scientifiques universitaires, on souhaite même que la France prenne partout la place de l'Allemagne. Cet état d'esprit paraît devoir être durable et non passager.

L'admiration un peu fétichiste que professent nombre de savants anglais pour la science allemande semble avoir beaucoup diminué. Ils se sont aperçu du peu de solidité de cette science (dans certains cas) et surtout de son caractère tendancieux, cherchant toujours à affirmer la supériorité allemande.

Au contraire, l'estime pour la science française a certainement grandi. On aime à voir en elle une contribution solide et désintéressée au savoir humain.

II. — Voici, toutefois, les difficultés que rencontre la diffusion du livre français.

D'une manière générale, nous ne semblons pas connaître assez la mentalité anglaise. L'Anglais ne s'intéresse naturellement qu'aux choses d'Angleterre. Il faut du temps pour l'amener à comprendre ce qui vient de l'étranger et surtout à s'y intéresser. Si on s'y prend bien, l'intérêt que témoigne l'Anglais est sûr; il tend à devenir une habitude, une tradition bien établie. Ce sont donc les premières démarches qui demandent à être étudiées avec le plus de soin.

Le public à atteindre est difficile à toucher, et les moyens à employer doivent être très différents, adaptés aux circonstances.

La mentalité n'est pas la même en Angleterre qu'en Écosse. Le public de Londres se divise en catégories, presque en coteries nettement tranchées. De grandes villes industrielles comme Liverpool, Manchester, Sheffield, possèdent un public cultivé qu'il faut éviter d'atteindre par des moyens trop commerciaux.

L'état d'esprit varie d'université à université. A Cambridge et à Oxford, il faut être très averti pour saisir les différences peu visibles, mais profondes, qui existent entre les divers collèges.

Les difficultés de la vie matérielle font qu'on tend à s'occuper moins de littérature et de science étrangères. Ceci n'est pas dû à la prédominance de l'industrie et du commerce, mais à ce fait naturel qu'après la guerre, l'Angleterre, comme tous les peuples, se replie sur soi. Ajoutons que l'argent est aussi plus rare et que chacun restreint ses dépenses.

Mais, surtout la vente du livre français est restreinte par un certain manque d'initiative de la part des libraires anglais ou français. Ils ne font pas assez d'efforts sérieux en vue de la publicité, ne savent pas ou ne veulent pas assez se prêter aux habitudes de la clientèle locale. Quelques-uns majorent les prix de façon à rendre les livres français inabordables, et cela malgré le change.

Il faut noter que l'industrie allemande du livre est très active en Angleterre; elle ne manque pas de profiter de nos fautes, de nos erreurs, surtout de notre absentéisme. Des éditions françaises sont fabriquées en Allemagne à très bon marché et commencent à inonder l'Angleterre.

III. — Quels sont les moyens de remédier à cette situation? La première chose serait d'assurer à nos auteurs et à leurs œuvres une très large publicité; mais celle-ci doit être faite avec beaucoup de tact.

Il est bon de se servir de nos agents : consuls, professeurs, etc. Parmi les premiers, certains travaillent avec zèle et clairvoyance à la diffusion du livre en Angleterre. En général, ils connaissent la mentalité de leur circonscription, l'état de sympathie française, la valeur des Français fixés dans le pays, enfin les possibilités commerciales.

Les professeurs peuvent donner des renseignements plus précis sur certaines personnalités anglaises influentes, l'état des études, leur orientation; enfin mettre en garde contre certaines préventions, etc. Dans quelques cas, trop rares, hélas ! ils peuvent exercer sur le public anglais une influence directe et personnelle considérable.

Mais l'action des uns et des autres sera toujours restreinte. Il faut donc entrer en contact avec les Français qui ont une situation en vue, et avec les personnalités anglaises notoirement francophiles et actives.

Des relations directes avec les personnalités connues en Angleterre et trop souvent encore inconnues en France, sont indispensables. Il est nécessaire d'aller trouver les spécialistes qui, seuls, peuvent faire connaître et recommander un ouvrage étranger, soit par des articles dans la Presse, soit en provoquant des souscriptions de livres pour les bibliothèques, clubs, etc.

Il ne faut pas oublier que les dépôts de livres scientifiques chez les libraires s'obtiennent le plus souvent grâce aux recommandations, aux démarches même, faites par les professeurs ou les personnalités anglaises connues qui, en même temps qu'elles garantissent la valeur de l'ouvrage étranger, apportent au libraire une clientèle certaine.

Il s'agit donc d'envoyer en Angleterre, non pas tant des conférenciers ou des commis-voyageurs, que des visiteurs, instruits, connaissant à fond la mentalité anglaise, patients et sans idées préconçues, pourvus de lettres d'introduction émanant de personnes connues.

Les meilleurs correspondants et les meilleurs agents permanents de diffusion du livre français sont le plus souvent des *Anglais*, jouissant auprès de leurs compatriotes de la plus grande confiance.

Enfin, soyons persuadés que nous ne réussirons qu'à la condition d'avoir de bonnes bibliographies générales, d'établir un centre de renseignements du livre français, de tenir au courant et d'alimenter les librairies, en particulier les librairies *circulantes*.

Il est urgent que la Maison du Livre soit organisée de façon à rendre tous ces services.

Ces remarques s'appliquent également à la diffusion du livre scientifique littéraire français aux Etats-Unis.

Les difficultés sont encore plus grandes peut-être, du fait que le public pour ce genre de livre est moins nombreux, en tous cas plus difficile à atteindre.

Il ne faut pas oublier cependant que le succès du livre français en Angleterre entraîne, pour une large part, son rayonnement en Amérique.

III

L'ÉDITION DES POÈTES ET ŒUVRES LITTÉRAIRES A PUBLIC RESTREINT

RAPPORT PRÉSENTÉ PAR M. EUGÈNE MOREL

La situation faite au livre français par la hausse des frais de composition, les remèdes mêmes que l'on nous propose : standardisation, machines à plus grand rendement, expansion à l'étranger ont placé les éditeurs dans ce dilemme : ou élever les prix ou étendre les tirages. Restreindre le public ou abaisser son niveau.

C'est l'imprimerie réservée aux gros tirages et la disparition des faibles.

L'art n'est pas moins menacé que la science par cette sélection à rebours. L'appel qui est fait à la générosité de l'État, des éditeurs, des testateurs révèle cette misère. Encore la science est-elle internationale et les chercheurs sont-ils tenus de connaître les travaux qui se font à tout autre point de la planète. Il n'y a point d'obligation si forte pour ceux qui lisent des vers, et la plupart ont assez de lire ceux qu'ils peuvent acheter; et de ceux-ci, aux prix abordables, les plus récents sont ceux qui viennent de tomber dans le domaine public. Comment le public comprendrait-il les poètes nouveaux, successeurs de poètes morts depuis moins de cinquante ans, imbus de leurs formes ou réagissant contre elles, lorsqu'il découvre à peine ceux que l'art moderne oublie? Le succès qui attend le domaine public montre pourtant des lecteurs possibles, un marché plus étendu et qu'on pourrait obtenir plus vite, même pour les œuvres qui semblent réservées à l'élite.

Il se publiait, en France, plus de 300 volumes de vers par an avant la guerre. Les chiffres de 1919 et 1920 sont de moitié, 150 environ, compris bien des recueils où la pitié des familles a réuni des vers qui ne sont que le souvenir d'enfants disparus et de brefs poèmes qui ne doivent qu'au luxe de l'édition l'apparence d'un volume.

Sur les 7 569 ouvrages que le Dépôt légal a fournis en 1919, 9 206 en 1920, on peut compter un tiers d'ouvrages réellement nouveaux, 3 300 en 1920. La poésie suit donc l'état général du livre. Le roman aussi, et bien qu'il y ait ici moins de précision, les moyennes qui vers 1895 étaient d'un millier, mais avaient baissé à 900 dans les vingt années qui précédèrent la guerre, n'ont pas atteint 500 en 1919 et 1920.

Le nombre des écrivains et des œuvres a-t-il donc diminué de moitié? Non. La longue attente dans les tranchées ou les dépôts, les fortes impressions laissées par les événements extraordinaires, les grandes douleurs, les fièvres, les espérances comme les déceptions, tout porte à croire qu'on a écrit autant, plus peut-être, en tout genre, et sans parler de l'accumulation d'œuvres écrites avant et pendant la guerre, on peut dire que dans les deux années qui l'ont suivie, plus de la moitié de la production française est restée inédite.

Si l'on en doutait ou si l'on croyait un instant que la qualité va racheter la quantité, il suffirait de voir les ouvrages. Les auteurs populaires ne sont pas atteints, il semble même qu'il y ait augmentation. Pour les autres, l'élimination est bien plus grave que ne l'indiquent les totaux des ouvrages. Elle a porté d'abord sur les ouvrages longs. Deux volumes d'aujourd'hui font à peine un d'hier. Cette moitié publiée de la production française n'est que le quart du texte, le quart de la masse à lire que l'on offrait jadis au public. Les conditions de l'édition confirment ces faits et les expliquent. Là où une vente de 800 exemplaires couvrait les frais de première édition, il faut escompter la vente de quatre mille. Des œuvres sont dites célèbres qui n'ont jamais atteint de tels tirages, et qui, épuisées, ne sont pas encore réimprimées. Quant aux noms inconnus, dits jeunes, il en est à peine question. Ceux qui pensent : tant mieux, ils seront moins ! n'ont qu'à consulter les bibliographies d'avant-guerre, ils verront que la majorité des auteurs dont la France s'honore aujourd'hui, se sont trouvés dans la situation qui fait que l'édition de leurs œuvres serait à présent impossible.

C'est à une élite fort restreinte que s'adressent longtemps les plus incontestables chefs-d'œuvre ; ceux mêmes qui donnent l'illusion d'un succès immédiat n'éclatent qu'après le long cheminement dans le public d'autres auteurs que l'histoire, plus tard, nomme précurseurs.

Et le plus souvent le chef-d'œuvre est près de nous, terne et familier, et ne prendra son éclat que quand la nuit se fera sur tout ce qui l'entoure.

C'est que la plus populaire des chansons est l'aboutissement de techniques fort savantes. Des spécialistes et des élites assurent le renouvellement de l'art comme le progrès des sciences.

Nous partageons tous les désirs d'expansion française. Que notre langue, nos idées, notre liberté se répandent par des formes assez générales pour plaire aux nègres de l'Afrique centrale sans choquer les sectes religieuses de l'Amérique ni manquer à l'élégance bien parisienne. Mais cette expansion serait vite à bout si la source originale en était tarie, et ces succès mondiaux ne sont qu'une décadence, s'ils doivent étouffer l'effort désintéressé qui, seul, fait le mérite de cette expansion.

Que doit-on faire? Accroître le public, ou faciliter l'édition? Nous envisagerons ces deux faces dans chacun des sept ordres de palliatifs auxquels nous avons songé :

1° Concours, prix, subventions;
2° Lectures, critiques, publicité;
3° Bibliothèques et sociétés de lecture;
4° Edition et compte d'auteur. Domaine public;
5° Édition de luxe;
6° Procédés d'impression;
7° Périodiques et cahiers. Coopération.

1. *Concours, prix, subventions.*

L'appel à la générosité est le plus ancien recours et le premier qui vient à l'esprit. Il a pris une importance croissante ces derniers temps. Le rôle de Mécène est bien porté et peut être profitable par la publicité qu'il procure. Tel journal aime mieux instituer un concours à prix élevé que payer régulièrement de beaux vers, c'est moins cher, et cela ne touche pas au principe de gratuité de la poésie. L'ère des concours et prix, avec ces recommandations qui ramènent aux mœurs des auteurs à dédicaces du dix-septième siècle, fournit assez de belles chroniques pour que nous laissions ce sujet trop facile.

Certains prix ont un avantage indéniable : désigner l'ouvrage à la foule, assurer le succès, mais ne semblent pas avoir une influence bien directe sur l'édition. Ils encouragent les auteurs, décident parfois à être auteur tel qui n'écrirait pas sans cela, et tendent à créer une littérature spéciale, mais ne décident guère un éditeur à faire les frais d'un livre. Les prix spécialement destinés à faire imprimer des manuscrits sont rares et d'emploi difficile. La lecture des manuscrits, possible encore pour les poèmes, que l'on juge à l'échantillon, est, pour les romans, un travail qui vaut son prix, lui aussi, et la bonne volonté des commissions a des bornes. A ceux qui tentent une œuvre d'encouragement aux lettres, on peut dédier les remarques suivantes : bien spécifier s'il s'agit de distinguer une œuvre qui aura du succès et que la sagacité des éditeurs n'a pas discernée ou bien une œuvre que ladite sagacité des éditeurs a fort bien discernée comme ne pouvant, malgré ou à cause de sa réelle valeur, n'avoir qu'une vente fort médiocre. Des prix vont à des œuvres qui n'en ont pas besoin, ou à des œuvres dont l'insuccès étonne, et de là vient la défaveur de prix mal définis. — Lorsque des commissions décident, le mélange de l'inédit et du publié est impraticable. — La valeur du choix est en raison de la responsabilité. Le mieux serait qu'un homme seul l'eût entière, signant le choix fait par lui. Un petit nombre de gens choisis dans une certaine communion d'idées peut encore choisir avec intelligence. Sinon l'œuvre qui heurte le moins d'habitudes a toute chance de l'emporter et toute chance d'être parmi les médiocres.

D'autres formes de bienfaisance devraient être mentionnées : subvention d'État, livre par souscription et bulletins envoyés aux amis, mais ce régime des concours et bienfaisances ne peut être considéré que comme un recul. On avait espéré que le droit d'auteur donnerait la dignité à l'écrivain. La cherté du livre nous fera-t-elle retourner à ces misères ?

Cependant, nous croyons que la générosité pourrait aider utilement l'édition et la lecture des belles œuvres, mais qu'il faudrait enseigner d'autres moyens de donner que celui de prix devenus si nombreux qu'ils se détruisent les uns les autres et perdent leur meilleur rôle : la publicité. Nous dirons tout à l'heure, en parlant des bibliothèques et des périodiques ou coopératives d'auteurs, que l'on peut aiguiller les fondateurs vers des œuvres plus utiles aux lettres.

2. *Critique, conférences, récitations.*

La résurrection d'une critique indépendante a été l'un des vœux unanimes du Congrès de 1917. On peut accuser de réels progrès sur ce point, et nombre de journaux, revenus à quatre pages, s'honorent de parler littérature. Pour les poètes, la Comédie-Française a repris avec succès les lectures créées jadis par Catulle Mendès et Gustave Kahn à l'Odéon et malheureusement remplacées par des conférences. La Comédie-Française est bien. L'Odéon était autre et a réellement révélé des auteurs nouveaux. Il y a place et public pour plusieurs écoles. L'indifférence au vers vient souvent de ce qu'on ne sait point le lire, et la question de la vente des livres poétiques est intimement liée à celle d'un public qui sache les lire; nous pensons que le meilleur encouragement à la poésie n'est pas de lui donner des prix, mais d'en faciliter l'audition. Il s'agit moins d'inciter à faire des vers que de permettre d'en entendre et de faire connaître les poètes, de former un public et de former des acteurs.

3. *Organisation de la lecture publique.*

Nous abordons le point, selon nous, capital, celui même auquel la librairie étrangère doit en très grande partie sa prospérité, et le plus inconnu ou incompris en France : l'existence et le rôle des bibliothèques et sociétés de lecture.

L'ignorance des choses du livre est poussée à tel point qu'un journal a pu instituer une enquête pour savoir si les cabinets de lecture nuisaient à la vente des livres, et a trouvé des écrivains, que dis-je, des poètes, pour le croire. Il y a encore au pays des bas de laine des gens dont l'imagination ne s'élève pas jusqu'à comprendre que l'argent rapporte. Un livre dans une bibliothèque est de l'argent placé.

S'imagine-t-on donc que les 35 078 ouvrages que l'Allemagne lançait en 1913 — il y en avait encore 14743 en 1918, alors que la France en signalait 4484 sur lesquels il n'y avait pas 1 000 ouvrages nouveaux — s'imagine-t-on que ces ouvrages, ne fussent-ils tirés qu'à 500, trouvaient, dans le public, 18 millions d'acheteurs, capables de débourser chacun 3 marks 68 pf., prix moyen d'avant-guerre, pour lire tout seul un livre allemand? L'Angleterre, dont la production nouvelle était de 7716, en 1918, mais dont les livres en première édition sont si chers, a-t-elle donc une si forte classe cultivée, si nombreuse et si riche, qu'elle puisse payer 7 shillings chaque roman qu'elle lit — et telle Anglaise en mange un par jour! — Non, le livre allemand doit sa prospérité à des conditions matérielles et commerciales favorables sur lesquelles on a insisté, mais aussi à la puissance formidable de ses vingt universités réparties sur le Reich, de ses libraires, chez qui les livres sont parcourus aisément, des sociétés de lectures privées qui, en dehors d'un millier de cabinets de lecture, achètent et laissent, à tour de rôle, la possession finale du livre lu à un de leurs membres. L'Angleterre a Smith et Mudie, dont les 40 000 abonnés exigent l'achat de plusieurs milliers d'exemplaires de livres à succès, de plusieurs centaines de certains auteurs français. Des livres à 20 shillings sont achetés par cent. Mais, hors de ces institutions payantes, toute commune, obligatoirement, a sa bibliothèque publique et libre. Avec leurs branches ou succursales, le Royaume-Uni en compte des milliers. Toutes ont un budget d'achat indépendant, qui dépasse 100 000 francs pour plus de vingt d'entre elles, qui atteint 1 000 francs dans le moindre village. Le nombre des prêts des *public libraries*, qui est de plusieurs millions dans dix grandes villes, laisse supposer, avec l'usure et les remplacements, l'achat de millions de livres, choisis avec plus de discernement que le particulier ne peut le faire d'après la critique ou la réclame. Grâce aux *public libraries*, le prix élevé de ces premières éditions, de ces éditions d'essai, n'est plus une entrave.

Sans parler de l'Amérique, où les chiffres se multiplieraient par dix, nous pouvons dire que dans les pays à lecture publique organisée, un ouvrage honnête quelconque, même d'un prix élevé, est assuré de trouver, dans les organisations de lecture publique, la vente des cinq cents premiers exemplaires qui lui permettront d'atteindre le public. C'est la possibilité de les éditer. Cette vente payera tout ou partie des premiers frais, mais elle atteindra le public. On sait l'histoire de ce roman soldé, échoué dans un cabinet de lecture d'une station d'Auvergne, qui partit de là pour tant et tant d'éditions! C'était un roman. Mais les poètes! On n'achète vraiment que les poètes qu'on a lus. Ce n'est qu'après expérience de succès que la question se pose d'édition proprement dite. Alors le bon marché, les formats commodes, luxe de texte et illustrations, alors les grands tirages, si possible, et que chacun en ait chez soi!

Mais aujourd'hui nous parlons de l'essai, des tirages forcément restreints : auteur inconnu ou difficile. Chercher l'extension du tirage, la publicité, c'est augmenter les frais, les risques, aller en sens contraire du but!

Nous devons cependant parler des souscriptions de l'État. Non pas, comme nous le prêchons, subventions aux communes qui veulent acheter des livres, mais choix, par le ministre ou une commission, de ces volumes mêmes, leur achat en nombre et la répartition aux villes favorisées. Méthode politique peut-être, et utile pour certaines œuvres de science ou de propagande, mais qui fausse complètement le libre jeu des demandes, encourage des intrigues et abolit l'initiative locale. Ce genre d'encouragement a contribué au peu d'intérêt que les communes de France portent à leur bibliothèque.

Le prix des livres fait aujourd'hui de l'organisation de la lecture publique une nécessité. Seul le développement des œuvres de lecture publique peut assurer une clientèle aux œuvres nouvelles dont le public est restreint, du moins immédiatement, et dont l'achat, au hasard ou à peu près, par un individu représente, en petit, une opération aussi risquée que celle de l'édition.

La Belgique vient d'entrer dans cette voie. Une loi est déposée par M. Destrée, ministre des Sciences et Arts, instituant ces bibliothèques libres communales dont nous demandons l'institution en France. Elle envisage la création de bibliothèques dans les 1 490 localités qui n'en ont pas, l'organisation et le développement des 1 601 bibliothèques existantes par le triple moyen de l'impôt communal et des concours des œuvres libres, dont l'une, depuis la guerre, a mis en circulation 1 224 caisses de cent volumes. Que l'on excuse ces chiffres! La haute littérature de langue française est appelée à en bénéficier.

4. *Conditions d'édition.*

Les conditions de publication des ouvrages de poésie rentrent-elles dans le contrat d'édition? Les poèmes nouveaux dont un éditeur semble avoir fait les frais n'atteignent pas 10 p. 100 du total, y compris quelques poètes illustres par d'autres ouvrages, les rééditions sous forme différente et les recueils utiles, chansons, méthodes ou autres. Les poètes font les frais de leurs œuvres, c'est la règle, presque sans exception. La plupart, cependant, s'efforcent de donner le change au public en ajoutant une marque d'éditeur. Éditeurs et gens de lettres s'entendent pour réprouver cette pratique des comptes d'auteur. On doit la réprouver en tant que supercherie, qui tend à glisser dans un catalogue d'auteurs connus, choisis, un auteur qui n'a d'autre raison d'y figurer que l'argent qu'il donne. Ces ruses, vite démasquées, contribuent à la mévente des livres nouveaux, comme à la baisse des firmes d'éditeurs. Nous devons les condamner à d'autres points de vue. La cession du droit d'éditer ne va pas sans grever l'auteur qui paye de dépenses qui dépassent les frais bruts d'impression et que justifient plus ou moins la contribution aux frais généraux, les droits de magasinage, des promesses de lancement et de catalogue.

Si l'auteur ne paye pas, ou pas immédiatement, tous les frais, la cession de son œuvre est consignée dans un traité qui constituera pour l'éditeur un monopole. Les risques de l'éditeur sont si grands, en face d'un livre de poésie, ses chances de gain si faibles, que les prétentions les plus excessives semblent justes. Mais, a-t-il couru réellement ces risques, et que sont-ils vis-à-vis de la privation, où se trouve le public français, de lire commodément et à bas prix, de grands poètes !

Fait très grave, qu'on oppose aux demandes de prolongation de la propriété littéraire. C'est d'accord avec le public tout entier, que, consulté par nous, le président de la Société des Poètes français nous écrit : sauf l'exception de quelques unités, les poètes, obligés de faire plus ou moins les frais de leur impression, ont tout intérêt à les faire totalement et ne rien céder de leurs droits. Le public français a été, par des considérations économiques, trop souvent privé de la lecture de ses poètes. Pour des avantages immédiats et bien faibles, les meilleurs de nos poètes, exclus du produit de la reproduction, raréfiés par des autorisations étroites dans les anthologies, réduits à des formats incommodes ou peu variés, et chers, les poètes, qui s'adressent à une jeunesse sans argent, n'ont pu se livrer à elle que le jour où le domaine public apparut comme une délivrance. Et vous, poètes nouveaux, qui avez été formés par ceux-là, qui les avez imités, exagérés, ou êtes en réaction contre eux, parlez à un public resté bien loin derrière, qui voit à peine vos gestes et n'entend pas vos voix.

Les législations nouvelles de la propriété littéraire ont tendance à admettre, d'une part, la licence obligatoire, qui, au bout d'un certain temps, soustrait au monopole absolu du propriétaire du sol les sources qui en découlent, — d'autre part la forme imaginée en France, réclamée il y a cinquante ans par un éditeur et un poète qui, tous deux, s'entendaient en belles-lettres, s'entendaient en affaires, et avaient souci de l'intérêt public, Hetzel et Victor Hugo : le domaine public payant. A une date à déterminer, la reproduction des œuvres est libre, moyennant une taxe fixe. Cette formule rencontre l'opposition des propriétaires de toute sorte. Elle est singulièrement favorable à l'expansion des œuvres, au progrès du livre et si l'on objecte qu'elle peut être défavorable aux éditeurs qui, à grands frais, impriment un livre, le lancent bien, font son succès, cette objection ne sera pas celle des poètes pour qui ce phénomène ne se produit pas, et qui, seuls, à grands frais, impriment un livre...

5. *Éditions de luxe.*

Les éditeurs ont cependant réagi dans la crise du genre de livre qui nous occupe. L'art du livre a fait en France un progrès réel dû précisément aux difficultés de sa publication. Le luxe de l'édition est la conséquence de la cherté du livre ; devant les prix d'établissement d'un livre tiré à peu d'exemplaires, il n'en coûte guère plus de le faire très beau. La crise a eu cet heureux effet de répandre le goût du beau livre et le désir de conserver cet objet devenu rare : le livre précieux. Les puérilités qui entourent une mode, la spéculation qui transporte sur le livre le risque du baccarat et prétend encourager la poésie comme le pari mutuel améliore les chevaux, paraîtront la rançon inévitable d'un progrès réel. Que la littérature difficile use, pour se faire passer, des procédés employés en pharmacie, l'art peut y trouver son compte. Des œuvres de toute valeur, quelques-unes de la plus haute, n'ont dû qu'à l'originalité de la présentation de pouvoir faire figure commerciale et entrer dans la bibliothèque des hommes de goût. Mais, le beau livre doit-il nuire à la lecture toute simple et celle-ci n'a-t-elle pas droit de se défendre, rêvant d'un intermédiaire entre le journal qu'on jette et le livre tiré à quelques exemplaires numérotés, avec certificat de radiation des planches ?

Le luxe n'est qu'un palliatif. Il y a une littérature spéciale pour livre de bibliophile. Et si l'on peut se féliciter des recherches de belle édition, de la variété du livre français vis-à-vis de l'uniformité qu'il présentait il y a vingt ans, nous nous demanderons pour qui écrivent les poètes, sinon pour la jeunesse, et celle-ci est pauvre d'ordinaire ; le palliatif de l'édition chère ne prépare pas un public, il aggrave la distance qui sépare les écrivains de la masse, il exagère les tendances à la bizarrerie, et détourne l'attention du texte qu'il veut répandre.

Mais ne confondons pas le beau livre et le livre rare.

6. *Procédés d'impression.*

La cherté du papier, moins durable que les autres hausses, affecte peu les tirages faibles. C'est la main-d'œuvre, et contre toute attente, le progrès du machinisme, y compris la composition mécanique, qui sont venus rendre impossible l'édition à petit tirage. Si celle-ci ne veut pas disparaître et ne peut arriver à des frais moindres par la typographie ordinaire, elle doit chercher d'autres procédés. Ils existent.

Nous avons entendu réclamer des manuscrits parfaits, dactylographiés, revus, nous avons entendu proscrire les corrections d'auteurs, et avons compris que la vieille collaboration des typos et de l'écrivain se mourait. L'époque où M. Anatole France, de l'Académie française, écrivait : « Je laisse les protes appliquer des règles que j'ignore », est loin de nous. Nul n'est là pour vous lire et mettre l'orthographe si vous ne le pouvez vous-même. Le temps du compositeur est trop précieux.

De si beaux manuscrits ne sont pas non plus sans valeur. Quelques reproductions directes de calligraphie ont fourni des livres de grand luxe. Il arrive aujourd'hui que ces procédés sont moins chers pour un faible tirage que l'ordinaire composition. Et si le succès détermine des éditions nouvelles, le premier texte reproduit peut servir à moindre prix que la composition.

Il n'est point dans notre rôle d'entrer dans des explications techniques ou des réclames pour des procédés nouveaux, mais de signaler aux poètes et écrivains à petit tirage qu'il y a une certaine superstition du livre imprimé en caractères mobiles. La distinction de l'imprimé et du manuscrit s'embrouille. Le manuscrit va-t-il revivre près de son jeune frère, l'imprimé? La route délaissée pour le rail se couvre d'automobiles, d'abord individuels, puis collectifs, et la diligence reparaît sous le nom d'autocar pour le transport à petit nombre. Nous en sommes à la période du simili. La polycopie des dactylographes imite soit l'impression, soit la circulaire personnelle. Le jour où elle cherchera son caractère propre, dans un but d'édition, on pourra à frais minimes éditer des livres à quelques centaines d'exemplaires et on pourra le faire avec goût, avec luxe, car nous n'avons pas pour but de recommander ni la dactylographie actuelle ni l'anglaise et la ronde des copistes, graveurs et lithographes. C'est à des formes nouvelles que nous faisons appel, calligraphie ou dactylographie plus belle et plus lisible que l'imprimé actuel.

Ce que nous disons de la composition, nous le dirions du brochage, de la présentation, qui appelleraient tant d'innovations! La solution du problème des tirages faibles, les seuls qui intéressent la science pure, le renouveau de l'art et de la poésie n'est pas dans des récriminations contre le progrès des machines, la hausse des salaires, la durée de la journée de travail, elle ne consiste pas à mendier des subventions pour des dépenses d'impression qui donnent à de petits tirages l'apparence qu'ont les gros. Elle consiste essentiellement à rechercher, à inventer au besoin les procédés qui correspondent à la demande. Ils existent, et l'impression typographique avec les machines à grand rendement n'est point de ceux-là.

Lors d'une grève des compositeurs, des journaux dactylographiés et clichés ont paru à l'heure. Des livres dactylographiés et clichés ont vu le jour, des livres anciens, épuisés, dont le prix de revient rend aujourd'hui la réimpression impossible, ont reparu ; hélas ! pas en France. Des partitions ont été reproduites par des procédés photographiques ou dérivés des vieux procédés anastatiques. Tout cela est déjà ancien, tout cela est connu. Mais nous attendons encore...

7. *Coopératives d'auteurs.*

La publication des œuvres poétiques ou de pure littérature n'est plus affaire de contrat d'édition. Comment donc arriver au public ? De même que le public doit se grouper pour lire en commun des ouvrages trop coûteux, désormais, les poètes n'ont de meilleure ressource que le groupement pour publier. Nous pensons que des coopératives d'auteurs doivent être créées, encouragées, subventionnées même. Elles peuvent exister dans le cadre des sociétés générales, gens de lettres, poètes français. Mais alors que celles-ci ne s'occupent point des genres, du degré de talent, et exigent une œuvre déjà parue, les coopérateurs doivent se grouper strictement, et se confiner dans un genre ou une méthode que le public connaisse. Ces coopératives existent d'ordinaire sous forme de revue. L'une de ces revues, vieille aujourd'hui de trente-deux ans, est devenue une forte maison d'édition. A la suite de Péguy, une forme intermédiaire, qui est le livre périodique, a pris le nom de *Cahiers*, et nous en comptions un certain nombre, que la guerre et la crise actuelle a interrompus. Ce que l'on attend avant tout de ces groupes, c'est le choix, un choix plus sûr et plus dégagé de considérations pécuniaires que celui d'un éditeur commerçant, et la certitude que le succès, s'il vient, ne sera pas détourné, ne servira pas à des entreprises de caractère différent. Ces entreprises ne peuvent vivre sans doute que par une direction commerciale intelligente, et la réussite sera due pratiquement à un homme, dira-t-on, qui sera, en fait, un éditeur. Il le faut souhaiter, et il y a là de beaux horizons pour ceux que tente ce noble métier. Mais ce qui différencie nettement cette direction de coopérative de l'édition, c'est l'absence de spéculation, de cette forme du jeu qui ne voit dans l'œuvre d'art que le risque et le gain énorme, fausse le marché, exagère la réclame et se solde toujours par la cherté du livre et la raréfaction des lecteurs..

En se groupant par affinités pour organiser leurs expositions, les peintres ont montré la voie. Périodiques ou collections sous diverses formes offrent aux écrivains des avantages certains, ceux de choix, de classement, de marque, et aussi de lancement, de dépôt et catalogue, tous les avantages qu'offre l'éditeur. Ils peuvent, par groupements, propager et imposer les nouvelles formes de livres que nous envisagions tout à l'heure, ils peuvent aussi bénéficier d'encouragements, souscriptions, subventions. C'est la création d'associations de ce genre à laquelle devraient s'attacher, plus qu'à fonder des prix et concours, ceux qui veulent encourager les lettres françaises.

CINQUIÈME JOURNÉE

EXPANSION INTELLECTUELLE A L'ÉTRANGER ET ŒUVRES MUSICALES

I

ORGANISATION DES ÉCHANGES INTELLECTUELS ET ÉCONOMIQUES

RAPPORT PRÉSENTÉ PAR M. GEORGES VALOIS, ÉDITEUR ET PUBLICISTE

Bien qu'il ait été fait de remarquables efforts depuis deux ans pour l'organisation générale, il reste que le travail de liaison n'est encore qu'ébauché, et, en ce qui concerne les échanges intellectuels, rattachés aux échanges économiques, nous nous trouvons devant des groupements très divers qui, pour le moment, travaillent séparément. Le moment nous paraît venu de provoquer une association de ces groupes. Nous avons à appliquer, là comme ailleurs, ces deux principes : la coordination des forces et l'économie des efforts.

Étant donné qu'il s'agit de l'avenir, il nous paraît inutile de faire un tableau de la situation présente que nous supposons connue de tous. Nous nous bornerons donc à exposer les moyens pratiques par lesquels nous nous proposons d'obtenir le plus grand rendement au prix du moindre effort.

Notre objet étant de réaliser la liaison des différentes œuvres d'expansion du Livre et des groupements économiques intéressés par les échanges internationaux, nous nous proposons d'établir cette liaison par la fondation d'un comité intercorporatif pour les échanges intellectuels et économiques.

Nous considérons que la vie intellectuelle et la vie économique sont inséparables et qu'il y a lieu de les unir pratiquement, à leur point de rencontre, c'est-à-dire au point où il est sensible que la vie intellectuelle inspire la vie économique. Nous croyons superflu également de fournir ici des explications sur le caractère de cette union, les raisons que nous avons à donner sont dans l'esprit de tous, et nous passons immédiatement à un exposé purement pratique.

Échanges intellectuels. — Le premier besoin nous paraît être d'organiser les échanges intellectuels, tant à notre bénéfice qu'au bénéfice des nations étrangères.

Dans l'état actuel des relations internationales, il est extrêmement difficile, pour tous les travailleurs intellectuels, de se procurer les renseignements utiles, surtout lorsqu'il s'agit d'informations concernant les nouveaux mouvements littéraires ou les nouvelles démarches scientifiques.

Imaginez qu'un étranger veuille obtenir rapidement un ensemble d'informations sur le mouvement littéraire actuel en France ou sur les nouvelles écoles économiques et sociales qui se manifestent depuis quelques années, et vous vous rendrez compte immédiatement qu'il ne trouvera aucun centre d'informations qui puisse lui donner les renseignements qu'il désire. Sur place, il lui faudra plusieurs semaines, rien que pour être renseigné sur les sources d'informations ; à distance, des mois lui seront nécessaires.

Inversement, si vous voulez obtenir les mêmes renseignements sur un pays quelconque, vous serez actuellement hors d'état de les obtenir, dans n'importe quel pays, sans de très longs efforts, et encore n'obtiendrez-vous qu'une information incomplète.

D'accord sur ce point avec les membres du Comité du Livre, qui appartiennent aux grandes institutions du pays (Institut, Collège de France, Facultés et grandes Écoles), nous avons pensé qu'il y aurait lieu de fonder un bureau d'échanges intellectuels, fonctionnant pratiquement sur le plan où se sont placés les auteurs du livre remarquable, qui a paru récemment chez Gauthier-Villars : *les Ressources du travail intellectuel en France*, et dont l'objet sera d'organiser, en France et en Europe, un réseau de lignes de communication reliant les centres de la vie intellectuelle et permettant de fournir aux étrangers en ce qui concerne la France, aux Français en ce qui concerne l'étranger, des informations intellectuelles de toute nature. Si nous allions jusqu'au bout de notre pensée ou, plutôt, de notre imagination, peut-être hardie, nous dirions qu'il appartiendrait à un tel bureau, non point de constituer des archives mortes, mais de former des hommes bien vivants qui pourraient devenir, pour le visiteur étranger, de véritables guides intellectuels, qui recevraient l'étranger sur les quais de l'intelligence et lui feraient visiter les créations de la pensée française.

Le travail est, évidemment, considérable, mais si l'on veut bien considérer qu'il ne s'agit pas de créer de toutes pièces les moyens d'information, mais qu'il s'agit simplement d'établir un organe de liaison mettant en contact les institutions existantes, en France et à l'étranger (comme les instituts français), on se rendra compte que la tâche n'exige pas de moyens dépassant ceux que nous pouvons réunir.

Néanmoins, il est certain qu'un tel bureau représentera une charge assez lourde. On pourrait demander des subventions à l'Etat; mais, sans écarter ces subventions, nous pensons qu'il est plus intéressant d'inviter les grandes corporations du pays à soutenir librement et largement cette œuvre, et à lui donner la plus grosse partie de ses ressources.

Les producteurs de l'économie nationale étant les premiers bénéficiaires, matériellement, de tous progrès intellectuels, doivent être les premiers à soutenir toute œuvre destinée à assurer le progrès intellectuel. Il ne suffit pas de rendre à l'intelligence de vains hommages; il est indispensable qu'on mette à sa disposition les moyens matériels de remplir sa haute mission.

Échanges économiques. — Si nous voulons intéresser les grands groupements économiques du pays et des autres pays au progrès intellectuel, nous avons à leur montrer le bénéfice certain, presque immédiat, qu'ils retirent de ce progrès ou de toute expansion intellectuelle. En effet, c'est par ses publications littéraires et scientifiques qu'un pays arrive à faire connaître sa production économique; c'est en organisant les échanges intellectuels que l'on prépare les échanges économiques. On pourrait ici rappeler un exemple caractéristique : au temps où la littérature scandinave tenait le haut du pavé en France, il s'était fondé à Paris plusieurs maisons d'importation de tapisseries, de céramique, de meubles des pays scandinaves, si bien que lorsque Ibsen recueillait la gloire et quelques droits d'auteur, les fabricants de tapisseries de Suède et de Norvège vendaient leurs produits à ses admirateurs.

Ceci étant acquis, il est aisé de démontrer aux groupements économiques que l'organisation des échanges intellectuels les intéresse au premier chef et qu'il y a lieu d'unir leurs efforts aux nôtres sur le plan même où nous nous plaçons. C'est ainsi que nous sommes amenés à vous proposer la fondation d'un Comité intercorporatif qui, étant présidé par le Comité du Livre (lequel accepte la charge d'organiser les échanges intellectuels), réunira des représentants de l'État, des groupements intellectuels, des groupements du Livre et des grands groupements économiques. C'est par ce Comité que nous assurerions la coordination des forces et que nous pourrions réaliser ce que nous avons à faire aujourd'hui dans tous les pays : des campagnes mettant en mouvement d'un seul coup toutes les organisations intéressées. Que si, par exemple, tel ou tel pays et la France décident de se rapprocher, il sera aisé de demander à notre Comité intercorporatif de mettre sur pied, en un temps très court, une campagne complète. La Société des Gens de Lettres et les Sociétés scientifiques, littéraires et artistiques désignant ceux de leurs membres qui pourront aller dans ces pays et qui y sont préparés par leurs études, leurs œuvres ou leur réputation, la Société des Auteurs organisant une tournée théâtrale, le Syndicat des Éditeurs préparant des envois de livres, les Syndicats de Producteurs intéressés organisant des manifestations particulières, etc., etc. Ces différentes manifestations se produisant d'un seul coup et provoquant un ensemble de manifestations du même ordre de la part du pays visé, nous économiserions, grâce à l'organe de liaison créé, les mois de préparation que de telles campagnes exigent aujourd'hui ; nous obtiendrions le maximum de rendement dans les conditions les plus heureuses pour la France et pour les nations avec lesquelles nous avons à entretenir et à développer des relations cordiales.

Le premier plan de cette organisation a déjà été étudié avec le Comité du Livre et le Comité d'organisation de la Semaine du commerce extérieur. Un accord de principe a déjà été réalisé ; il reste maintenant au Congrès du Livre à prendre une décision définitive et à charger son Comité exécutif de poursuivre l'étude dont le premier résultat vous est soumis et de transmettre officiellement à la Semaine du commerce extérieur le premier projet sur lequel nous vous demandons de prendre une résolution aujourd'hui.

II

A. — LES RAPPORTS ENTRE COMPOSITEURS ET ÉDITEURS DE MUSIQUE

RAPPORT PRÉSENTÉ PAR M. C. JOUBERT, ÉDITEUR DE MUSIQUE

MESSIEURS,

L'éditeur qui a accepté l'honneur de rapporter devant vous, en cette qualité, la question du contrat d'édition entre les auteurs ou compositeurs et l'éditeur ne se dissimule pas l'importance de la tâche qui lui incombe.

L'idée que les auteurs semblent émettre, à cet égard, est plutôt celle de la réduction à un seul contrat-type de tous les genres de contrats, ce contrat-type devant régir désormais tous les rapports entre auteurs et éditeurs, et se modeler sur celui qui a été élaboré en matière d'édition d'ouvrages de librairie. Pour qu'il en fût ainsi, il faudrait que les deux opérations pussent être considérées comme similaires; et elles ne le sont pas.

En matière de librairie, il n'y a qu'un genre unique : le livre, tiré à un nombre déterminé d'exemplaires, présenté au public sous une forme prévue, à peu près invariable et ne comportant aucune modification de texte, pas plus qu'aucun arrangement de l'œuvre originale en une œuvre dite « arrangée ». La publicité réussit ou ne réussit pas. Si elle réussit, on fait un tirage nouveau, généralement élevé, portant sur une sorte unique qui, toujours, est l'œuvre originale telle qu'elle a été publiée. Si elle ne réussit pas, on constitue « des bouillons » qu'on liquide au poids ou qu'on livre au pilon. Et l'opération se termine là ou se renouvelle de la même façon.

En matière d'édition musicale, il en est tout autrement. D'abord, l'expression « édition musicale » signifie plus qu'elle ne semble comporter. Par « édition musicale », il faut entendre tout ce que peut publier un éditeur de musique, c'est-à-dire : de la prose, aussi bien que de la poésie ou de la musique; de la prose sous toutes ses formes, de la poésie mise en musique ou non, et de la musique de tous les genres, en ajoutant à cela que si les paroles et la musique peuvent être éditées séparément, elles peuvent, et c'est le cas le plus fréquent, l'être simultanément, c'est-à-dire soit en collaboration, soit sous forme d'adaptation de paroles sous de la musique préexistante, et soit sous celle d'adaptation de musique sur des paroles préexistantes.

En matière d'édition musicale, on peut commencer au monologue en prose ou en vers, avec ou sans musique l'accompagnant, pour finir à l'oratorio, et aller jusqu'à l'ouvrage dramatique purement littéraire ou l'ouvrage dramatico-lyrique en passant par la romance, la chanson, le morceau de piano, les morceaux pour tous les instruments, les ouvrages d'enseignement, les méthodes, les orchestres, petits et grands, les poèmes symphoniques, les scènes chorales, les suites d'orchestre, les poèmes symphoniques avec chant, les concertos, les sonates, les trios, les quatuors, les cantates, les symphonies, les poèmes lyriques avec soli et chœurs, les saynètes, les sketches, les pièces en un ou plusieurs actes, avec ou sans musique, les ouvrages dramatiques comprenant les opérettes, les opéras, et ajouter à tout cela les arrangements les plus divers imaginés pour donner aux ouvrages une publicité plus variée, plus étendue et plus à la portée des différentes clientèles auxquelles on s'efforce de l'adapter, en en mesurant le degré de facilité ou de difficulté.

On voit, dès qu'on aborde la question d'édition musicale, qu'on se trouve immédiatement en face d'un nombre considérable de genres de production qui ne sont en rien comparables à celui, unique, de l'édition de librairie.

On peut même ajouter, pour démontrer la dissemblance de ces deux branches d'une même industrie, que cette énumération est encore de beaucoup au-dessous des pratiques en usage.

Ce point établi, reste la question du contrat-type en cette matière.

Peut-on rationnellement espérer qu'on arrive à établir un contrat-type, ou, si l'on préfère, un contrat unique d'édition musicale pouvant embrasser toutes les conditions éventuelles qui doivent prévoir et régler les relations d'auteurs à éditeurs en cette matière?

A-t-on songé à la contexture inflexible d'une convention où ne pourraient être envisagées ni la question du prix, ni celle du mode de rémunération, pas plus que celle des obligations résultant des relations personnelles d'auteurs à éditeurs, de la notoriété respective de l'un ou de l'autre des contractants, de leur réputation, de leur activité mercantile, de leurs moyens d'action et surtout de la volonté que chacun possède — innée — de traiter les affaires dans une sorte de mystère qui entraîne une discrétion dont la preuve n'est pas à faire.

A-t-on songé à cet autre contrat-type du secret des conventions que le Code appelle la contre-lettre ?

Voilà encore un correctif qui est moins que négligeable en la matière.

Dans de telles conjonctures, nous n'hésitons pas à répondre : le contrat-type ne peut exister.

Il ne peut exister parce que les genres des ouvrages édités sont tellement nombreux et tellement différents les uns des autres, leur destination si variée, leur valeur si disproportionnée, leurs co-auteurs si nombreux parfois, leur rendement si imprécis et si ingrat, leur diffusion si morcelée et si disparate que vouloir faire passer sous une sorte de rouleau égalitaire des productions aussi hétérogènes, c'est tenter, sans exagération, de résoudre la quadrature du cercle. Il faut être, non pas orfèvre, mais éditeur ou auteur-éditeur pour être à même de répondre à la question sans risque de se tromper.

Chacun sait-il par quels états doit passer un ouvrage pour arriver à produire un résultat très souvent hypothétique ? Par quels destinataires il doit être accueilli et par quels intermédiaires il doit être apprécié, d'abord, avant d'obtenir, seulement ! les honneurs d'un auditoire.

Deux exemples suffiront, peut-être, à faire envisager la pluralité des difficultés qui s'accumulent en une sorte d'agrégat avant d'arriver à constituer les éléments vitaux d'une œuvre musicale. Afin de ne blesser aucune susceptibilité, nous allons les choisir, sans les nommer, parmi ceux qui sont connus de tous et dont le succès est aujourd'hui épuisé

Dans le premier, il s'agit d'une valse. Le compositeur n'était pas un professionnel : c'était un amateur, et comme tel, il dut subir là loi de l'amateur.

L'éditeur n'avait encore chez lui aucun succès, mais il avait la foi et c'est ce qui l'a sauvé. On était en pleine exposition de 1900 : il y avait des petits orchestres à foison dans Paris. Il mit en œuvre toutes les ressources du feu sacré. Il publia un nombre très élevé d'arrangements pour piano et orchestre et les fit exécuter partout ; partout, en donnant gratuitement le piano et l'orchestre et, partout, en y ajoutant le viatique qu'on s'imagine.

La valse fut jouée chaque jour, dans tous les établissements, et jusqu'à plusieurs fois par jour dans les mêmes établissements. Peu à peu, elle entra dans l'oreille du public qui finit par la redemander ; on mit des paroles sous la musique. Un artiste... des artistes la chantèrent, à grand renfort de persuasions de tout acabit et l'éditeur réussit à en faire un succès que l'on peut qualifier de considérable. Des adaptations, des arrangements de toutes sortes et pour tous les instruments en furent faits, et des profits en furent tirés, évidemment.

Qui donc aurait pu prévoir un pareil résultat et qui aurait pu l'obtenir si ce n'est celui qui, spéculant (en tout bien tout honneur) sur une affaire lancée par lui, a cru à un succès auquel personne autre que lui, peut-être, n'aurait osé songer.

Autre exemple, au théâtre, celui-ci :

Un ouvrage est porté dans un théâtre d'opérette. Le compositeur n'a fait que de la chansonnette ou de la romance de café-concert, mais un directeur croit en lui. L'ouvrage est donné devant un public de première qui lui administre, et comment! le baptême du feu. Persistance du directeur et de l'éditeur qui soutiennent l'ouvrage. On refuse du monde à la porte alors que la salle est presque vide ; on fait des affiches qu'on place un peu partout. On risque gros, très gros ; mais on tient le coup : la troupe de la création part en tournée, encouragée comme il convient, et la voilà qui en ramène le succès.

Qui encore pouvait escompter un pareil résultat, sinon celui qui, ayant lié partie avec l'auteur, voulut, en défendant l'ouvrage, défendre le capital engagé ?

Voilà pour les succès remportés. Par contre, n'est-il pas logique d'envisager aussi l'hypothèse contraire et de dire un mot d'ouvrages qui se sont écroulés dans un complet insuccès bien qu'ils aient été soutenus par leurs éditeurs au moyen de subventions journalières au théâtre, d'affiches innombrables, de l'achat des décors, des costumes, de récompenses multiples et d'encouragements versés à profusion, sans parler des exemplaires répandus à pleines mains, des traités les imposant aux directeurs de province et de l'étranger et de tous les moyens de persuasion que fournissent l'importance et le répertoire de certaines maisons d'édition ? En ce cas, nous voulons viser aussi bien les ouvrages de café-concert et de music-hall que les ouvrages de théâtre tels que : les opérettes, les opéras, les drames lyriques, etc., et les ouvrages purement musicaux, les ouvrages religieux ainsi que tant d'autres dont la liste serait interminable, comme interminables sont fatalement les modalités pouvant régler différemment les conditions d'édition disparates d'ouvrages qui ne le sont pas moins les uns que les autres.

Dans l'hypothèse du traité-type, quelles seraient donc les conditions, les charges typiques qu'on serait tenu de leur appliquer ?

Elles ne sauraient pas plus être prévues toutes que d'autres clauses essentielles à débattre entre les contractants, et les plus importantes, de ce fait, courront le risque d'être omises ou rendues inexécutables.

En effet, les opérations de lancement ne peuvent être les mêmes pour chaque ouvrage ? A qui, d'ailleurs, devront-elles incomber et dans quelle proportion ? Sera-ce en collaboration avec les auteurs ? L'auteur et l'éditeur devront-ils se mettre formellement d'accord avant de les entreprendre ? Et s'ils n'y parviennent pas, que devient le lancement ? La chose se fera-t-elle en compte à demi ? Et l'éditeur fera-t-il l'avance des fonds ? Comment et sur qui les récupérera-t-il si l'affaire ne réussit pas, ce qui arrive pour le moins, quatre-vingt-dix fois sur cent. Qu'adviendra-t-il de l'affaire? Quelle est l'importance de la clientèle de l'éditeur? A quel public l'ouvrage doit-il être offert et sous quelle forme? Sous la forme du chant? du piano, de l'orchestre complet, de l'orchestre réduit, de la musique militaire? Faut-il l'offrir gratuitement? Faut-il en faire payer les exemplaires? A quel nombre en faut-il faire le tirage? Faut-il l'adresser aux conservatoires, aux maisons d'éducation religieuse, aux brasseries, aux bals, aux casinos, aux professeurs, aux chefs d'orchestre, aux directeurs, aux sociétés d'amateurs, aux sociétés musicales? Faut-il le mettre en abonnement? Faut-il l'imposer, quand l'éditeur en a le moyen? A combien d'orchestres faut-il le donner? Et après avoir fait le lancement gratuit ou onéreux, l'éditeur doit-il en faire un tirage nouveau? Aux frais de qui, et à la diligence de qui auront lieu les poursuites en contrefaçon? Aussi bien en France qu'à l'étranger? Les charges et les profits, dans ces divers cas, peuvent-ils être mis en parallèle?

Et quelles seront les conditions faites aux auteurs à succès? Quelles seront celles faites aux jeunes auteurs? En voudra-t-on même entendre parler, dans ce cas? L'éditeur n'opérera, on le devine, qu'avec le plus grand nombre de chances de succès; or, le succès n'est pas le propre des commençants. Conséquence : on ne lancera plus les commençants!

Qui donc, en cela, peut et doit être le juge de l'opportunité de toutes ces questions? N'est-ce pas celui qui accepte les charges et qui n'en fait supporter ni courir aucune à l'auteur? Et qui peut d'avance en régler l'économie?

Problème insoluble, puisqu'il comporte autant de solutions que de modalités et que d'auteurs.

En réalité, il faut qu'il y ait à la tête du contrat d'édition un ayant droit qui puisse trancher, en premier et en dernier ressort, toutes les questions, prévues ou imprévues selon le cas et les circonstances, avec leurs conséquences nécessaires.

Il faut que cet ayant droit ait un intérêt indiscutable afin qu'il puisse, en défendant l'intérêt de l'auteur, tenter la fortune avec l'espoir de l'atteindre, même quand cette proportion ne dépasse pas, dans la pratique, le pourcentage de cinq sur cent.

Il faut que les risques du capital engagé soient contrebalancés par une chance de gain qui ne sera mise à néant, ni par des formules en bronze, ni par des contradictions impossibles à prévoir dans un contrat-type. A moins donc que de rédiger un code véritable auquel ne pourrait être comparé que le Code de justice militaire, on ne parviendra pas à se mettre d'accord et, ni l'auteur, ni l'éditeur ne voudront y souscrire.

Ce n'est pas être rétrograde de prétendre, en ce cas, que le mieux sera l'ennemi du bien. Or, de quoi se plaignent certains auteurs? Voilà qui n'a été ni formulé, ni porté à la connaissance des intéressés.

Serait-ce de la singularité ou de la dureté des conditions? De l'inexécution de certaines charges? A-t-on songé à demander aux éditeurs de quoi ils pourraient avoir à se plaindre dans cet ordre d'idées.

D'ailleurs la loi n'est-elle donc pas applicable aux uns comme aux autres, en cas d'inexécution d'un contrat d'édition, même musicale?

Mais, poser de telles questions, ce n'est pas les résoudre.

Il faudrait les discuter contradictoirement et nous pensons qu'un tel débat serait mieux à sa place dans le recueillement d'un comité que dans la solennité d'un Congrès.

Fort opportunément pour les Français, la législation de notre pays a implicitement délimité les rapports entre auteurs et éditeurs.

La loi du 13-19 janvier 1791, relative au droit de représentation et d'exécution, d'une part, et la loi du 19 juillet 1793, relative au droit de propriété, d'autre part, peuvent être considérées comme de véritables contrats-types en l'espèce.

Au moyen de ces deux lois fondamentales du droit français, en matière de propriété littéraire et artistique, lois qui ont été considérablement étendues par des dispositions subséquentes, les auteurs, aussi bien que leurs ayants-droit éventuels, peuvent se considérer comme parfaitement protégés tant contre ceux que Lakanal, le rapporteur de 1793, appelait les pirates littéraires, qu'aux points de vue respectifs de leurs relations contractuelles.

On ne réglemente pas la production intellectuelle comme on le fait de la production commerciale ou industrielle. Le travail de l'intelligence ne se mesure pas dans le temps ni dans l'espace. Il est impondérable comme le génie et, vouloir le débiter, au cours du jour, comme une vulgaire denrée, c'est le soustraire, sans profit pour personne, aux lois de l'offre et de la demande et le tarifer d'avance comme une marchandise, alors qu'il ne doit puiser son prix que dans la valeur de celui qui le met au jour. Or, tant qu'on n'aura pas établi un tarif *ad valorem* de la production intellectuelle au regard des besoins du producteur et de l'appétence du consommateur, il faudra, à peine de faire sombrer la rémunération souvent, très souvent, anticipée de l'auteur, avec le système battu en brèche, se contenter de l'usage établi et laisser à chacun le soin de débattre ses propres intérêts.

Le sujet que nous venons de traiter comporte assurément d'autres développements, mais il convient de nous résumer et, pour en terminer, nous pourrions réduire à deux points essentiels les conclusions de ce rapport :

Premier point. — De contrat type, il n'en peut être conçu d'assez général pour répondre à toutes les éventualités prévues ou imprévues en matière d'édition musicale.

Deuxième point. — La solution des problèmes, quand il s'en pose, nous la trouverons dans la constitution d'un comité intersyndical des auteurs, des compositeurs et des éditeurs choisis dans tous les genres de notre production artistique, au sein duquel pourront être débattues, sous la forme contradictoire, toutes les questions envisagées.

II

B. — LES RAPPORTS ENTRE COMPOSITEURS ET ÉDITEURS DE MUSIQUE

RAPPORT PRÉSENTÉ PAR MM. CAROL-BÉRARD ET G. GROVLEZ

MESSIEURS,

Vous savez le sort particulièrement défavorable qui est généralement réservé au compositeur de musique.

Deux obstacles difficiles à surmonter se présentent : l'édition et l'audition.

Il est plus coûteux de graver une symphonie que d'imprimer un roman, de monter un opéra qu'une comédie... On achète un livre, on le lit lorsqu'on en éprouve le désir... Une œuvre musicale, il faut l'entendre à une heure, à un jour déterminés.

Les frais de copie d'une symphonie s'élevaient, avant la guerre, à environ 1 200 ou 1 500 francs; on touchait une quinzaine de francs de droits d'auteur!... Et ce sont des privilégiés ceux qui, parmi nous, obtiennent de voir s'ouvrir devant eux les portes des grands concerts. Doit-on accuser nos grands chefs d'orchestre de vouer la musique moderne à un ostracisme systématique?... Non, certes; souvent, ils manifestent les meilleures intentions, mais des barrières financières en arrêtent la réalisation. La musique actuelle, fréquemment d'exécution difficile, nécessite de nombreuses répétitions; or, les budgets des concerts peuvent rarement faire face aux dépenses de ces répétitions supplémentaires, car on n'ignore pas que les instrumentistes touchent des cachets à faire rêver les malheureux compositeurs.

Ce n'est guère sur l'État qu'il faut compter, en ce moment, pour encourager la musique. Le budget des Beaux-Arts est limité sur ce chapitre. Il n'y a qu'à voir l'échec de la subvention de l'Opéra... Et pourtant notre ministre des Beaux-Arts — à qui l'on aurait tort de reprocher de se désintéresser de la musique — approuvait l'augmentation de la subvention, mais toute l'attention de la Chambre se porte sur les graves problèmes économiques, financiers et agricoles de l'heure présente.

Pouvons-nous davantage être assurés du concours de la Ville, en faveur de la musique?... La Ville... elle prétendit taxer les pianos — instruments de travail et moyen pratique de propager le goût de la musique.

Mais, aujourd'hui, notre dessein ne consiste pas à vous entretenir des remèdes à envisager pour faciliter l'audition des œuvres musicales, nous voulons vous exprimer notre désir de voir se transformer les rapports existant actuellement entre les compositeurs et les éditeurs.

Nous souhaiterions de faire reconnaître le droit d'accorder au capital intellectuel une valeur égale au capital argent. S'il est juste qu'un éditeur gagne de l'argent, puisqu'il court des risques financiers certains, nous voudrions que le compositeur ne soit pas exclu du profit éventuel de son œuvre. Nous sollicitons des contrats moins léonins.

L'abandon total de la propriété d'une œuvre, sans restrictions, ainsi que cela se pratique couramment, dans l'édition musicale, est une chose qui, évidemment, doit cesser.

Sous certaines conditions, inscrites au type de contrat que l'Union syndicale des compositeurs de musique vient de rédiger, — conditions à mettre définitivement au point après entente entre les éditeurs et les compositeurs, — on pourrait envisager de donner à l'éditeur, non plus une propriété « absolue, pleine et entière », mais le droit exclusif de graver, imprimer et vendre les œuvres qui lui seraient cédées par les compositeurs.

Au moment de la signature du contrat, l'éditeur payerait à l'auteur une rémunération pour le droit de publication et d'exploitation, rémunération dont le minimum varierait suivant la nature de l'œuvre et serait susceptible d'être augmenté par des primes ou conventions individuelles.

Indépendamment de cette rémunération initiale, nous demanderions à l'éditeur de verser à l'auteur (ou à ses ayants droit), pendant la durée de la propriété artistique, des « droits d'auteur » pour chacun des exemplaires vendus; le montant de ces « droits d'auteur » se réglerait sous forme de pourcentage, à fixer sur le prix de vente de l'ouvrage. Le contrôle pourrait s'exercer sur la vente en s'inspirant des méthodes actuellement à l'étude pour la librairie.

Cependant, dans certains cas, comme il nous paraît de toute équité de sauvegarder les intérêts des deux parties en cause, l'éditeur n'aurait à verser les « droits d'auteur », sur les exemplaires vendus, qu'à partir d'un certain chiffre d'exemplaires. Ce chiffre dépendrait de l'importance de l'ouvrage et des frais occasionnés par l'établissement du matériel.

Cette conception nouvelle de la propriété musicale semble rencontrer l'opposition de certains éditeurs; d'autres, pourtant, démontrent la possibilité de notre système en l'employant. Ce qui est possible pour l'un le deviendra certainement pour tous.

En outre, nous croyons raisonnable d'obtenir des éditeurs l'assurance qu'une œuvre cédée sera publiée et mise en vente dans un laps de temps prévu, ceci afin d'éviter les retards de publication — comme il s'en produit parfois — retards susceptibles de porter un tort matériel et moral aux compositeurs.

Il y aurait lieu, également, d'étudier, d'un commun accord, la question des arrangements, orchestrations, transcriptions, fantaisies inspirées par une œuvre originale et de fixer les droits à verser aux compositeurs sur la vente des arrangements sus-désignés.

Notre attention devra s'arrêter à la reproduction dans les albums, revues, magazines, journaux quelconques, ainsi qu'aux reproductions mécaniques de toutes sortes.

Actuellement, le compositeur cédant tous ses droits — notamment celui de transcription pour « boîte à musique » — ne perçoit rien sur le bénéfice résultant de l'enregistrement au phonographe, le phonographe étant juridiquement considéré comme une « boîte à musique ».

Aucune cession de propriété ne pourrait être faite à l'étranger sans qu'il y ait accord commun, et, dans ce cas, l'auteur (ou ses ayants droit) toucherait une partie de toutes les sommes provenant de ce chef.

Nous rêvons encore d'obtenir de MM. les Éditeurs, — décidément nous sommes insatiables, — une meilleure adaptation des méthodes commerciales aux besoins et surtout aux idées modernes. Déjà, quelques-uns le comprennent. Toutefois, nous ne pensons pas qu'il soit de notre compétence de rechercher ici les méthodes à envisager; du reste, dans un rapport parfaitement documenté au point de vue technique et plein d'indications excellentes, rapport présenté au Congrès national du Livre de mars 1917 au nom de la Chambre syndicale des Éditeurs de musique, par M. P. Bertrand, directeur commercial du *Ménestrel*, nous trouvons les preuves d'une connaissance approfondie des méthodes modernes et d'une réelle bonne volonté pour mettre ces méthodes en pratique, mais cette connaissance et cette bonne volonté ne suffirent pas, jusqu'à présent, à sortir l'édition française de son état d'infériorité.

Il faut arriver à abaisser le prix de revient en améliorant l'outillage et en amplifiant les procédés de diffusion. La formule qui consiste à vendre cher et en petite quantité — formule malheureusement courante chez nous — est étroite et maladroite dans tous les domaines; elle nous apparaît particulièrement regrettable dans le domaine artistique où rien ne doit nuire à l'essor d'une œuvre. Cette œuvre appartient à la collectivité d'une nation, voire de l'humanité.

Au point de vue de la diffusion des œuvres françaises à l'étranger,

MM. les Éditeurs agiraient au mieux de nos intérêts communs en essayant un effort important, d'autant plus nécessaire en présence des méthodes en usage chez leurs concurrents étrangers, Allemands, notamment. Alors, par exemple, que ces derniers accordent les plus grandes facilités de payement, les Français exigent le règlement d'avance des commandes; et si les musiques étrangères (italiennes, en particulier), occupent sur les différentes scènes lyriques du monde une place prépondérante au détriment de notre musique, n'est-ce pas par suite des conditions prohibitives que nos éditeurs font aux impresarii?

Certaines maisons italiennes organisent des tournées théâtrales, envoient les artistes, l'orchestre, les décors, des décors en papier. Tout un opéra tient dans une valise! Dans bien des cas, ne vaut-il pas mieux jouer une œuvre dans ce décor simple et peu coûteux, plutôt que de ne pas la jouer du tout?

Permettez-nous de vous citer encore une anecdote; elle démontrera combien les concurrents déploient d'activité.

Une maison allemande expédie dans différents théâtres étrangers une opérette avec le scénario dans la langue du pays; puis, quelque temps après, un voyageur en musique se présente, joue la partition au directeur et a qualité pour traiter immédiatement!

Évidemment, les éditeurs français, nous le savons bien, se heurtent à de multiples difficultés; ils rencontrent, sans doute, des appuis bancaires ou gouvernementaux insuffisants, mais font-ils tous tous les efforts nécessaires?

Nous voudrions souhaiter maintenant que la Chambre syndicale des Éditeurs de musique (d'accord, peut-être, avec le Cercle de la Librairie), installât, avec la participation de tous les éditeurs, — même avec celle des marchands de musique, — des dépôts de musique française dans différents centres étrangers où cela serait intéressant et possible, notamment en Amérique du Nord et en Amérique du Sud. Pouvons-nous espérer ce geste d'action collective?

Hélas! l'action collective est difficile à réaliser chez nous... Trop habituellement dans le commerce français l'intérêt particulier veut primer l'intérêt général... Ainsi l'on fait parfois fausse route.

Pendant la guerre, alors que l'Allemagne, par suite du blocus, ne possédait plus aucun débouché, MM. les Éditeurs — animés pourtant de l'heureuse intention de créer une collection d'œuvres classiques destinée à remplacer les éditions allemandes — ne parvinrent pas à constituer un consortium chargé de former une édition unique complète. Ils préférèrent agir séparément ; résultat : certains morceaux, les plus courants, se rencontraient dans plusieurs éditions, d'autres étaient introuvables... A ce moment-là cependant l'union eût procuré sur les marchés étrangers à l'édition française une suprématie dont devaient profiter les compositeurs vivants.

Le rapport de M. P. Bertrand nous signale toutes les tentatives infructueuses faites en vue d'amener à cette union.

Ne serait-il pas excellent que la Société des Auteurs et Compositeurs dramatiques réglât elle-même les droits d'auteur pour les représentations à l'étranger, que la dite société, pour les œuvres de théâtre, l'Union syndicale des Compositeurs de musique, pour la musique symphonique, la Chambre syndicale des Compositeurs, pour la musique légère, se substituassent aux compositeurs dans toutes les tractations avec MM. les Éditeurs ?

Certes, nous ne visons pas dans ce rapport toutes les questions intéressantes (par exemple, la location ou la vente de matériel et partitions d'orchestre, la question du change, etc.), mais nous ne voulons pas abuser de l'hospitalité qui nous est offerte ici.

Peut-être parce qu'ils vécurent trop longtemps isolés les musiciens s'aperçoivent tout à coup, le jour où ils se groupent, de la nécessité d'établir leur « cahier de revendications ». Comme ils ne réclamaient jamais rien, ils paraissent aujourd'hui réclamer beaucoup. En réalité, ils désirent simplement être placés au même rang que les écrivains.

La gloire est le soleil des morts — sans doute — mais, en l'attendant, les compositeurs vivants demandent le droit de gagner leur vie en suivant le sort de leur œuvre.

Voici, Messieurs, nos vœux exposés en toute franchise.

Il ne faut pas considérer ce rapport comme un réquisitoire contre un adversaire, — nous n'avons pas d'adversaires. — C'est la première partie d'une conversation avec MM. les Éditeurs que nous considérons comme nos indispensables alliés dans la défense supérieure de la musique française, de cette musique si admirable par la diversité et par la qualité de ses moyens d'expression.

Nous espérons qu'à la suite de ce Congrès la Chambre syndicale des Éditeurs de musique voudra examiner attentivement le projet de contrat élaboré par l'Union syndicale des Compositeurs de musique, qu'elle le discutera avec nous et qu'enfin, grâce à une bonne volonté réciproque, sortira de cette collaboration le statut nouveau des rapports entre les compositeurs et les éditeurs.

Si nous obtenions ce résultat, le Congrès National du Livre de 1921 pourrait se glorifier d'avoir accompli une œuvre de justice ; et vers vous, MM. les Membres du Comité exécutif, irait de tout cœur la gratitude des musiciens.

SIXIÈME JOURNÉE

ÉTUDE DES MOYENS DE COORDONNER LES EFFORTS

DE TOUS CEUX QUI CONCOURENT A LA PRODUCTION DU LIVRE

RAPPORT GÉNÉRAL PRÉSENTÉ PAR M. JULES PERRIN

MESDAMES, MESSIEURS,

Je vous demande, au moment de conclure vos travaux, de vous reporter au début de nos séances et de vous rappeler les paroles excellentes qui ont été prononcées ici par M. Daniel-Vincent, ministre du Travail, qui vous a dit :

« C'est ainsi que vous n'êtes pas les seuls intéressés à l'expansion du Livre français. Nos cotonniers, nos lainiers de Roubaix et de Rouen, nos soyeux de Lyon, la Mode de Paris, tous ceux qui, dans leur œuvre, dans leurs produits, portent le témoignage de la probité, de l'élégance, du goût de la production française, quand vous aurez apporté un livre quelque part, y auront le lendemain leur place. »

Il est une chose que nous devons considérer par-dessus tout, nous auteurs, imprimeurs, fabricants de papier, ouvriers et employés de toutes catégories ; il est un idéal vers lequel nous devons tendre : c'est la production au meilleur marché possible du Livre français en vue d'une plus grande diffusion de la pensée française. Et cela doit être le but suprême de ce Congrès.

A la base de la fabrication du Livre, il y a le papier. Il serait idéal, comme nous l'a dit un rapporteur, qu'un pays pût produire tout ce dont il a besoin ; mais il n'y a pas un peuple au monde qui possède chez lui toutes les matières premières qui lui sont nécessaires ; chacun est obligé d'en emprunter un certain nombre à l'étranger. Et c'est ainsi que, en France, nous sommes contraints d'importer la presque totalité des matières premières qu'emploie l'industrie du papier, puisqu'on n'évalue qu'à 15 p. 100 des besoins la production française.

Il est donc incontestable que, momentanément, l'industrie du papier en France ne peut pas se suffire à elle-même ; mais il y a tout lieu de penser qu'il n'en sera pas toujours ainsi. Et nous sommes d'autant plus portés à croire que les fabricants de papier sauront se libérer de la tutelle de l'étranger qu'il y a déjà eu des réalisations dans ce sens, ainsi que l'atteste une communication des plus intéressantes faite à ce Congrès.

M. Colas est venu vous dire qu'il avait tiré parti de l'alfa. C'est le moment de vous rappeler que, au Congrès de 1917, on avait demandé avec insistance : « Que fait-on de l'alfa ? » En 1921, on nous apporte un résultat intéressant ; n'en exagérons pas la portée, mais ne négligeons pas d'en tenir compte.

Nous savons que, à l'heure actuelle, il s'établit un consortium de fabricants français pour la fabrication du papier avec le maïs ; et ce consortium se propose également de prendre des parts dans des industries canadiennes, ce qui lui permettra de concurrencer l'industrie scandinave. En même temps, nous apprenons que le plateau de Millevaches va être planté en arbres qui nous fourniront de la pâte à papier. On nous a donné toutes certitudes en ce qui concerne la fabrication du papier avec des matières premières jusqu'ici délaissées, et on nous a même soumis des échantillons.

Il ne nous est plus possible de douter, maintenant, que nous avons, en France, de la matière première en quantité considérable. Mais, cette matière première, pouvez-vous l'utiliser tout de suite, Messieurs les fabricants de papier ? Evidemment non. Il y aura donc une période à franchir durant laquelle vous serez encore obligés de dépendre de l'étranger. Et c'est cette période que vous redoutez.

En attendant des temps plus prospères, il faut que vous viviez. Nous le comprenons. Et c'est dans le but d'atténuer ce que peut avoir de pénible la situation que vous envisagez, que le Congrès a pris la résolution de demander au ministre du Commerce de rétablir la Conférence du Papier, qui s'est écroulée, il y a quelque temps, dans des conditions que nous voulons tous oublier.

Un rapprochement entre nous est indispensable. Il faut que nous nous entretenions de nos intérêts communs ; il faut que nous discutions avec l'idée bien arrêtée d'aboutir ; car, je le répète, nous ne devons pas perdre de vue que tous nos efforts doivent tendre vers le Livre français à bon marché.

Parmi les résolutions que vient de prendre le Congrès du Livre, il en est dont la réalisation ne dépend que de l'initiative des corporations intéressées ; certaines autres nécessiteront le concours d'éléments étrangers ; d'autres enfin ne pourront être menées à bien que grâce à la collaboration d'organismes avec lesquels nous n'avions pas encore travaillé.

Tout d'abord, nous avons pris une résolution à propos de la vente et de la diffusion du Livre français. Comme suite aux rapports de MM. Max Leclerc, Pierre Masson, Henri Dunod et Joseph Bourdel, il s'agissait d'établir une union entre les organismes ayant entrepris des catalogues collectifs et d'aboutir à l'unification des méthodes pour les dépôts de livres à l'étranger. Je n'ai pas besoin de vous faire l'apologie de cette résolution : vous l'avez votée ; vous la croyez excellente, et nous espérons qu'elle donnera de bons résultats.

Au sujet de la fabrication du Livre, M. Deslis nous a fait un rapport sur l'imprimerie et M. Mainguet nous a parlé de la standardisation. Tout le monde s'est demandé ce que voulait dire ce mot : « Standardisation » ; on le comprend sans le comprendre... Vous pourrez donner mission à votre Comité exécutif de chercher un synonyme, s'il en trouve un ; quant à moi, j'ai dû y renoncer.

Votre Comité exécutif a été chargé de créer une Conférence permanente de la fabrication du Livre ; et c'est cette Conférence permanente qui entendrait s'allier la Conférence du papier, dont on a demandé la reconstitution.

Cette Conférence permanente de la fabrication du Livre serait conçue sur des bases interprofessionnelles, et devrait comprendre des fabricants de papier, des éditeurs, des imprimeurs, des relieurs, des cartonneurs, des ouvriers et des techniciens, afin d'arriver à une entente de tous ceux qui concourent à la fabrication du Livre. Il avait été admis que cette Conférence rendrait compte de ses travaux au Comité exécutif du Congrès du Livre.

Vous avez examiné la question de l'apprentissage ; cette question avait déjà été étudiée au Congrès de 1917, et elle avait donné lieu à la nomination d'une commission dont les travaux n'avaient pas abouti. Cette fois-ci, la Fédération des Syndicats des Maîtres Imprimeurs de France et la Fédération des Travailleurs du Livre se sont trouvées d'accord pour convenir qu'une commission serait nommée, qui aurait pour mission d'élaborer un contrat d'apprentissage pour tous les métiers du Livre. Le Comité exécutif du Congrès du Livre sera tenu au courant des travaux de cette commission.

Ici, j'ouvre une parenthèse pour vous faire remarquer que, dans toutes les résolutions qui ont été émises au cours de ce Congrès, le Comité exécutif du Congrès du Livre a été pris en quelque sorte comme arbitre et comme point de concentration de tous les travaux qui ont été votés ici.

J'ai sous les yeux la résolution que vous avait présentée M. Pierrot. Tout à l'heure, la question a été soulevée à nouveau ici. Je ne vous en reparlerai pas, puisque vous avez pris une décision qui se réfère à cette première indication et qui fait partie également des travaux que vous avez confiés à votre Comité exécutif.

Dans son rapport sur la librairie de détail, M. Michaud nous a parlé de la nécessité d'installer en France, et évidemment aussi à l'étranger, des librairies de détail organisées d'une manière véritablement effective.

Il est certain que les libraires ont un rôle considérable à jouer pour l'expansion du Livre français.

La résolution proposée par M. Michaud sera peut-être d'une réalisation assez lente, parce qu'il y est question d'éducation, d'organisation; mais votre Comité exécutif veillera à sa bonne application. Il fera en sorte que la corporation des libraires soit bien organisée et que, dans ce but, une commission d'éditeurs et de libraires soit instituée pour préparer un statut de la vente du Livre, de façon à donner aux librairies une existence suffisamment prospère et à permettre un recrutement qui serve utilement les intérêts du Livre.

Comme suite aux rapports de MM. Max Leclerc, Pierre Masson, Henri Dunod et Joseph Bourdel, je trouve également une résolution tendant à développer la vente à l'étranger du Livre français et à étudier les moyens de supprimer les causes qui élèvent artificiellement les prix de vente pratiqués à l'étranger. C'est là une question importante que nous aurons à résoudre.

Et puis, nous autres auteurs, nous avons tenu, dans ce Congrès, une petite place, et une place, je crois, bien conciliante.

M. Jules Lévy vous a exprimé l'autre jour sa crainte de voir les écrivains soupçonnés d'avoir contribué à la hausse du prix du Livre français. Et vous avez vous-mêmes répondu à M. Jules Lévy combien un tel soupçon était loin de vos pensées.

D'accord avec les éditeurs, nous avions institué une commission pour y débattre nos intérêts personnels; nous y sommes allés avec l'idée de construire un édifice dont les assises, évidemment, ne sont pas extrêmement solides.

Nous avons tenté d'établir un traité-type. Y sommes-nous parvenus? M. Eugène Morel vous a dit que c'était un cadre; eh bien! c'est un cadre, en effet; c'est un fait acquis. Nous nous sommes mis d'accord sur une grande quantité de points, mais il en reste encore beaucoup d'autres pour lesquels il nous faudra discuter à nouveau. Je dois ajouter que la plus grande courtoisie a toujours présidé à nos débats et que nous les avons menés avec la ferme volonté d'aboutir; il en sera de même à l'avenir, et je ne doute pas que nous obtenions satisfaction.

Le Congrès a approuvé le principe de ce traité-type, qui sera soumis à la ratification des associations intéressées; il a compris la nécessité de faire durer cet élément de contact, ce point de rencontre entre éditeurs et auteurs ; et il a adopté le principe de la continuité, je dirai de la pérennité de cette commission, qui continuera à fonctionner, je l'espère, au bénéfice des uns et des autres.

Le Congrès a adopté une résolution relative au prix de revient du Livre. Ceux d'entre vous qui ont assisté à toutes les séances se rappellent que j'avais adressé à M. Henri Mainguet une question à ce sujet. Au cours de certains pourparlers antérieurs au Congrès, MM. Henri Mainguet et Georges Valois m'avaient dit : « Puisque bien des écrivains ne sont pas éclairés sur cette question, nous vous communiquerons nos prix de revient, afin de prouver que les prix que nous avons établis sont justifiés. »

Ce projet n'ayant pas encore reçu d'exécution, le Comité exécutif a pris une résolution à ce sujet, et il a été convenu que, en juillet prochain, une commission composée d'un représentant des écrivains, des éditeurs, des imprimeurs, des brocheurs, des fabricants de papier, examinerait les prix de revient que les éditeurs, et notamment MM. Mainguet et Valois, ont offert de communiquer.

Les musiciens ont été, je crois pouvoir le dire pour eux, les vainqueurs du tournoi. Jusqu'à présent, ils n'avaient pas encore trouvé le moyen de causer. Nous, les auteurs, nous avons pu, à la Confédération des travailleurs intellectuels, servir d'éléments de liaison, et nous avons dit aux musiciens : « Les éditeurs ne sont pas aussi terribles que vous le supposez ; si vous leur demandez de causer avec eux, ils ne refuseront certainement pas. »

Et c'est ainsi que les musiciens et les éditeurs de musique sont venus à ce Congrès, et que MM. Carol-Bérard et Grovlez vous ont présenté un rapport au nom de l'Union Syndicale des compositeurs de musique et M. Joubert un rapport au nom de la Chambre Syndicale des éditeurs de musique. Les deux parties se sont affrontées, et nous avons eu la satisfaction, au comité de rédaction, de les voir se séparer après avoir conclu un accord aux termes duquel elles chargent le Comité exécutif de constituer une commission intercorporative permanente composée de quatre auteurs, de quatre compositeurs et de quatre éditeurs de musique choisis dans tous les genres, et qui aura pour mission : 1° d'élaborer un statut réglant les contrats et rapports entre les parties intéressées ; 2° d'étudier les questions de toute nature se rapportant à l'édition musicale française. Cette commission rendra compte de ses travaux au Comité exécutif du Congrès du Livre.

Nous espérons que les musiciens ne pourront que gagner à ces entrevues. En tout cas, la liaison est faite, et je crois qu'il faut voir là un des excellents résultats de ce Congrès.

Une question très grave, très importante, s'est posée ici — suite d'ailleurs du Congrès de 1917.

Vous vous rappelez que, au Congrès de 1917, nous avions eu

ici une vision véritablement impressionnante. M. Jules Lévy nous avait amené un aveugle qui était venu nous demander de nous intéresser au sort de ses congénères et d'étudier cette question de la constitution d'une série de livres pour les aveugles.

Je n'insisterai pas davantage sur ce point : c'est une corde qu'il est facile de faire vibrer; mais je suis sûr que vous comprendrez toute la gravité de la question. La résolution qu'elle a provoquée est celle à la réalisation de laquelle je m'attacherai, pour ma part, avec le plus de cœur et le plus ferme désir d'arriver à un heureux résultat.

Mlle Anthoine, déléguée de la Société d'impression et de reliure des livres pour les aveugles, et M. Vallon, délégué de l'Office Central du Livre pour les aveugles, vous ont demandé, Messieurs les imprimeurs et Messieurs les éditeurs, de vous occuper du Livre pour les aveugles, de le multiplier, de l'organiser en grand. C'est une œuvre à laquelle, j'en suis sûr, vous ne manquerez pas de vous attacher, parce que c'est une œuvre non seulement d'intérêt national, mais de reconnaissance nationale.

Messieurs, j'en arrive, maintenant, aux résolutions dont la réalisation ne dépend pas seulement de la bonne volonté de nos corporations, mais nécessite, de plus, le concours soit de l'Etat, soit de l'Institut, soit de la Presse.

Nous demandons à la Presse de nous aider à réaliser cette résolution tendant au rétablissement, dans les journaux, de la critique littéraire.

Certains pays ont recours à d'autres procédés : la publicité est excellente en Amérique; elle réussit beaucoup moins bien chez nous. C'est une question de mentalité : les Américains ont la leur comme nous avons la nôtre.

En France, on est en défiance devant la publicité... Vous n'aurez pas de peine à trouver dans vos souvenirs tels ou tels livres en faveur desquels on a fait une publicité effrénée. Consultez les éditeurs intéressés, ils vous diront certainement que cela n'a pas rendu grand'chose.

En France, nous avons plutôt l'habitude de nous en rapporter à certaines personnes dont le goût nous paraît une pierre de touche plus satisfaisante que les billets que l'on met sur un comptoir. En Amérique, c'est l'argent qui a force de loi ; il y a un mot qui a cours partout : *How much*? (combien vaut-il ?) demande-t-on d'un individu ! C'est une pierre de touche comme une autre !...

Mais c'est là un procédé que je ne veux pas critiquer; il n'en est pas moins vrai qu'il ne convient pas à notre tempérament de Français. Ce que nous demandons, nous, c'est que des gens compétents et de goût éprouvé aient une place suffisamment rémunérée dans les journaux pour y rendre compte des livres qui leur paraissent mériter d'être mentionnés.

Une majorité de suffrages a désigné comme moyen de réalisation la constitution d'un fonds national pour aider à la propagation des idées de la Science française. Pour ma part, je reste convaincu que j'ai eu raison de proposer comme centre agissant, ou comme centre de réception tout au moins, l'Institut de France.

Je crois en effet que l'Institut, étant au-dessus de tout soupçon, est tout désigné pour recevoir les fonds qui seront nécessaires pour subventionner les grandes revues, les ouvrages de haute culture, dont non seulement la diffusion, mais l'impression et la confection sont très onéreuses.

Ce fonds national doit être organisé prudemment, et, comme le disait M. Louis Forest, avec le concours de la Presse. Je pense qu'il y a là maints éléments à mettre en jeu, et, par conséquent, vous voyez que je n'ai pas eu tort de ranger cette résolution parmi celles qui nécessiteront l'emploi de beaucoup de moyens et de beaucoup d'influences.

La question des anthologies a également retenu votre attention. Vous avez donné mandat à votre Comité exécutif : 1° de saisir dans le plus bref délai la Commission mixte des auteurs et des éditeurs en vue de l'introduction, dans le contrat-type, d'une clause visant les anthologies. C'est un heureux moyen de reprendre les pourparlers pour une réalisation peut-être meilleure de ce contrat-type ; 2° de saisir le Syndicat pour la protection de la propriété intellectuelle de la nécessité d'une revision de la Convention de Berne sur ce point.

M. Jacob a attiré notre attention non pas seulement sur l'apprentissage, mais sur l'hygiène. Il nous a signalé que la loi du 17 juin 1893-11 juillet 1903 et le décret du 29 novembre 1904 étaient appliqués avec une certaine mollesse, que les dérogations prévues par le législateur étaient devenues trop nombreuses, et qu'il y avait lieu d'intervenir auprès des Pouvoirs publics pour que ces dérogations fussent non pas la règle, comme il semble qu'elles le sont, aujourd'hui, mais la grande exception.

Il est évident que l'hygiène dans les ateliers est indispensable à la perfection du travail et à la santé des ouvriers. Elle dispense à tous ses bienfaisants effets et ne peut avoir qu'une heureuse répercussion sur la fabrication du Livre.

Pour la reliure, nous avons eu ici une contestation au sujet des chiffres qui nous ont été apportés. M. Popelin nous avait dit, dans son rapport, que la toile française était, à l'heure actuelle, à un taux très sensiblement inférieur à celui de la toile allemande et à celui de la toile anglaise, la toile française valant de 3 fr. 75 à 4 fr. 50 le mètre, la toile allemande de 5 fr. 50 à 6 francs et la toile anglaise de 7 à 8 francs, ce qui constitue un écart important.

En séance, on est venu nous dire que l'écart était infiniment moindre. Il est probable que M. Popelin avait pris ses renseignements sur une statistique faite à une époque où le change anglais n'avait pas encore commencé son mouvement de descente; mais, à l'heure actuelle, nous nous trouvons en présence d'un rapprochement des deux valeurs qui fait qu'il n'y a plus qu'une très petite différence entre le prix de la toile anglaise et le prix de la toile française. En tout cas, le Congrès a été unanime à reconnaître qu'il n'y avait pas lieu de demander la suppression des droits de douane, ainsi qu'on l'avait proposé.

En ce qui concerne la vente et la diffusion du Livre français, le Congrès a encore pris deux résolutions :

La première est relative à la revision de la Convention de Berne et a pour but de faire cesser l'inégalité résultant de la différence de la durée de protection entre la France et les pays de l'Europe centrale. Il s'agit ici des lois sur le domaine public. Dans certains pays, la protection est de trente ans, alors qu'en France elle est de cinquante ans; et, naturellement, l'industrie étrangère bénéficie de cette différence.

La deuxième tend à faire cesser l'inégalité économique résultant pour les auteurs et les éditeurs français du dumping pratiqué chez nos alliés ou nos ex-ennemis en ce qui concerne : *a*) les matières premières : charbon, pâtes, etc... ; *b*) l'application des lois sociales : la loi de huit heures en France, qui est contre-balancée en Allemagne par la loi de dix heures.

Vous avez demandé à votre Comité exécutif d'insister auprès des Pouvoirs publics à ce sujet.

Vous lui avez demandé également de faire valoir l'intérêt qui s'attachait à la proposition de M. Vendryès, qui vous a signalé les lecteurs français dans les Universités étrangères comme des agents de liaison tout indiqués pour la propagation du Livre français. La chose tombant sous le sens, je n'ai pas besoin d'insister.

Dans le rapport de M. Vendryès, il est également question des ouvrages dits « pornographiques ».

Votre Comité exécutif s'est inspiré du rapport présenté, en 1917, par M. Edmond Haraucourt, sur le même sujet, et, pour répondre aux conclusions de M. Vendryès, il a pris la délibération suivante :

« Elaborer une proposition de loi sur la matière et en faire poursuivre l'adoption par le Parlement.

« Rechercher les moyens pratiques d'empêcher la diffusion en France et à l'étranger des publications pornographiques imprimées en langue française en France ou à l'étranger. »

Les tarifs postaux ont occupé aussi le Congrès. Au début de la séance, notre président nous a lu une lettre du délégué du Sous-secrétariat des Postes et Télégraphes qui semble très encourageante. Il est certain que, au lieu de considérer le consommateur français comme une source de revenus, l'Administration des Postes doit comprendre qu'elle a pour mission de faciliter sa besogne.

D'autre part, sur le rapport de M. Jacob et sur les conclusions de M. José Germain, le Congrès a décidé qu'une commission désignée par le Comité exécutif, comprenant des délégués des associations et syndicats professionnels représentés au Congrès, serait chargée, dans le plus bref délai, d'étudier les tarifs et règlements de la Poste et des Chemins de fer et de formuler les demandes de modifications désirables.

Après ratification par le Comité exécutif, les conclusions de la commission seront présentées au nom du Congrès aux Pouvoirs publics.

Il me reste à vous rappeler les décisions que vous avez prises au sujet de la « Semaine du Commerce extérieur », décisions qui se résument ainsi :

« Le Congrès charge son Comité exécutif de se faire représenter à la « Semaine du Commerce extérieur » et de rechercher ensuite, concurremment avec l'organisme permanent qui en sortira, les moyens appropriés pour résoudre la question des crédits à long terme qui paraît de nature à lever les difficultés s'opposant aux échanges internationaux par suite de l'instabilité monétaire. »

Le Comité exécutif a été également chargé, à la suite du rapport de M. Vendryès, « d'établir une liaison permanente entre le Livre et les autres groupements économiques en ce qui concerne l'expansion économique générale ».

Je vous ai signalé le fait que toutes les questions étudiées par vous avaient été renvoyées au Comité exécutif. A ce sujet, je tiens à vous faire remarquer que votre Comité exécutif étend le cercle de son action, et qu'il commence à sortir de chez lui pour s'en aller au dehors se mettre en contact avec des organismes déjà existants ou en formation.

Vous avez également adopté le principe de l'organisation d'un comité pour les échanges intellectuels et économiques.

Enfin, vous avez donné mandat à votre Comité exécutif de « provoquer de la part du Syndicat des Editeurs, après avoir connu le résultat des travaux de la cinquième commission de la Semaine du Commerce extérieur, l'étude des moyens propres à fixer des prix stables dans les catalogues qu'ils envoient à l'étranger ».

Voilà donc votre Comité exécutif, par vos votes mêmes, constitué comme l'exécuteur de toutes vos résolutions. Tout ce qui sera par la suite et tout ce qui aura été proposé à l'attention du Congrès sera naturellement l'objet de ses études ; je citerai pour mémoire le vœu émis au sujet des bibliothèques circulantes, qui sera examiné avec une attention toute particulière.

Je dois vous faire remarquer que, par le fait d'avoir renvoyé à votre Comité exécutif l'étude de toutes les questions traitées ici, et même le compte rendu de toutes les questions dont l'étude a été confiée à des commissions mixtes ou professionnelles, vous lui avez conféré le droit de recevoir tous renseignements utiles à cet égard.

Votre Comité exécutif reste donc, semble-t-il, chargé de continuer tous les travaux du Congrès. Il existe par lui-même et son règlement lui donne une élasticité complète. Il se documentera aussi complètement que possible et fera appel à toutes les compétences ; en un mot, il ne négligera rien pour arriver aux résultats que vous souhaitez, pour mériter la confiance que vous lui aviez donnée et que, par vos votes, vous lui avez renouvelée.

Allocution de M. Pierre DECOURCELLE

Président du deuxième Congrès National du Livre

Messieurs,

Le deuxième Congrès National du Livre a tenu ce que vous attendiez de lui.

M. Jules Perrin vient de vous exposer ses travaux avec une précision et une élégance qui ne vous surprendront point de la part du rapporteur général du Congrès de 1917. Je crois être votre interprète en lui exprimant, pour cette tâche difficile, toute votre gratitude.

Cette gratitude, Messieurs, avant que nous nous séparions, j'ai le devoir de l'exprimer également aux sociétés et aux groupements qui ont travaillé à ce Congrès : à la Société des Gens de Lettres, au Comité du Livre, à la Société des Auteurs et Compositeurs dramatiques, à la Société des Auteurs, Compositeurs et Éditeurs de musique, au Cercle de la Librairie, au Syndicat des Éditeurs et à la Société Mutuelle des Éditeurs en même temps qu'au Gouvernement qui, grâce à la fidélité obligeante de M. Philippe Berthelot, a contribué, de concert avec les diverses sociétés dont je viens de vous parler, à nous apporter son aide.

Je remercie le Cercle de la Librairie et M. Tallandier de l'hospitalité si courtoise et si large que le Cercle a donnée au Congrès, ainsi que son secrétaire éclairé, M. Lobel, dont le zèle et le dévouement ont été, en 1921, ce qu'ils avaient été en 1917.

Enfin, Messieurs, je veux offrir aussi vos remerciements et ceux du Comité à nos rapporteurs. Il est impossible d'apporter à une tâche délicate plus de conscience et d'y réussir plus amplement. Chacun des rapports qui vous ont été lus reste, en 1921 comme en 1917, un monument de précision et de justesse. Ils constitueront un volume qui vous sera distribué, comme vous a été distribué le précédent.

Messieurs, à la fin du Congrès de 1917, c'est vous que j'ai félicités de votre attention et de votre fidélité à en suivre les séances; je suis heureux de faire de même en 1921. La température était lourde ; l'air qu'on respire dans une salle pleine d'autant d'assistants, est difficile à supporter longtemps : vous avez enduré ces six journées de travail avec une constance et une fidélité qui prouvent votre dévouement à la cause du Livre.

Messieurs, ainsi que M. Jules Perrin vous l'a dit, le Comité exécutif continuera votre œuvre. Vous ne vous dissimulez pas que c'est une lourde tâche que vous lui avez assignée... Vous en avez fait, grâce à votre confiance, un animateur et un contrôleur ; il devient le continuateur de vos volontés. Cette tâche, il l'accomplira avec le dévouement qu'il a montré jusqu'ici.

Je voudrais vous rappeler, Messieurs, que ce Comité, composé presque des mêmes personnes, sauf les adjonctions que nous avons faites en cours de route, a préparé votre premier Congrès onze mois avant le mois de mars 1917 et que, à l'heure actuelle, il a soixante-deux mois de travail à son actif.

Vous savez tous, mais je tiens à vous répéter qu'il n'est pas possible de montrer plus de dévouement à vos intérêts que ne l'ont fait les différents membres de ce Comité, M. Edmond Haraucourt, président de la Société des Gens de Lettres, M. Maurice Croiset, qui a dérobé à ses occupations difficiles et attachantes un temps qu'il ne nous a pas marchandé, et dont la hauteur de vues nous a été d'un très grand secours.

Je voudrais exprimer aussi notre gratitude à M. Romain Coolus, un des collaborateurs que nous nous sommes adjoints chemin faisant, comme délégué général de la Confédération des Travailleurs intellectuels, et qui nous a apporté l'appoint considérable de sa précision élégante et de sa bonne volonté inlassable.

Nous avons également fait appel dans les mêmes circonstances à la Confédération de l'Intelligence et de la Production française, représentée par M. Georges Valois, qui, à la « Semaine du Livre », s'était distingué par ses précieuses qualités d'activité et de dévouement à la cause du Livre et qui, dans notre Comité nous a apporté les mêmes qualités, comme il les a prodiguées au cours de ces semaines de travail.

Enfin, Messieurs, je m'en voudrais d'oublier M. Renouard, qui représentait parmi nous les Imprimeurs, et M. Jacob, qui représentait la Fédération des Travailleurs du Livre, dont les trois rapports demeurent comme des petits modèles de clarté et d'exactitude.

Je dois aussi exprimer votre reconnaissance aux inlassables délégués de MM. les Éditeurs : M. Tallandier, président du Cercle de la Librairie et du Syndicat des Éditeurs, M. Paul Belin, ancien président du Cercle de la Librairie et du Syndicat des Éditeurs, et M. Max Leclerc, qui ont travaillé pour notre cause avec un dévouement dont vous ne sauriez leur être trop reconnaissants.

Je voudrais joindre à cette nomenclature le nom de M. Jean-Paul Belin, qui a été pour le Comité exécutif un excellent et précieux secrétaire.

Messieurs, je vous ai dit combien difficile était la tâche du Comité exécutif et combien lourde elle sera encore ; mais elle demeure à la hauteur de son dévouement. Le Comité exécutif a travaillé et continuera à travailler dans l'intérêt général, cet intérêt général qui vous inspire vous-mêmes comme il l'inspire, et devant lequel doivent s'effacer les intérêts particuliers.

Le jour où tout le monde aura le sens de cet intérêt général, jour qui n'est pas éloigné, je l'espère, vous serez tranquilles sur l'avenir et la prospérité du Livre français : il rémunérera dignement tous ceux qui y travailleront, et il rayonnera sans rivaux sur le monde pour la plus grande gloire de notre patrie.

ALLOCUTION DE M. EDMOND HARAUCOURT

Président de la Société des Gens de Lettres de France

MESDAMES, MESSIEURS,

Dans le palmarès que vous venez d'entendre, et où chacun a reçu les prix et les accessits qu'il a mérités, il me semble qu'aucune injustice n'a été commise, qu'aucun droit n'a été lésé, exception faite pour une seule personne, qui aurait dû être citée en première ligne.

Je vous demande d'être votre interprète auprès de notre président, pour lui dire votre gratitude commune pour le dévouement qu'il a montré pendant les soixante-deux mois dont il a évoqué le souvenir et lui rappeler que, si l'on a obtenu des concours moraux et des concours matériels, c'est-à-dire pécuniaires, c'est grâce aux efforts et aux démarches qu'il a eu le courage de faire, non seulement auprès des groupements et des personnalités, mais encore, ce qui est plus intimidant peut-être, auprès des Pouvoirs publics. La trentaine de mille francs qu'il fallait pour nous réunir (car cela coûte cher de mal respirer !..) c'est lui qui l'a rassemblée, par son ingéniosité et son initiative.

Si nous sommes venus, comme il l'a dit, aux séances du Comité exécutif, c'est parfois parce qu'il nous y appelait... Donc, le dévouement même dont il nous a félicités, c'est un peu lui qui en est l'auteur, puisque le sien en fut le promoteur... Et je vous demande la permission de lui exprimer, en votre nom, la gratitude qu'il a si bien méritée par les services rendus.

M. Pierre Decourcelle, président. — Messieurs, je remercie M. Edmond Haraucourt de ses paroles, et je vous remercie vous-mêmes de la sympathie avec laquelle vous les avez accueillies.

J'ai à ajouter quelques mots à ce que je vous ai dit tout à l'heure au sujet du Comité exécutif. Le Congrès a désiré que le Comité exécutif s'adjoignît un certain nombre de représentants de vos différents groupements professionnels, entre autres les Imprimeurs. C'est chose entendue.

La deuxième session du Congrès National du Livre est close.

RÉSOLUTIONS

DU DEUXIÈME CONGRÈS NATIONAL DU LIVRE

I. — MATIÈRES PREMIÈRES

CONFÉRENCE PERMANENTE DES MATIÈRES PREMIÈRES DU LIVRE ET DE LA PRESSE

Le Congrès National du Livre, se déclarant partisan d'une politique nationale du papier en vue de libérer le pays dans la plus large mesure possible de la dépendance où il a été jusqu'ici en ce qui concerne les matières premières ;

Considérant qu'il y a lieu d'instituer une Conférence permanente des Matières premières du Livre et de la Presse, qui, groupant les représentants des producteurs et des consommateurs (écrivains, presse, édition, imprimerie, chefs d'entreprise, techniciens et ouvriers) ainsi que les représentants des Pouvoirs publics (ministères des Affaires étrangères, du Commerce, de l'Instruction publique, des Finances, des Colonies, de l'Agriculture et des Travaux publics), et s'inspirant des études et travaux déjà engagés, travaillera en vue de coordonner les efforts dans le sens de l'intérêt national ;

Donne mandat au Comité exécutif du Congrès de soumettre à M. le Ministre du Commerce, sous le patronage de qui a été organisée la première Conférence du papier, les travaux du Congrès et la présente résolution, afin d'obtenir de lui qu'il prenne l'initiative de la création d'une *Conférence permanente des Matières premières du Livre et de la Presse*, chargée officiellement de fonctionner comme organe de prévision, d'information et de consultation ;

Décide que le texte de la présente résolution sera transmis à M. le Ministre du Commerce avec l'avis des syndicats intéressés.

II.— QUESTIONS TECHNIQUES

1° CONFÉRENCE PERMANENTE DE LA FABRICATION DU LIVRE

Le Congrès National du Livre,

Après avoir entendu les rapports de M. René DESLIS sur

l'imprimerie de labeurs en France et de M. Henri MAINGUET sur la standardisation dans l'industrie du Livre, ainsi que les observations techniques que ces rapports ont provoquées de la part des représentants qualifiés des industries intéressées ;

S'inspirant de l'accord unanime qui s'est établi en vue d'une simplification des méthodes et des instruments ;

Décide de charger le Comité exécutif de créer une *Conférence permanente de la Fabrication du Livre*, qui, faisant appel à toutes les compétences, aura pour mission de travailler à réaliser le programme d'unification et de concentration qui se dégage des rapports et des observations présentés à l'assemblée.

2° CONFÉRENCE TEMPORAIRE DES PRIX DE REVIENT

Le Congrès National du Livre,

Prenant en considération les observations présentées par M. Jules PERRIN relativement aux prix de revient des livres ;

Charge le Comité exécutif de provoquer, en juillet, la constitution d'une commission composée d'un représentant des écrivains, des éditeurs, des brocheurs, du papier, et où seront examinés les prix de revient que les éditeurs, notamment MM. MAINGUET et VALOIS, ont offert de communiquer.

III. — QUESTIONS OUVRIÈRES ET LOIS SOCIALES

1° CONTRAT D'APPRENTISSAGE

Le Congrès National du Livre décide l'établissement d'un contrat d'apprentissage pour tous les métiers du Livre, et confie aux Fédérations patronales et ouvrières le soin de son établissement.

2° ENSEIGNEMENT PROFESSIONNEL
(ÉDITION ET LIBRAIRIE)

Le Congrès National du Livre,

Décide qu'il y a lieu de reprendre le plus tôt possible l'enseignement professionnel qui avait été organisé avant la guerre au Cercle de la Librairie pour les employés de l'Édition et de la Librairie, et de s'attacher à la rénovation des méthodes de travail ;

Renvoie la question au Comité exécutif, à qui il donne mission de l'étudier et d'organiser un contact régulier entre les organisations syndicales intéressées, afin de réaliser ce programme de coopération.

3° HYGIÈNE DANS LES ATELIERS D'IMPRIMERIE

Le Congrès National du Livre, après avoir entendu les observations des délégués des Fédérations ouvrières et patronales des industries du Livre ;

Constate que l'application des lois du 17 juin 1893 et 11 juillet 1903, et du décret du 29 novembre 1904 sur l'hygiène des établissements industriels, laisse à désirer ;

Demande que des dérogations ne soient accordées désormais qu'à titre exceptionnel, et confie au Comité exécutif le soin de se tenir en relations avec les Fédérations patronales et ouvrières pour rechercher et assurer les moyens d'améliorer les conditions d'hygiène dans les ateliers des industries du Livre.

IV. — QUESTIONS RELATIVES A L'ÉDITION

1° CONFÉRENCE PERMANENTE DES AUTEURS ET ÉDITEURS

Le Congrès National du Livre,

Après avoir entendu les rapports de MM. Eugène Morel et Pierre Mainguet sur les rapports entre auteurs et éditeurs ;

1° Approuve le principe d'un type général de traité d'édition et invite la commission mixte d'auteurs et d'éditeurs qui l'a élaboré à en faire hâter l'adoption définitive par les groupements intéressés ;

2° Devant les services que cette commission a déjà rendus et eu égard à l'importance des questions encore pendantes entre auteurs et éditeurs, le Congrès décide que cette commission sera permanente et se réunira périodiquement.

2° REPRODUCTION DE TEXTES DANS LES ANTHOLOGIES

Le Congrès National du Livre, tout en proclamant à nouveau l'intangibilité du droit d'auteur consacré par les lois de 1791 et 1793, mais reconnaissant que, dans l'intérêt supérieur de la culture française, il est nécessaire de trouver une solution équitable aux questions soulevées par les anthologies scolaires,

Donne mandat à son Comité exécutif de saisir dans le plus bref délai :

1° La commission mixte d'auteurs et d'éditeurs de l'introduction dans le contrat-type d'une clause visant les anthologies ;

2° Le Syndicat pour la protection de la propriété intellectuelle de la nécessité d'une revision de la Convention de Berne sur ce point.

3° COMMISSION INTERCORPORATIVE DES AUTEURS, COMPOSITEURS ET ÉDITEURS DE MUSIQUE

Le Congrès National du Livre,

Après avoir entendu les rapports de M. Joubert pour la

Chambre syndicale des Éditeurs de musique, et de MM. Carol-Bérard et Grovlez pour l'Union syndicale des Compositeurs de musique ;

Charge son Comité exécutif de constituer une commission intercorporative permanente composée de quatre auteurs, de quatre compositeurs et de quatre éditeurs de musique choisis dans tous les genres. Cette commission devra :

1° Élaborer un statut réglant les contrats et rapports entre les parties intéressées ;

2° Étudier les questions de toute nature se rapportant à l'édition musicale française.

Elle devra rendre compte de ses travaux au Comité exécutif du Congrès du Livre.

4° CONSTITUTION D'UN FONDS NATIONAL POUR AIDER A LA PUBLICATION DES PÉRIODIQUES SCIENTIFIQUES

Le Congrès National du Livre,

Considérant que les périodiques scientifiques publiant des recherches originales ont, de par leur étroite spécialisation nécessaire, un public restreint ; que, de plus, leurs prix de fabrication sont élevés, et que, par suite, ils sont à peu près fatalement déficitaires ;

Mais que, d'autre part, leur existence, indispensable à la vitalité de la science française, est en même temps une condition préalable de la production des traités et manuels consacrés aux diverses sciences, et qu'ainsi ils sont une des formes nécessaires de l'édition ;

Qu'en outre, en préparant les voies aux applications découlant des progrès de la science pure, leur existence est un des facteurs de la prospérité économique du pays ;

Le Congrès, s'inspirant des observations présentées, donne mission à son Comité exécutif de provoquer la constitution d'un fonds national destiné à soutenir les périodiques scientifiques français et auquel seront appelés à contribuer les éditeurs et les groupements intéressés de l'Industrie nationale.

5° ÉDITION DES OUVRAGES A PUBLIC RESTREINT

Le Congrès National du Livre,

Après avoir entendu le rapport de M. Eugène Morel sur l'édition des ouvrages à public restreint, et faisant état de la discussion et des communications qui s'en sont suivies ;

Charge son Comité exécutif de rechercher, avec le concours de toutes les personnes qualifiées, les moyens de résoudre les problèmes posés, en particulier celui des dons et legs aux établissements publics, et cela d'accord notamment avec les diverses classes de l'Institut.

6° LIVRES POUR LES AVEUGLES

Le Congrès National du Livre,

Après avoir entendu les communications des délégués de la Société d'impression et de reliure des livres pour les aveugles et de l'Office central du livre pour les aveugles ;

Considérant qu'il est nécessaire de faire les plus grands efforts pour donner aux aveugles des moyens d'éducation et de culture, et ceci en provoquant la coordination de l'action des diverses sociétés existantes ;

Décide de renvoyer la question à son Comité exécutif pour l'étude et donne à ce Comité mission d'instituer, directement ou par tout autre moyen, l'organisme nécessaire pour réaliser ce programme avec l'appui et le concours des Pouvoirs publics.

V. — VENTE ET DIFFUSION DU LIVRE

1° UNION DES EFFORTS POUR LA VENTE DU LIVRE A L'ÉTRANGER

Le Congrès charge le Comité exécutif de faire appel à tous les intéressés, auteurs, éditeurs, commissionnaires, etc., en vue d'unir leurs efforts pour développer la vente du livre français à l'étranger et de rechercher les moyens de faire disparaître les causes qui élèvent artificiellement les prix de vente pratiqués à l'étranger.

2° LIBRAIRIE DE DÉTAIL (STATUT ET RECRUTEMENT)

Le Congrès National du Livre, reconnaissant que la propagation du livre français dépend principalement de l'existence, tant en France qu'à l'étranger, d'une corporation de libraires détaillants professionnels organisés et instruits ;

Demande que soit instituée immédiatement une commission composée, par parties égales, d'éditeurs appartenant aux diverses spécialités et de libraires choisis dans les spécialités correspondantes ; commission chargée d'établir, en s'inspirant des nécessités exposées dans les rapports présentés, un statut de la vente du livre capable de garantir à la librairie de détail une existence suffisamment prospère, et un recrutement apte à servir utilement les intérêts du livre.

3° LECTEURS FRANÇAIS DANS LES UNIVERSITÉS ÉTRANGÈRES

Le Congrès National du Livre,

Donne mandat au Comité exécutif d'inviter les groupements

corporatifs d'éditeurs à se mettre en liaison avec le ministère des Affaires étrangères pour obtenir :

Que les lecteurs français dans les Universités étrangères se tiennent en relations suivies avec les éditeurs groupés corporativement, pour servir d'intermédiaires entre l'Édition française et les centres intellectuels de l'étranger.

4° CRITIQUE LITTÉRAIRE DANS LA PRESSE

Le Congrès National du Livre, très ému de la disparition de certaines tribunes de critique littéraire dans la grande Presse et de l'annonce officieuse de prochaines disparitions semblables ;

Attire l'attention du Syndicat de la Presse parisienne sur la nécessité de maintenir la place de la critique dans les colonnes des grands journaux, critique qui n'a jamais éloigné un lecteur, qui intéresse toute la partie intellectuelle de la clientèle, qui, enfin, est absolument nécessaire à la diffusion du Livre, c'est-à-dire de la pensée française.

5° CATALOGUES COLLECTIFS PAR GENRE D'ÉDITION

Confirmant les vœux du premier Congrès du Livre et s'inspirant de ce qui s'est fait pour les livres de médecine, le Congrès charge son Comité exécutif de réaliser l'union entre les divers organismes qui ont entrepris des catalogues par genre d'édition.

6° PRIX STABLES DANS LES CATALOGUES

Le Congrès National du Livre donne mandat à son Comité exécutif :

De provoquer de la part du Syndicat des Editeurs, après avoir connu les résultats des travaux de la cinquième commission de la Semaine du Commerce extérieur, l'étude des moyens propres à fixer des prix stables dans les catalogues qu'ils envoient à l'étranger.

7° TARIFS POSTAUX ET TRANSPORTS

Le Congrès National du Livre,

Considérant l'intérêt que des tarifs modérés et une bonne organisation des transports présentent pour la propagation de la pensée française sous forme de livres ou d'écrits périodiques ;

Décide qu'une commission, désignée par le Comité exécutif et comprenant des délégués des associations et syndicats professionnels représentés au Congrès, sera chargée, dans le plus bref délai, d'étudier les tarifs et règlements de la Poste et des Chemins de fer et de formuler les demandes de modifications nécessaires.

Après ratification par le Comité exécutif, les conclusions de cette commission seront présentées au nom du Congrès aux Pouvoirs publics.

8° DÉPOTS DE LIVRES A L'ÉTRANGER

Le Congrès charge son Comité exécutif de saisir le Syndicat des Éditeurs de la question de l'unification des méthodes pour l'établissement et le règlement des dépôts de livres français chez les libraires de l'étranger, avec mission de lui faire connaître les résultats obtenus.

9° EFFORTS A FAIRE CONTRE L'IMAGE ET LE LIVRE MALSAINS

Le Congrès National du Livre,

S'inspirant des conclusions du rapport présenté par M. HARAUCOURT au Congrès de 1917, sur la démoralisation par le livre et par l'image, et des discussions qui ont eu lieu au cours des deux Congrès de 1917 et 1921,

Charge son Comité exécutif :

1° D'élaborer une proposition de loi sur la matière et d'en poursuivre l'adoption par le Parlement ;

2° De rechercher les moyens pratiques de mettre un terme à la diffusion, en France et à l'étranger, des publications pornographiques imprimées en langue française en France ou à l'étranger.

10° VENTE ET DIFFUSION DU LIVRE

(CRÉDITS A LONG TERME)

Le Congrès charge son Comité exécutif de se faire représenter à la Semaine du Commerce extérieur et de rechercher ensuite, concurremment avec l'organisme permanent qui en sortira, les moyens appropriés pour résoudre la question des crédits à long terme, qui paraît de nature à lever les difficultés s'opposant aux échanges internationaux par suite de l'instabilité monétaire.

11° PUBLICITÉ A DONNER AUX RAPPORTS DES ÉDITEURS ET DES LIBRAIRES

Le Congrès National du Livre, sur la proposition faite par M. Jules LÉVY et considérant que la cause de la librairie ne peut que gagner à une large diffusion des documents qui lui ont été soumis concernant l'édition ;

Décide que les rapports présentés par MM. Max LECLERC, BOURDEL, MICHAUD, Pierre MASSON et DUNOD seront imprimés et distribués, notamment aux journaux et aux libraires pour être portés par l'intermédiaire de ces derniers à la connaissance du public, et charge son Comité exécutif du soin d'assurer cette publicité.

VI. — QUESTIONS ÉCONOMIQUES ET INTERNATIONALES

1° LIAISON PERMANENTE ENTRE LE LIVRE ET LES AUTRES GROUPEMENTS ÉCONOMIQUES

Le Congrès National du Livre,

Après avoir entendu le rapport de M. VENDRYÈS ;

Considérant que l'unification et la coordination des efforts des auteurs et des éditeurs français sont la base de toute entreprise pour l'expansion du livre français à l'étranger ;

Considérant que la diffusion du livre français est un des moyens les plus efficaces de maintenir le prestige de la France dans le monde et de soutenir ses intérêts économiques ;

Félicite les éditeurs français d'avoir commencé la centralisation de leurs efforts par une création pratique ;

Renouvelle au Comité exécutif la mission dont il l'a chargé de travailler, dans l'esprit du rapport de M. VENDRYÈS, à réaliser l'union de tous les efforts ;

Donne mission au Comité exécutif de se faire représenter à la Semaine du Commerce extérieur, afin d'établir une liaison permanente entre le Livre et les autres groupements économiques en ce qui concerne l'expansion générale.

2° ÉCHANGES INTELLECTUELS ET ÉCONOMIQUES

Le Congrès National du Livre,

Après avoir entendu la lecture du rapport de M. Georges VALOIS ;

Considérant que c'est un devoir pour la France, après la guerre, de travailler à la réorganisation des échanges intellectuels internationaux ;

Considérant en outre que la réorganisation pratique de ces échanges est étroitement liée au développement des échanges économiques, le commerce et l'industrie étant bénéficiaires, en dernière analyse, des travaux de la haute culture ;

Adopte en principe le projet de constitution d'un Comité pour l'organisation des échanges intellectuels et économiques ;

Et donne mission à son Comité exécutif de transmettre cette résolution à la Commission de la Semaine du commerce extérieur, en vue d'une entente et d'une coopération avec le Comité exécutif de cette dernière.

3° LUTTE CONTRE LE DUMPING PRATIQUÉ A L'ÉTRANGER

Le Congrès charge le Comité exécutif d'agir auprès des Pouvoirs publics, pour faire cesser l'inégalité économique résultant pour les auteurs et éditeurs français du dumping pratiqué sous diverses formes à l'étranger chez nos alliés ou nos ex-ennemis en ce qui concerne :

a) les matières premières, charbons, pâtes, etc. ;

b) l'application des lois sociales.

4° REVISION DE LA CONVENTION DE BERNE

Le Congrès se joint au Syndicat pour la protection de la propriété intellectuelle pour demander la revision de la Convention de Berne, en vue de faire cesser l'inégalité résultant de la différence de la durée de protection entre la France et les pays de l'Europe centrale.

COMMUNICATIONS

Au cours de la sixième journée du deuxième Congrès National du Livre, les deux communications suivantes ont été faites :

1° PARTICIPATION DES PROTES AUX CONFÉRENCES TECHNIQUES

Communication relative à la création de conférences permanentes pour résoudre la question de l'apprentissage et celle des rapports entre organisations patronales et ouvrières.

Cette communication a été faite par M. Bienner au nom de la Société amicale des Protes et Correcteurs de France, de la Société amicale des anciens élèves de l'Ecole Estienne et de la Société fraternelle des Protes des imprimeries de Paris et du département de la Seine.

2° COMMISSION MIXTE DES ÉDITEURS ET DES EMPLOYÉS EN LIBRAIRIE

Communication relative à la création d'une commission mixte de patrons et d'employés, ayant pour objet d'étudier les questions d'organisation et de rémunération du travail, l'enseignement professionnel, l'apprentissage, etc.

Cette communication a été faite par M. Tiennès au nom du Syndicat professionnel indépendant des Employés en librairie.

Ces deux communications ont été renvoyées au Comité exécutif du Congrès pour étude et solution à donner.

TABLE DES MATIÈRES

Pages.

SÉANCE D'INAUGURATION

RAPPORTS

Première Journée. — LES MATIÈRES PREMIÈRES

Deuxième Journée. — LA FABRICATION DU LIVRE

TROISIÈME JOURNÉE. — PRODUCTION, VENTE ET DIFFUSION DU LIVRE

QUATRIÈME JOURNÉE. — LES ÉCRIVAINS

CINQUIÈME JOURNÉE. — EXPANSION INTELLECTUELLE A L'ÉTRANGER ET ŒUVRES MUSICALES

SIXIÈME JOURNÉE. — ÉTUDE DES MOYENS DE COORDONNER LES EFFORTS DE TOUS CEUX QUI CONCOURENT A LA PRODUCTION DU LIVRE

RÉSOLUTIONS
DU DEUXIÈME CONGRÈS NATIONAL DU LIVRE

PARIS
IMPRIMERIE DE J. DUMOULIN
5, RUE DES GRANDS-AUGUSTINS, 5

www.ingramcontent.com/pod-product-compliance
Ingram Content Group UK Ltd.
Pitfield, Milton Keynes, MK11 3LW, UK
UKHW022012170726
13837UKWH00001B/149